武汉研究院文库
文库总主编 / 杨卫东

武汉城市建设丛书 丛书主编 / 陈　韦

近代汉口社会转型与住居形态发展 1889—1938

SOCIAL TRANSFORMATION AND RESIDENTIAL FORM DEVELOPMENT OF HANKOU IN MODERN TIMES 1889—1938

陈　刚◎著

武汉出版社
WUHAN PUBLISHING HOUSE

（鄂）新登字 08 号

图书在版编目（CIP）数据

近代汉口社会转型与住居形态发展：1889—1938 / 陈刚著 . — 武汉：武汉出版社，2022.8

（武汉研究院文库 / 杨卫东主编）

ISBN 978-7-5582-5297-6

Ⅰ . ①近… Ⅱ . ①陈… Ⅲ . ①社会转型 - 研究 - 汉口 - 1889-1938 ②城市规划 - 研究 - 汉口 - 1889-1938 Ⅳ . ① K296.34 ② TU984.263.4

中国版本图书馆 CIP 数据核字（2022）第 075141 号

著　　者：陈　刚

责任编辑：李　俊

封面总体创意：魏　坤

封面设计：刘　勍

出　　版：武汉出版社

社　　址：武汉市江岸区兴业路 136 号　　　邮　　编：430014

电　　话：（027）85606403　　85600625

http://www.whcbs.com　　E-mail：whcbszbs@163.com

印　　刷：武汉精一佳印刷有限公司　　　经　　销：新华书店

开　　本：787 mm×1092 mm　　1/16

印　　张：19　　　字　　数：400 千字

版　　次：2022 年 8 月第 1 版　　2022 年 8 月第 1 次印刷

定　　价：178.00 元

总 序

两年前，我们提出了创建文库的设想。文库的名称我曾一度为之纠结，原拟名为《武汉研究文库》，虽然言简意赅，却给人非常学究、过于阳春白雪的感觉，而且未能概括建设文库的全部创意。文库中或许有一些文字以记录为主，或许有的文字只是今天或明天的史料而不是研究文章。我们希望更多的学者和“武汉学”的爱好者来关心武汉，收集和研究武汉昨天和今天的辉煌、光荣、艰辛、奋斗与梦想。经同仁再三斟酌，定名为《武汉研究院文库》。名副其实者有三：其一，文库出版的书籍之主体是由武汉研究院发布立项的各类课题的研究成果；其二，文库所出版的书籍皆为武汉研究院资助；其三，文库的所有文稿均由两级编委会审定通过。

武汉研究院既是高校服务社会的产物，也是协同创新的产物。研究院以“武汉”名之，体现了其立足武汉、研究武汉、为武汉发展服务的初心与宗旨。它以学术影响力、决策影响力、公众影响力和自身成长力为目标，定位于理论性、国际化的学术中心，开放式、独立型的高端智库，以对策性、应用性为特色的评价咨询平台。

武汉研究院围绕武汉经济、社会、文化、历史、生态文明、城市建设等领域，主要从五大方面开展工作。一是设计、发布武汉研究院开放性课题，吸引更多高水平的校内外专家承接课题，组织和动员专家研究武汉。二是举办武汉研究院论坛，以武汉发展为主题，邀请国内外知名专家和政府相关部门来校开展学术讨论与专题讲座。三是刊印“专家观点”，编辑整理专家对武汉经济社会发展的观点、思考和建议，以内参形式报送市领导及相关职能部门，为武汉市的决策提供服务。四是与武汉企业联合会、武汉企业家协会携手合作出版武汉企业发展报告（企业发展蓝皮书），采用多视角的方法分类研究武汉企业，为政府部门和企业提供参考。这些工作，武汉研究院在前两年便已逐步展开，唯有第五项工作还在探索中，这就是策划出版《武汉研究院文库》（以下简称《文库》）。《文库》以武汉城市建设与发展为研究对象，包含《武汉经济建设丛书》《武汉社会发展丛书》《武汉城市建设丛书》《武汉生态文明建设丛书》《武汉文化发展丛书》《武汉城市历史丛书》，力图成为一个全面宣传武汉的窗口和集中、系统、全面展示武汉优秀研究成果的学术平台。

为此，我们希望将“开放性、影响力、创新性、规范性”作为《文库》的基本追求。

开放性。首先是对校内外作者的开放性，凡研究武汉、推介武汉的海内外优秀著作均予以资助出版；其次是成果形式的开放性，专著、研究报告、论文集、图册、资料汇编等多种形式均可收录；第三是时间上的开放性，《文库》不设截止日，书稿成熟一本出版一本。

影响力。《文库》要求著作具有较高的学术影响力和社会影响力。学术影响力不仅表现为有较高的研究水平，而且要有独到的见解，能得到学术界的认可和传播。社会影响力包括决策影响力和公众影响力，表现为研究成果能在促进社会经济与文化发展、提供政策与决策参考等层面产生广泛影响。

创新性。创新性是对学术研究最基本、最核心的要求。凡入选《文库》的学术研究成果都应在“新”字上做文章，或有新材料，或有新视角，或有新方法，或有新结论。

规范性。《文库》作者须秉承“严谨治学、实事求是”的学风，恪守学术规范。我们尊重知识产权，坚决抵制各种学术不端行为，自觉维护哲学社会科学工作者的良好形象。

经过两年多的准备，《文库》的第一批书籍终于面世了。这首先应归功于周建民兄的辛勤劳动与协调组织。他从《文库》的整体设计、编委会的组织建设到作者的联络、书稿的审定都付出了大量心血。其次应感谢武汉出版社的领导和编辑，在《文库》还处在设想的萌芽状态时，他们便开始积极地跟踪服务，克服了许多困难，努力打造高质量的出版。当然还应感谢武汉研究院办公室的沈少兰、汤蕾等同志和设计学院魏坤老师，正是他们默默无闻、任劳任怨的工作才保证了《文库》的顺利出版。

《文库》第一批著作的出版既具有开创性也必然存在不完美性，我们衷心希望《文库》能得到更多人士、更多部门和机构的关心、指导和支持，我们将不断地改进《文库》的入选机制和编撰工作。

《文库》的价值重在品质，我们追求“严谨科学，精益求精”和“不唯书、不唯上，只为实、只求是”的精神，努力使更多的成果能在时间的长河中经得起风浪的洗涤与冲刷，历久弥新。

《文库》不可能一蹴而就，它需要积淀。这不仅需要武汉研究院的持之以恒，而且需要一大批关心武汉、热爱武汉的同仁和专家学者的不懈努力。

我对《文库》充满着期待，我对《文库》充满着希望！

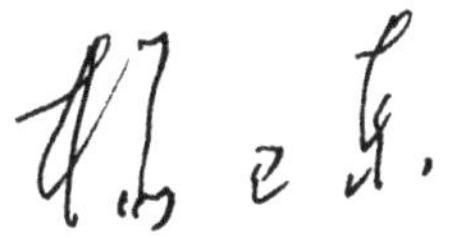

2017.11.16

序 言

聚落研究在中国建筑界越来越受到广泛关注，这是令人欣喜的。回想多年以前，当华中科技大学建筑与城市规划学院开设博士课程“聚落研究”的时候，还有朋友不甚理解，甚至质疑是否有必要开设这样一门课程。事实上，中国建筑学界关注聚落研究也是近三十年才开展起来的。随着学术界对聚落系统认知的加深，越来越多的从事建筑、规划及景观研究者从聚落研究的丰硕成果中获得重要启示。如今几乎没人再质疑聚落研究的意义了。

聚落是人居环境系统的一部分。广义理解，小到几户人家的村湾、庄寨，大到城镇、都市，均属聚落的不同形态。而我们惯常理解的聚落则是指县邑以下规模住居的集聚，包括村庄、乡集与小城镇等。聚落因地理条件、人文背景及社会经济环境的不同而呈现出千差万别的形式特征。我们可以从不同的维度认知聚落：从地理环境的维度，它与不同地理环境相适应划分为多种聚落类型，如山地聚落、平原聚落、高原窑居、滨水聚落等；从社会环境的维度，可以分为血缘型聚落、业缘型聚落、地缘型聚落、宗教型聚落以及军事防御型聚落等；从空间场域的维度，我们可以探讨聚落的空间分布，聚落空间结构以及聚落内部的多样化空间场所与要素的特性；从时间纵深的维度，可以探讨聚落的历史变迁及其动因，关注传统聚落从古迄今的衍化过程，以及各历史时期呈现的不同的聚居文化品质。传统聚落具有数十年、数百年甚至更长的历史，其中绝大部分至今仍是当地居民生活的家园，因此聚落实体与空间也成为人文及历史信息的沉淀、集聚与物质的载体。因而我们还可以从文化遗产的视角研究聚落。

我们这个研究团队关注聚落与乡土建筑研究已历经20余年。就本人来说，早在20世纪80年代执教建筑专业初期，就对中国历史环境怀有极大兴趣。之后，从攻读硕士、博士学位的选题到所从事的教学研究方向，地域建筑与聚落文化一直作为我研究工作的主轴。1990 年以来，我作为带队教师多次前往偏远地区，对当地历史建筑和建筑群进行考察与测绘，由此对聚落研究的认识得以加强。此后的每个暑期，我都会与学生们一起走出校门，走进民间，寻访古村老屋，亲手触摸、测量、记录那些弥足珍贵的传统村落、历史街区与乡土建筑。大江南北许多地区的县市村镇都留下我们的汗水和足迹。这些基础测绘调查工作为此后系统进行聚落研究提供了丰富的样本。

2000—2012 年这十余年间，这项工作已初见成果。随着调研资料的积累，我们发现关于乡土建筑和聚落的研究方法越来越重要，但国内建筑界尚无关于聚落研究理论与方法的系统性成果发表。这让我下决心在这方面做一些工作。欣慰的是，2005 年，我的《乡土建筑：跨学科研究理论与方法》一书作为全国高校建筑学与城市规划专业教材出版了。这大约是国内第一本介绍乡土建筑及传统聚落研究理论的著述。与此同时，我们的研究团队陆续获得湖北省建设厅、湖北省文物局等政府机构和文化单位的支持，先后完成了湖北民居营建技艺抢救性研究（2005—2007）和峡江地区地面建筑（聚落与民居）现状、历史与保护研究（2008—2010）等重要课题，还完成相关传统村落保护与规划项目 20 余项，出版了《湖北建筑集粹——湖北传统民居》（2006）、《两湖民居》（2009）和《峡江民居》（2012）等著作。

在历史演变进程中，聚落形态变迁与聚落文化变迁及社会发展有着密不可分的关联。对聚落变迁现象及其动因以及作为历史信息载体的空间遗产的考察，一直是研究团队各项学术工作展开的主要路径。在研究团队的不懈努力下，我们先后获得了国家自然科学基金三项基金项目的支持（“汉江流域文化线路上的聚落形态变迁及其社会动力机制研究”，批准号 51078158；“明清江西—湖广—四川多元文化线路上的传统戏场及其衍化、传承与保护研究”，批准号 51378230；“多元文化传播视野下的皖—赣—湘—鄂地区民间书院衍化、传承与保护研究”，批准号 51678257）和一项高等学校博士学科点专项科研基金（“中部地区兼具地域性与时代性的村居环境营建模式及相关技术策略研究”，批准号 20120142110009）。这意味着探讨传统聚落实体与空间同历史与人文要素相关联的系列研究，在价值和意义两方面得到了同行专家认可与肯定。从各项基金项目特点来看，尽管研究的主题和目标各有侧重，但共同点也是很明显的：

其一，系列课题多强调“文化线路”上的聚落文化关联研究，这是我们一直把持的一个重要线索和思路；其二，无论关注聚落，还是其中的戏场、书院等特殊的公共建筑类型，均可以从多维空间遗产的视域进行探索；其三，聚落变迁与民间建筑文化传承与保护始终是我们关注和研究的重点。在这一系列基金项目的支持下，我们研究的核心力量——多位博士、硕士组合团队，从研究方向、培养计划到项目实施与写作，都紧密围绕聚落文化与空间遗产的主题展开。自 2012 年至今，已有十余位成员先后完成了他们的博士学位论文，从不同视角和维度拓展了这项研究的深度与广度。

除了典型的传统村落外，历史市镇与传统街区同样是我们团队的聚落研究框架中关注的重要对象。如明代成化年间因汉水改道后而形成的汉口，具有典型的滨水型聚落特征。作为团队一员和这个方向的主要研究者——陈刚博士做了大量的调研和解析工作。他的研究主要以社会形态变迁的视角探讨近代以来汉口的市镇空间与住居形态的转变，对近代以来汉口城市社会形态背景下的住居展开了系列研究；通过对住居“历史场景”的还原，推论出住居类型的产生原因，力证有关多维度社会历史形态下不同住居模式的社会适应性的观点，从而揭示社会发展与住居形态变迁的互动关联，具有理论和现实意义。该论著结构严谨、逻辑清晰；文献资料丰富，调查研究充分；其研究视角和结论具有很好的借鉴价值。陈刚博士结合其早年亲身生活经历，以建筑学的认知背景并结合城市史和社会学研究的相关方法，通过其真情实感的论述方式形成了自己的写作风格，也使得研究过程及其结论具有了较高的可信度。

陈刚君多年求索，学为渐深，近年多有著述发表。这部著作为其近十年对于汉口市镇空间与住居形态研究的积淀，当属城市聚落研究的系列成果之一。闻其即将出版，料必产生更大影响。作为师友，深感欣慰，是以此文序之。

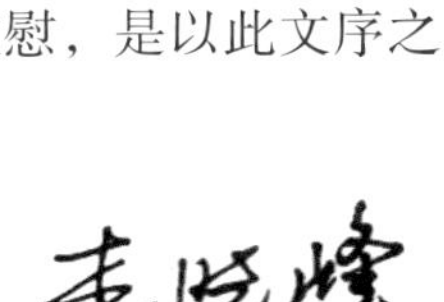

2022 年春于喻园

Contents

目录

前　言

1889—1938 年是近代汉口城市形成与发展的关键历史时期。近代由于其城市经济与社会形态转型迅猛，导致原有市镇空间及其住居形态发生深刻转变；而彼时住居形态正是反映其社会转型过程中的重要外部表征。因此晚清至民国时期的汉口城市空间及其住居形态在中国近代城市与建筑的相关研究中具有重要的标本意义。另外，住居形态也是城市与文化关系研究的重要载体。

本书试图通过社会形态变迁的视角探讨近代以来汉口的城市空间与住居形态的转变，这对于当代城市发展的文化传承与构建[1]、历史街区保护与更新，亦即城市规划从“增量规划到存量规划”转变等后续课题的深入研究，具有重要的现实意义[2]。从相关的既往研究来看，本书对近代汉口基于社会形态下的住居形态专门研究还具有补白意义。由于住宅量大面广的属性，随着社会历史发展，在过去一百多年里汉口的城市形态以至住居形态都发生了沧海桑田般的变迁，以致大量近代住居已不复存在，给本书的实证研究带来一定限制；但好在还尚存一些街区住居实物和有关近代汉口的历史文献（含图像信息）又为研究开展提供了可能。正是由于研究条件的客观矛盾存在，本书研究采取“解析性”与“推论性”相结合的技术路线，并具体通过历史文献研究与图像解析、实证研究与比较分析、城市形态层级递进研究分析，以及建筑学与跨学科相结合等研究方法，对近代汉口城市社会形态背景下的住居进行研究，考察社会发展与住居形态变迁的相互关系，力图呈现社会形态与住居之间的关联性。

---

[1] 作为江汉大学城市治理与文化传承学科群——城市美学与视觉艺术研究方向的成果之一。

[2] 作为江汉大学城市发展与治理现代化研究平台——城乡规划方向成果之一。

本书主要章节以平行结构的方式分别论述了不同时期的社会形态（政治、经济、人物、事件、日常生活等）、城市建设、街区住居变迁等，深入探寻社会形态与住居发展之间的内在规律。

关于本书学科属性及其读者群体，作为建筑学建筑设计及其理论专业而言，本书无疑理应属于建筑历史理论范畴，但又不囿于专业读者；诚如美国匹兹堡大学艺术与建筑史教授菲尔·赫恩（Fil Hearn）在其学术著作 Ideas That Shaped Buildings 前言中论述那样："在众多专业和非专业人士所撰写的正式论著中，已经对建筑理论的运用范围给予了严密的界定，用以指导建筑师和业主。虽然其中一些最有名、最重要的文章起初只是针对业主和有意学习的普通读者，而非针对专业建筑师；但是对从业者来说，所有论著都有用……换言之，持久的理论是寻求建筑物令人满意的形式和适宜的文化性。"[1] 依据上述观点来看，恰好契合了本书写作的出发点，即尝试将感性认知下的城市住居所引起的共情，并通过适应住居时代变迁的文化性表达相结合，涉及住居形态与社会生活紧密相关的各个要素。因此，本书读者群体显然不限于建筑与规划专业的高校师生，还包括相关建设管理工作者，也涵盖其他领域如近代城市史、城市文化、城市社会研究等相关人士乃至所有喜爱武汉的朋友。

回眸所走过的建筑学的求学之路，不曾忘怀的是，约三十年前（1993）中国工程院院士、东南大学教授钟训正先生给予的莫大精神鼓励；在往来书信中所获得的热忱鼓励和无私指导，晚辈一直感怀于心！并在 2002 年 3 月中旬、2012 年 4 月 29 日两度去南京拜谒，囿于近三年新冠疫情所限，尚未完成"三顾兰园"的心愿。值此书即将付梓前夕，谨以此表达感激之情，衷心祝钟老师和江老师两位老人家健康长寿，生活美满幸福！

---

[1] [美] 菲尔·赫恩，张宇译. 塑成建筑的思想 [M]. 北京：中国建筑工业出版社，2006.

1 绪 论

一切历史皆是当代史。

——克罗齐[1]

笔者生于汉口，长于汉口，前后曾分别生活在老汉口两个居住体验截然不同的区域——原模范区与原俄租界。对于曾居住过的近代里分住居生活场景至今记忆犹新[2]；然而这种记忆随着1980—2010年代汉口社会转型所带来的城市巨大变化，渐渐成为遥远的历史记忆。有意思的现象是近四十年来的城市发展竟与1900—1930年的汉口城市发展有着惊人相似的历史逻辑。城市住居形态（Housing Form）、生活方式与所处的特定社会阶段发展有着怎样的关联性，便是本书关注的要点所在。

1.1 选题意义

1.1.1 汉口是中国近代城市历史文化类型的重要标本

武汉是中国著名的历史文化名城之一[3]。近代以来的汉口在武汉三镇中一直占据着重要的商业地位，扮演着华中地区“现代商业城市”对外窗口的角色；而汉口早在明清时期就有了“四大名镇”与“天下四聚”之称谓[4]。近代以来被

[1] 贝奈戴托·克罗齐(Benedetto Croce,1866.2.25—1952.11.20)是意大利著名文艺批评家、历史学家、哲学家，有时也被认为是政治家。他在哲学、历史学、历史学方法论、美学等领域著作颇丰。

[2] 笔者幼年很长一个时期生活在汉口保成路上的天隆里（于1985年拆除），直至1982年2月因父亲单位分配新居而搬迁至兰陵路上兰陵菜场旁的一栋当时新建的八层砖混结构住宅楼（2022年也将面临拆迁）；两处住居在空间距离上虽相隔并不太远，可居住的生活体验却大不一样。

[3] 1986年国务院公布的第二批中国历史文化名城。

[4] 四大名镇：朱仙镇、汉口镇、景德镇、佛山镇；天下四聚：北京、汉口、苏州、佛山。

迫对外开埠的城市大多位于沿海。汉口虽位于内陆，可在近代中国经济版图上却占据着重要的地位，有“东方芝加哥”之美誉。武汉在水路交通上不仅得长江、汉江航运之便，通江出海，为中国近代五大港埠（上海、天津、青岛、广州、武汉）之一；在陆路交通上还有当时全国最长干线的京汉铁路。从中国近代经济对外的开放性来看，汉口的进出口贸易量长期仅次于上海；在金融上，则是与上海、天津、广州并列的四大金融中心之一；从对外开放程度即租界数量上看，汉口是仅次于天津的城市，有英、德、俄、法、日五国租界（天津有七国租界），可以说是一座亦中亦西、中西文化交汇的城市。武汉为中国内地工业化较早的地区，也一直是与上海、天津等相比较而存在的工业重镇。在文化教育上，小学、中学、大学的数量和质量以及多项文化设施均走在全国前列。因此，武汉也是近代以来中部最大的商业与科教文化中心，其重要性延续至今。另外，武汉还是一座具有优秀革命传统的近代城市：结束封建帝制的辛亥首义就发生在武昌；第一次国共合作期间的北伐战争过程中，在汉口成立了武汉国民政府；1938 年一度成为全国的抗战中心……至今仍保存有大量近代历史遗存。

近代以来 HAN KOW 这个英文地名曾长期蜚声海内外，被认为是一种较为特殊标本意义的近代类型城市（图 1-1）。在汉口近代城市形成过程中，量大面广的住居起到了至关重要的作用，影响了近代汉口城市风貌的形成，有着很强的自然环境与社会环境双重自适应性的汉口近代住居与其社会发展有着怎样的相互关系？究竟是近代汉口社会的发展决定了其住居的存在方式，还是住居回应了社会的发展进程？这些正是本书的关注所在，也是努力尝试构建二者之间关系的研究目的。

图 1-1 近代汉口市镇图

选题意义在于考察汉口有别于其他近代类型城市的空间结构，既不同于中国传统的古代城市空间结构，也不完全类同于近代租借地殖民型城市，而是一种由沿河肇端的、自组织空间形态基础上的老城厢与近代开埠后沿江规整空间形态下兼具殖民色彩的租界区相结合的混合型近代城市，其背后支撑社会经济文化等要素复杂而独特，是一座“非典型城市住居形态意义上的城市”。因而本课题意义在于透过住居模式及其社会形态相互关系的探讨，以期补白中国近代城市与建筑的相关研究。

1.1.2 近代汉口住居形态是其城市与文化研究的重要组成部分

文化是构成社会形态的重要因素，而特定地域社会的形态决定了其城市形态以一定方式存在，城市形态又决定一座城市中大量住宅类型的选择，城市住居则是社会文化的物质载体形式之一。在沿江中国近代城市中，汉口是较为独特的一座历史文化名城。在中国近代城市同质性的相关度上，与之最为接近的就是上海，中国近代史上便有“大武汉”与“大上海”之美誉。然而就是这样两座沿江城市相比较与深究起来，却又有诸多的不同。其中，支撑城市文化的称谓便不一样，所谓“海派文化”与“汉派文化”的分野。城市文化构建的要素究竟有哪些？它与次一级的街区文化有着怎样的联系？城市街区空间环境、住屋形态等因素又是如何影响并形成了特定的居住场所文化？这些都恰是传统社会学相关研究较少涉及的层面。从建筑学中有关聚落的表述看，只要有人群集聚而居的环境，一定会产生与之相适应的“文化”（阿摩斯，2007）。近代以来汉口住居的发展有着较为鲜明的社会发展历时性与地域空间识别性，其中住屋作为城市街区文化的物质载体强化了这种识别性。因而，考察住居形态是研究城市与文化的重要途径[1]（陈刚，2016）。

1.1.3 探索住居形态适应性[2]对于指导当代城市建设与更新的意义

住宅是最为广泛存在的一种建筑类型，决定着城市空间形态与基本面貌，无论社会发展到哪个阶段都关系着城市建设的基本格局。笔者曾到访过许多中国近代类型城市，发现这些城市的近代住居建筑虽存在许多相似性，但是深入

---

[1] 陈刚，李晓峰．近代汉口街区与住居形态的文化考察 1896—1938[J]. 南方建筑，2016（5）:110—115.

[2] 即住居对其存之于历史社会环境下所作出的回应。在本书研究语境中表述为社会形态变迁下的住居及其空间环境相应的状态变化。

考察体验后却又感知到些许微妙的不同，即住居总依附于一定的街区形态中，而这些街区往往又受制于总的城市空间形态的影响。其实，还有更为深层次的制约因素，即地域性社会要素的制约，包括政治生态、社会组织形态、经济发展的差异性、战争因素，以及生活习俗、行为方式、思想与文化观念等共同作用的影响。那么就有了住居形态适应性问题的提出，即这些住居是如何适应街区形态，街区形态又是如何产生的？无论住居或街区形态是如何形成的，这些表层现象背后的深刻成因又是什么呢？

探究近代汉口住居形态与社会转型的适应性意义还在于不仅要梳理近代汉口住居形成的历史脉络，更要着眼于当下城市住居建设的启示意义，即如何建设适应新时期社会发展需要并具有可识别性的住居社区场所，达成构建历史新阶段的街区住居文化之目的。此外，在城市建设与开发过程中，对历史街区和住居保护与更新也有着一定的指导意义。

1.2 学术定位

研究住居形态与社会形态之间的关联性，即研究特定社会历史条件下人的居住生活空间，不仅涉及住居的物质形态考察，更涉及错综复杂与信息丰富的非物质形态的社会考察层面。围绕研究对象，论著提出了三个方面的问题。

问题一：如何将近代汉口发展背景状况梳理清晰、分析透彻，是本课题研究的首要问题。笔者始终认为，住居形态本身并不能充分说明其背后的意图与动因，我们只有对城市空间背后的社会文化与结构、经济动态以及自然基础条件了解得更多、更透，才能对其建筑环境理解得更好，并能力求厘清近代以来的汉口住居形成与发展过程。

问题二：将住居类型与其所处区域空间环境有机结合起来，并系统清晰地表达晚清以来汉口街区与住居形态的演变与发展的规律，是课题的关键所在。

如何能够清晰直观而系统地表述历史时期与社会生活紧密相关的区域及其住居形态特征，而不是陷入考古式、片段式的语言描述中，一直是历史时期住居形态研究这类课题的难点。本书试图将近代汉口住居建筑类型放在城市框架和街区结构中进行整体研究，在厘清近代汉口市镇各区域空间肌理关系的基础上，将住居类型发展的历时变迁与它们在汉口特定社会转型阶段的各种因素联系起来，考察街区空间形态与住居类型在汉口城市中的共时空间关系。但如何具体联系以及与现存历史住居怎么结合，这些都是需要探讨的方法和问题。

问题三：特定的社会发展时期对住居形态究竟起到怎样的作用与影响？住居又怎样改变了人们的生活方式以至思想观念的？

1.2.1 探索社会形态（转型）与住居类型的关系

若说住居与街区之间的相互作用是考察住居的物质形态之间关系的话，那么探索转型时期社会形态的住居形式就是考察非物质形态因素（社会）与物质形态因素（街区住居）的变量关系。这就涉及何谓“住居”的定义问题。从课题研究的立意来看，本书中的“住居”是一个将城市、街区、住宅视作整体的人居环境与社会形态之间相互关系的考察，因而更多偏住居而非居住的概念。这是因为源于“住居学”（Housing and Living Science）的涵义：解读居住生活机制，指出存在的诸多问题，探究居住生活方式的学问，其实也就是研究生活行为与居住空间对应关系的学问，属建筑学的基础科学或微型建筑学。住居学研究目的是从历史的、社会的角度说明和认识居住生活的内在规律性，生活与空间的相互关系，以及发生、发展、变化的因果关系与结构关系……目前成果包括住居生活学、住居的阶层性、比较文化学、居住生活文化史、住居人类学等[1]。从这个角度看，本书将近代汉口居住生活所处的时代社会背景事件与居住形态的相互作用联系起来，某种意义上，也是对住居学及其方法论的探索。

通过对住居概念、尺度、内涵进行梳理后提出课题研究问题，即近代以来的汉口城市社会发展带来哪些较为显著的社会变化（转型）？这些变化又是怎样决定了城市的空间形态，以至如何影响到街区形态乃至近代住居类型的形成？本书研究聚焦时段确定在1889—1938年这近半个世纪的岁月里，通过研究汉口社会所经历的重大变革性变化对城市（住居）建筑带来怎样的深刻影响，尝试分析考察特定转型时期的社会形态与住居类型发展之间存在怎样的关联作用。

[1] 胡惠琴. 住居学的研究视角——日本住居学先驱性研究成果和方法解析[J]. 建筑学报，2008（4）：5—9.

1.2.2 探索住居类型与街区形态的适应性关系

近代汉口住居类型与其街区形态究竟有着怎样的联系？街区又是如何适应城市空间发展变化的？汉口旧市区（华界）与租界区的街区住居存在哪些不同之处，与其他近代沿江城市又有怎样的区别？

人类最早的建筑类型是从遮蔽所（原始住居）开始的。在漫长的文明进化过程中，随着人类社会的不断发展进步，从最早开始出现人类穴居发展到聚落乃至城市，住居与街区乃是一种层级集合的从属关系，而街区与城市则是更高一层级的从属集合关系，这两重集合关系会随着社会构成要素（人、物质、信息）的流动而改变原有形态。例如从“自然城市”向“人工城市”的转变过程中，原来的空间肌理受到扰动甚至清除，也可理解为住居形式随着传统街区的解体而改变，从而影响了人的生活与行为方式，并导致新的住居形式的产生。笔者认为探讨住居的类型、形式变化的前提离不开对街区乃至城市形态一级的考察与研究，它们之间存在某种关联性。这种关联性可以理解为住居的形式必然适应于街区的组织形态，而街区形态又受制于具体的城市空间形态，而所有这些又无一例外地受制于社会形态的深刻影响。从研究过程来看，街区层级研究非常重要，它是联系住居类型与城市形态的桥梁，对住居的影响很大。

1.2.3 为当代城市住宅建设与历史街区更新提供理论支持

首先，社会不同的发展阶段是与城市空间形态及其住居形式相适应的。当下社会迅速发展所带来的城市面貌的巨大变化，其背后的因素与历史发展的逻辑性竟有惊人的相似性，这为课题研究角度出发点确立了基础。考察近代汉口的社会形态与住居形态之间的关系可为当下的城市建设提供某种可资借鉴的历史经验。其次，城市发展有着“时代拼贴效应”，不同社会发展阶段都为城市留下印记，住宅就是最为客观真实的反映；在快速改变原有街区形态格局的同时，如何处理好“保护与发展”的矛盾关系，即如何看待“历史存量”的问题，不仅是规划技术层面的问题，更是正确社会治理理念有效实现的问题。本书研究虽从历史维度去考察，但其实着眼于当下的现实：（1）如何增强地域住居的识别性；（2）如何统筹历史与当代的关系。要回答这些问题，就要把研究视角放到更为宏大的时代环境中去考察历史、当代以及展望未来的可能变化。

1.3 研究对象的空间维度、时间维度及相关概念

1.3.1 研究对象的范围限定

本书的研究对象是晚清以来的汉口市镇历时空间形态下的各类住居（表 1-1）。近代汉口市镇范围是指，以长江（扬子江）、汉江（襄河）、硚口路、黄浦路、后城马路（今中山大道），以至扩展到原京汉铁路等为边界（edges）连接而成的大致闭合区域（图 1-2）。此范围从城市空间的发展时序上讲，依次形成了旧市区、租界区、模范区（属华界行政范围）。表 1-2 讲解了各区形成时间与范围。

本书研究重点将探讨：旧市区如何逐渐从传统前店后宅住居向近代底商上宅混合住居形态的转变，并考察其原因；租界区如何从早期券廊独立式住居向集合式公寓的转变；还有以近代西式住居形态为特征，浓郁的西式街区风情又是如何被逐步涵化的；以里分住居形态为特征的模范区究竟与租界的里分有着怎样的异同？对近代汉口这三个区域空间形态下的住居形式进行考察与比较分析研究是本书的重要内容。在此基础上，尝试探讨住居形态背后的形成原因。

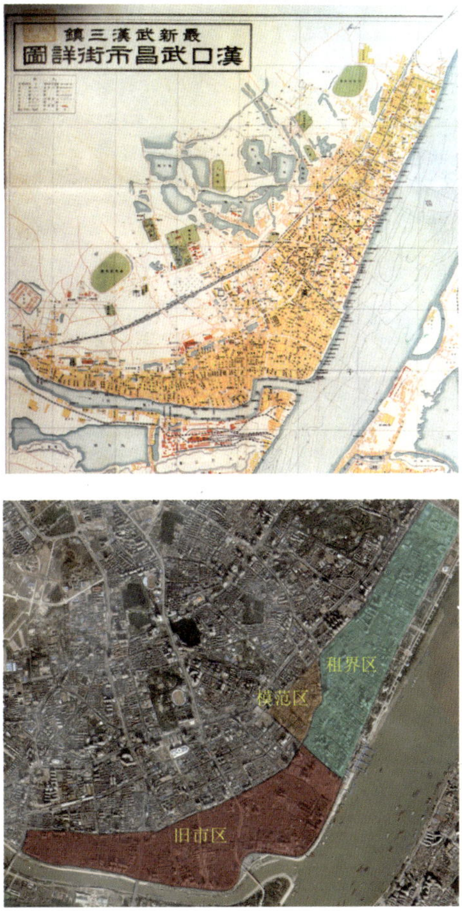

图 1-2　近代汉口市镇区域分布图（参照 1938 年汉口市街详图改绘）

表 1-1 近代汉口各区域住居简析

旧市区：因地域货物集散便利因素，早在明代中叶就已初步形成繁华的聚落格局，有“四大名镇”之誉；晚清时因租界兴起，旧市区开始沿汉江一线向长江一线扩展，形成旧市区的新格局。随着城市肌理的变迁，住居形态也从船居、临水干栏式住居（吊脚屋）、前店后宅合院式住居到临街底商上宅式的集合住居而转变，并最终形成汉口繁华的近代商业街区。

从水塔上望汉口旧市区后城马路（今中山大道）天一阁与厚生里一带

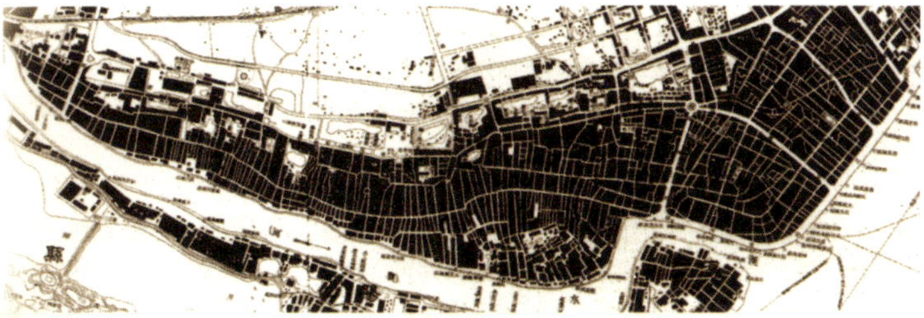
近代汉口旧市区城市肌理（1930 年代）

早期旧市区街道

租界区：从 1861 年开埠设立英租界至履约高峰期的 1898 年，按设立先后顺序为英、德、法、俄、日等五国租界，数量上仅次于天津。由于英租界最先开设，形成有序的城市道路格局，从而影响到后续的俄、法等租界的空间布局。租界内住居，早期多为砖木结构“殖民地风格（券廊式）”，晚期则以中西混合的联排式里分形式呈现。街区住居总体密度低，环境静怡。

租界内典型街区空间与住宅——巴公房子

续表

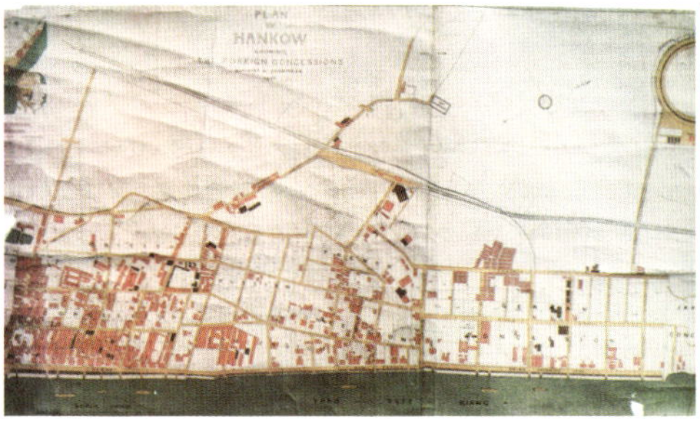

汉口租界图（1902）

原法租界吕钦使街上住宅（今洞庭街一段）

模范区：范围是以今江汉路、中山大道保华街、大智路与京汉大道（原京汉铁路）所形成的闭合区域；形成于1920—1930年代，由汉口华商总会投资，湖北军官团支持兴建的。形成的社会背景与“民族意识复兴”和当时推行的所谓“新生活运动”有关。模范区规划思想上受西方近代城市规划理论影响，住宅风格为中西混合样式，集仿租界风格，区内住居形式多以联排式的2层住宅为主，“里分”为基本居区单元，间混杂着独立式与集合式住宅。

汉口原模范区景观——联排式里分（宁波里）

原模范区内集合住宅（今吉庆街39号；摄于2013年10月）

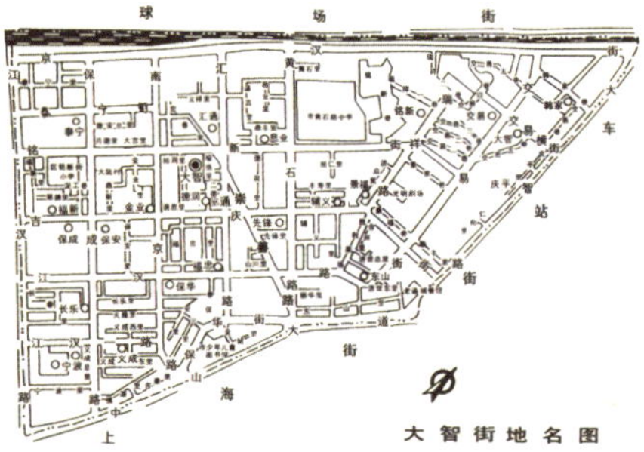

汉口原模范区街区图（来源：武汉地名志）

表 1–2　近代汉口各区域形成示意表

区域	边缘要素	形成时间与范围
旧市区	扬子江（长江） 襄河（汉江） 长堤（街） 后城马路 京汉铁路	**第一期汉口旧市区市域（明清）：长堤以内范围。** 1635 年，为防水患修筑长堤（袁公堤），即硚口（汉正街西端）至堤口（汉正街东端，今四官殿）之间，堤外引汉水自硚口入市域，形成玉带河；堤内即市域。 **第二期汉口旧市区市域（晚清）：后湖城堡以内范围。** 1864 年，为防捻军，在硚口至沙包之间筑后湖城堡，玉带河干涸，长堤街形成；后湖城堡原址（今中山大道）以内即为晚清时的汉口市街。 **第三期汉口旧市区市域（民国）：京汉铁路以内。** 1904 年，为彻底堵后湖水患，筑汉口后湖官堤（张公堤）；1905 年，京汉铁路全线通车，堤内后湖逐渐成市区，后湖各城堡（门）相继拆除，在此城基址上修建后城马路（今中山大道），并逐步延伸至京汉铁路之间区域。
租界区	英租界	1861 年 3 月 21 日初设，1898 年 8 月 31 日扩展；东抵河街（今沿江大道）、西至后城马路（今中山大道）、南抵太平街 + 歆生路（今江汉路一段）、北至界限街（今合作路）所形成区域。
	俄租界	1896 年 5 月 21 日初设；中山大道、沿江大道、合作路、黎黄陂路、洞庭街（一段）、车站路（一段）所形成区域。
	法租界	1896 年 6 月 2 日初设，1902 年 11 月 12 日扩展；东抵沿江大道、北至一元路、南抵黎黄陂路以北 50 米处、西至友谊街抵近原汉口火车站所形成区域。
	德租界	1895 年 10 月 3 日初设；一元路、六合路、沿江大道、中山大道所形成区域。
	日租界	1898 年 7 月 16 日初设，1907 年 2 月拓展；六合路、沿江大道、中山大道、永清街（黄浦路）所形成区域。
模范区	京汉铁路 中山大道 保华街 江汉路 大智路	形成始于 1920 年前后。范围是以今江汉路、中山大道与保华街、大智路与京汉大道（原京汉铁路）所形成的闭合区域。其影响至 1930 年代末（1927—1938）汉口旧市区的扩展，即在今中山大道、京汉大道与江汉路至民意四路（府西四路）之间形成类似于模范区的住居区格局。

1.3.2 研究对象的时段界定

本书将研究时段界定为 1861—1938 年（但主要从 1889 年缘起），为何如此界定呢？因 1889 年正是张之洞督鄂之始并开启了汉口近代社会转型；而 1938 年由于日军的入侵导致武汉城市化进程被迫中断。这样安排还有一层意思，即把晚清至民国这段时期进行重点论述，皆因在这七十七年间，汉口社会经历了三次重大变革性变化，给城市空间形态以及城市（住居）建筑形态带来了深刻的影响，进而根本性地改变了城市面貌，使得汉口“早已脱离了中古时期集镇形态，进入了现代意义上的城市形态阶段”（冯天瑜，2014）。

本书研究虽限定于汉口近代以来的时间段，但作为不断动态发展变化的社会形态给城市住居所带来的后续影响，从新中国成立之后延续至今（1949—2019）竟也有三次重大的社会形态变迁（1949—1978、1979—1994、1995—2019）；因此 1890—1930 年代与 1980—2010 年代这两个完全不同社会形态所产生的时代效应存在着某种历史的相似性，即通过近代以来汉口社会经济前后不同的发展（转型）阶段投射到城市住居的变迁上的研究，对当今而言也有着一定程度的参照比较意义。

1.3.3 相关概念的梳理

本书将涉及一系列有关概念或定义，为方便后续展开以及行文的理解，做如下梳理与约定，将有助于更好地把握研究的初衷。

住居 / 人居（Housing or Inhabitation）：住宅，是一种数量极其广泛的建筑类型；专供人们生活与栖居的房屋；其风格形式、建造方式会因所处地理环境、环境气候、社会经济与文化的不同而存在显著差异。住居有多重近似表述——居住、住屋、住所。但住居概念不仅包含起居之意的物质层面，更有生活行为、习俗乃至社会文化等诸多内涵。人居一般主要指供人所栖息的居住环境。

住居形态（Housing Form）：在本书中是一个延伸尺度概念，其范围不囿于住宅本身，而是包括街区以至城市分区（Section）在内的人居环境。从原始意义上说，亦指人类定居下来的某种方式。随着人类居住文明的不断发展，其涵义不断扩大。住居形态更早源自“聚落”（Settlement）的概念（古英语 Setl 一词）。它包括实体存在与非实体存在两个方面，涉及三个层次的内容：物质形态构成、空间组合形式、生活行为方式[1]。

街区与片区（Blocks and Section）：街区（街廓）系指由城市街道(道路)红线围合而成的城市用地集合，内部包含建筑、绿化、设施等[2]。街区（Blocks）概念原是西方舶来品，是规划用地强度赋值的基本单位，其目的是为了更好地划分土地，提升土地价值。片区是一个相对较为笼统的概念，具体范围视城市大小及规划特点而定；一般而言，肌理组织形态均质化的成片住居与商业区域均可理解为片区。但在本书研究中，片区概念则视为在近代汉口城市形成前，以传统形态街巷所组成的区域。因此现代意义上的街区[3]与传统意义上的片区既有关联也存在很大的概念差别。

城市形态（Urban Form）：依据1998年建设部颁行的《城市规划基本术语标准》，其狭义定义是城市整体和内部各组成部分在空间地域的分布状态；而广义概念为城市的形态是城市内在的政治、经济、社会结构、文化传统的表现，反映在城市和居民点分布组合形式上，城市本身的平面形式和内部组织上，城市建筑和建筑群的布局特征上等，只有把城市形态放在政治、经济、文化不断发展的城市之中加以考察，才能有深入的理解。要在城市形态研究中发现什么是比较稳定的因素，什么是变化和更替的因素，这样有助于总结历史经验和确定正确的城市规划观点。

社会形态（Social Form）：指基于社会经济和物质基础的上层建筑与社会活动这二者同时构成的社会模式。社会形态是社会政治、经济、文化的外在表现形式，是一定生产力基础上的经济基础和上层建筑的统一体，是社会经济结构、政治结构、文化结构的统一体，包括经济形态、政治形态、意识形态等。

---

[1] 谭刚毅 .《武汉竹枝词》中的近代汉口居住形态 [J]. 第十五届中国民居学术研讨会，2007:227.

[2] 王金岩 . 城市街廓模式研究——以沈阳市为例 [D]. 大连：大连理工大学，2006.

[3] 现代街区的概念则是商业和居住的集中融合，为20世纪中期国际上兴起的一种全新社区规划理念，也是欧美城市发展的最成熟模式，被称为“国际 BLOCK”。BLOCK 是 5 个英文单词的缩写 :B–Business(商业)、L –Lie fallow(休闲)、0–0pen(开放)、C–Crowd(人群)、K–Kind(亲和)。BLOCK 理念最早发源于美国，如今在欧美等许多发达国家，街区式生活已是人居的主流模式。

社会转型[1]（Social Transformation）：指人类社会由一种存在类型向另一种存在类型的转变，意味着社会系统内在结构的变迁，以及人们的生活方式、生产方式、心理结构、价值观念等各方面全面而深刻的革命性变革。因而也可简单理解为社会在某个历史时期或阶段，在一定地域空间条件限定下所衍生的状态，其发展进程中有关政治、经济、文化、思想观念乃至行为方式，不同于以往的格局。

自变量和因变量（Independent Variable & Dependent Variable）：统称变量，原为数学函数的专用术语。变量是说明现象某种属性和特征的名称，它包括标志和指标。变量可分为品质变量和数值变量。在社会科学中研究变量的关系，通常把一个变量称为自变量（独立变量），另一个变量称为因变量（依赖变量）。本书第六章研究涉及社会形态与住居的关联以及相关因素（Relevant Factors）的互动关系，故借用此术语概念。

1.4 研究路径、方法与内容

法国年鉴学派史学大师 F. 布罗代尔（Fernand Braudel）针对人类社会与自然历史发展规律的特点做出“三时段”理论划分：短时段—个体—事件史、中时段—社会—局势史、长时段—地理—结构史。从论著研究内容性质而言，通过近代汉口社会发展（1889—1938）“短时段的个体事件史 + 中时段社会局势史”为住居研究背景的叙事主线展开，更多属于一种质性研究；通过文献研究与田野考察相结合的技术路线，将获取的统计数据等信息以一定的方式进行归纳整理，尝试以量化研究的形式去反映质性研究的结论。因此，关于研究方法仍是一种基于质性研究基础，一定程度的量化分析。研究方法如下：

1.4.1 建筑学与跨学科的研究方法

建筑学方法是本书研究的基础，而跨学科综合研究是重要的补充手段；两者结合即为本书的重要研究方法。近代汉口城市街区的住居形态现状研究主要

---

[1] 从 1990 年代开始，“社会转型”这一概念逐渐进入中国的学术语系中，普遍地为哲学、社会学、历史学、文化学等学科所接受和运用，主要用以描述、分析中国社会自 20 世纪 80 年代开始的社会变革和变迁的过程。对于本书研究而言，20 世纪初至 30 年代的汉口无疑也经历了同样激烈的变迁过程，在住居与街区的形态层面上均可找到影响踪迹。

通过建筑学方法进行。本书运用了建筑学中实地测绘、图解分析、空间与形态研究、街区肌理结构研究等方法，参考社会统计学图表方法进行质性量化分析，利用跨学科综合分析的方法并借鉴历史地理学、文化地理学，以及社会学的概念与分析手段（例如访谈过程中的口述史记录方法）。由于城市是社会、经济、政治等各个方面组成的系统，它们之间存在着复杂的、内在的有机联系和相互制约，具有综合性的特点。城市形态演变以及住居类型的变化都是一个复杂的过程，影响城市形态与住居类型变化的因素甚多，背景复杂。城市形态与住居类型这对范畴，本身便是互为依存的统一体，其形成过程就是各系统相互作用的结果。只有运用综合分析的方法，以整体性原则、综合性原则、协调性原则来认识影响住居形态变迁的各种要素及相互作用关系，才能准确把握住居类型发展的规律。

1.4.2 文献研究与图像解析的方法

这是本课题研究的核心方法之一，具体是以社会史料为依据的文献研究方法。在收集整理各种文献资料以及汉口近代史专业研究的基础上，通过对史料、专业分析资料、住居现实遗存以及图像资料的逻辑分析和整理，来把握并试图推导性描述晚清汉口市镇的空间形态与住居类型的基本特征。相关文献资料主要包括《夏口县志》相关的历史记载、《汉口租界志》有关的记述、《武汉地名志》的基础资料和近代城市规划建设相关的报告、年鉴、出版物、城市地图、照片等以及国内外学者关于湖北和汉口城镇形态的各种研究成果。

1.4.3 实证研究与比较分析的方法

以实地调研测绘和文献整理为基础进行逻辑分析，补充文献研究的不足，并对照汉口历史街区当前的实际发展情况，提供切实的空间感受。在历史发展中认识晚清以来汉口住居类型的发展过程，贯彻从局部到整体的分析方法，通过形态的方法分析晚清以来汉口市镇的社会与物质环境。本书研究过程中会使用到街区空间与住居形态考察报告、汉口市镇历史空间形态复原以及住居区域空间意向的模拟表达等方法。

住居建筑类型的发展与城市形态的演变密切相关，而城市形态又是一个漫长的历史进程。本书还运用纵向与横向的对比和比较分析来扩展研究的经纬度。经纬度主要运用空间形态的历史演进、住居形态与市镇空间关联性等研究方法，并通过对目前所收集的大量有关近代汉口城市建筑的历史图像的深入解析来进行比较研究，例如，里分所在不同区域的形态微差等。

1.4.4 城市层级递进研究

城市形态研究领域中目前比较成熟的研究方法就是“层级研究”。将近代汉口住居从城市宏观层面、街区中观层面到住宅微观层面进行细致的比较研究，以期通过层级递进研究方式来达到对近代汉口住居变迁的规律性认识。其通过 800 米 ×800 米与 200 米 ×200 米两个层级的街区肌理分析来考察城市内部的住居组合结构和通路关系等。

1.4.5 研究框架

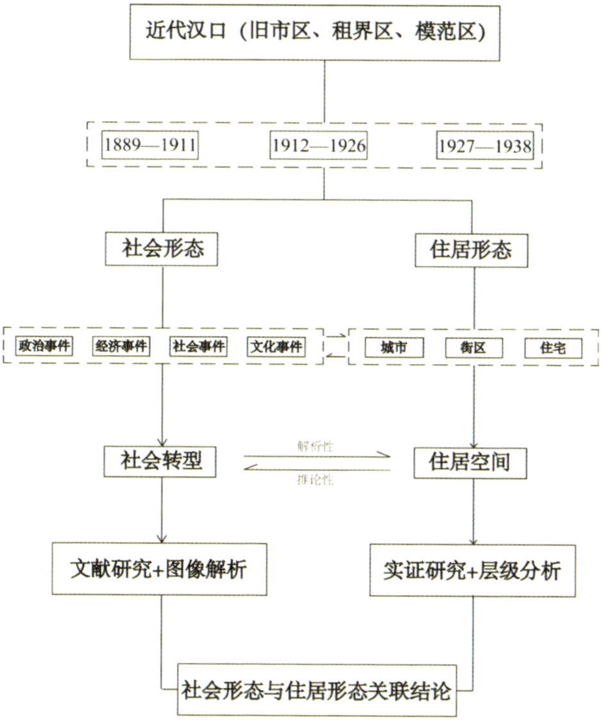

图 1–3　研究框架

2 晚清时期的汉口社会与住居形态

抑知武汉所以成为重镇，实公（张之洞）二十年缔造之力也，其时工厂林立，江汉殷实，一隅之地，足以耸动中外之视听。

——张春霆《张文襄公治鄂记》

2.1 晚清汉口社会形态与住居综述（1889—1911）

汉口从封建经济社会的集镇形态开启近代城市化的历程始于1861年设立英租界并对外开埠。1895年后，随着另外四国租界的开辟，这个“国中之国”的特殊区域出现了与中国传统城市格局完全不同的全新面貌。从城市社会学意义看，使得汉口市镇从封建传统社会逐渐解体并向近代城市社会转型；从城市空间形态的意义看，相应带来了老城厢街市肌理的逐步消解与重构。近代汉口社会转型深刻地体现在城市的诸多要素上，如城市经济、城市结构、城市空间、治理机制、思想文化乃至住居形态等方面；而晚清阶段（1889—1911）正是开启汉口城市社会近代转型的重要初始阶段。

1861—1911年，中国晚清时期的整个五十年间，就汉口而言俨然从“中古时期集镇形态进入了现代意义上的城市形态阶段”[1]（冯天瑜，2014）。在这个相对漫长的转变过程中，以1889年为界，前后分为两个时段：1. 因太平天国运动对汉口社会经济与传统文化所造成的巨大破坏，以胡林翼[2]“抚鄂”期间（1855—1861）为主导推动的、后续以“同治中兴”为标志的封建社会秩序

[1] 冯天瑜 . 武汉的价值：中国近现代化城市转型样本 [J]. 大武汉，2015（215）：22—23.

[2] 胡林翼（1812—1861），湖南益阳人，1855—1861年（清咸丰五年至十一年）任湖北巡抚，是与曾国藩等齐名的镇压太平天国农民起义的晚清名臣。在武昌曾命名有胡林翼路（今民主路）。

与传统文化重建的恢复阶段（1861—1889）；2. 张之洞“督鄂”期间（1889—1907）以“湖北新政”为标志的汉口社会近代转型起始阶段（1889—1911）。

在张之洞督鄂的整整十八年间，汉口社会形态转变尤为显著，其行政区划始由汉阳府治所下汉阳县所辖的集镇跃升为“夏口厅”，汉阳府的构成始呈“两县一厅”（江夏县、汉阳县、夏口厅）的基本格局。在市镇城市建设方面，五国租界的开辟与初步建成、后湖大堤的兴建与汉口城堡的拆除（修筑后城马路；今中山大道），以及京汉铁路的修筑都为近代汉口城市空间的拓展与形成奠定了物质基础。

近代汉口可谓蜚声海内外著名的转口贸易港，与上海、天津、广州等全国著名港口城市相比，其间接对外贸易值总额，从 1865 年至 1885 年一直居第二位，1886—1930 年则在第二、第三、第四位上浮动，在 1928 年达到峰值 311,662,541 海关两，而直接对外贸易往往占据第三、第四位。[1] 随着汉口租界的全部形成与拓展、市镇经济的迅猛发展、城市人口的极度集聚（晚清时汉口的城市常住居民已接近 25 万人），使得这种由近代半封建半殖民地资本主义经济主导下的社会形态悄然改变，并在内外机缘巧合等综合因素共同作用下，直至 1911 年辛亥革命（以政治形态转变即武昌起义为标志的第一次近代社会转型完成）的发生，从而终结了中国两千余年的封建专制制度。汉口在其中所起直接的、间接的导引作用不可小觑。

任何城市形态的转变都有着复杂而深刻的社会背景因素作支撑。在其所经历的第一次社会转型过程中，汉口迅速地从内陆河港型的封建集镇向外洋港口型城市转化，城市资本经济的发展无疑是第一推动力量。它深刻地改变了人们的思想观念、生活方式、价值理念以至住居形态，从而逐渐使得汉口由一漫滩“荒岛”一跃成为“东方芝加哥”。

1889 年之前汉口社会还保持某种“中古状态”，即使 1861 年对外开埠后很长一段时间其住居都没有太大的改变，以至华界的住居还保持着集镇滨水聚落的形态，这种情形直至张之洞来到湖北任湖广总督后才开始有所变化。因此，

[1] 曾北祥主编 . 湖北近代经济贸易史料（第一辑）. 湖北省志贸易志编辑室 .1984:285—287.

传统汉口住居的近代转型应是始于张之洞的“湖北新政”。本节所讨论的并非直接关联住居的转变，而是将其放在当时的宏观社会背景基础上考察。

2.1.1 汉口近代社会转型伊始——开埠与张之洞“湖北新政”

（1）近代开埠之于汉口社会转型

第二次鸦片战争后，1861 年 3 月，汉口依据条约正式对外通商。虽汉口开埠与划定租界几乎是同时进行的，但直至 1895—1898 年履约高峰期，伴随着德、法、俄、日租界先后相继建立才使得汉口在老城外出现了连绵成片的新型市区，为汉口社会开启了城市建设的近代转型机遇期。由于租界里的行政运作机制和西式街区建筑皆迥异于汉口老城厢，使得汉口逐渐形成了华界与租界相互依存、平行发展的华洋杂处格局。从 1861 年算起至 1945 年租界完全收回，租界在汉口的八十五年存续期间，对近代汉口城市形态和趋向都起着十分重要的影响作用。

图 2-1　1920 年以前的江汉关（现在江汉关位置处）

1861 年汉口的对外经济贸易管理模式也随着对外开埠以及英租界的设立，有了新的变化。为适应开埠和通商的需要，1862 年 1 月 1 日，江汉关正式建立（图 2-1）。可以说，英租界与江汉关几乎是同时建立的。在业务上江汉关虽是有关汉口进出口货物的检验、估价、征税、查私，但随着管辖区域（晚清与民国时代江汉关管辖湖北、湖南、江西、安徽以及重庆等地区关卡事务）与权限不断扩大（如还兼管邮政），俨然形成较为独立的行政系统，不再是仅为对外经济贸易的管理机构；因此江汉关与另外三座著名的近代城市海关——上海的江海关、天津的津海关、广州的粤海关，“四海关”共同构成了这些城市社会的近代转型初始的重要标志。

（2）张之洞之于汉口城市转型（1889—1907）

在近代武汉社会转型过程中，关键的历史人物所发挥的影响作用往往是巨大的。这里不得不提及张之洞（图 2-2）。“如果说汉口开埠成为武汉真正进入近代的端口，带来了西方文明对武汉本土文明的冲击，那么如何回应这种冲击，就成为湖北武汉当局面临的选择。一种是消极应付、一种是积极应对，面向挑战，抓住机遇。”[1]“中国不贫于财，而贫于人才，故以兴学为求才治国之首务。”张之洞便是这样具有历史影响性的人物，在汉口开埠后引领武汉走向近代城市化。

图 2-2　张之洞（1837—1909）

张之洞在主政湖北的近二十年间，成为世纪之交直接左右武汉发展同时也是影响晚清政局的关键性人物，他推进了武汉的近代化，实现了武汉城市的崛起。他的学生张春霆对他有一段毫不为过的精彩的评价：“抑知武汉所以成为重镇，实公（张之洞）二十年缔造之力也，其时工厂林立，江汉殷实，一隅之地，足以耸动中外之视听。”

2.1.2 清末汉口商业行会与市镇经济

汉口是因商而兴的市镇。早在 18 世纪中叶，汉口商业市面上就以“盐、米、典当、木、花布、药材六行最大”[2]，“四坊为界市廛稠，生意都为获利谋，只为工商帮口异，强分上下八行头”[3]，很形象地说明了汉口市镇浓郁的商业属性。所谓“行会”，由传统的“上下八行头”构成。按叶调元之说，即指银钱、典当、铜铅、油蜡、杂货、药材、纸张、绸缎布匹八大商业行帮；但至 19 世纪初汉口的商业市面上业已形成所谓新“八大行帮”，即盐行、茶行、药材行、粮食行、棉花行、油行、牛皮行、杂货行。在南来北往的商旅中，荟萃着山西帮、四川帮、

[1] 皮明庥 . 武汉通史（晚清卷上）[M] 武汉出版社，2008:233.

[2] 曾北祥 . 湖北近代经济贸易史料选辑（第四辑），湖北省志贸易志编辑室 .1984:249.

[3] 叶调元 . 汉口竹枝词（卷一），市廛。

河南帮、湖南帮、江西帮、广东帮、宁波帮以及本省内等各方商人，随之兴建起服务于各省的同乡会馆。这些行会会馆散之于该区域传统鄂东南民居形态的商住片区之中，即沿河大道、汉正街与长堤街这三条大致平行的东西向之间，谓之“汉口老城厢部”。

历史上汉口因发达的手工业与便利的区域交通优势而勃兴。近代开埠前的汉口经济形态与中国其他城市一样，都是受制于以农业立本的小农经济；开埠后会馆与行业性等组织虽共约 200 个，但这种行会形态具有基于封建经济的传统商贸特征，没有形成统一的、现代意义上的商会组织，直至 19 世纪末因近代工商业与贸易的兴起才开始改变。例如，杂货行开始逐渐向百货行（如今的百货公司）转变。

这种城市商业形态的变化首先体现在由传统行业业态的“行会组织”向现代商业的“商会组织”模式转型。1898 年，张之洞在汉口始设商务总局，以“启发商智，联络商情，以联络上游川、陕、豫、云、贵、湘、粤等处工商为要义”。这种商业转型反映在汉口市镇空间分布上，便由行会组织集中在临汉水一线的汉正街片区，逐渐向毗邻租界区附近的江汉路、花楼街一带转移聚集，形成现代商会圈。因此成立于 1905 年的“汉口商会”便是汉口近代商业转型重要标志之一。

表 2-1　上海、天津、汉口、广州贸易额比较　　（单位：海关两）

年　份	上　海	汉　口	天　津	广　州
光绪二十八年（1902）	138, 775, 708	73, 811, 178	89, 478, 464	79, 744, 709
光绪三十一年（1905）	176, 979, 193	102, 043, 046	96, 565, 672	92, 243, 650
光绪三十四年（1908）	137, 801, 020	120, 038, 293	79, 454, 733	103, 696, 530
宣统三年（1911）	197, 260, 490	117, 957, 484	116, 536, 648	102, 224, 621
民国三年（1914）	208, 075, 135	141, 328, 672	123, 639, 776	105, 296, 323
民国四年（1915）	208, 173, 308	160, 904, 722	125, 053, 458	103, 817, 195
民国五年（1916）	未详	174, 819, 487	未详	未详

资料来源：张鹏飞：《汉口贸易志》，北京：华国印书局，1918 年版，第 1—2 页（转引自汤黎. 人口、空间与汉口的城市发展 1460—1930 [D]. 华中师范大学博士学位论文，第 143 页）。

汉口近代商业的转型与对外贸易密不可分。随着汉口对外开埠，特别是1898年五国租界全部建立后，汉口的区域交通优势日益突出，直接和间接的转口贸易量持续不断增长，在近代开埠城市中贸易额长期排在全国第二、第三位，仅次于上海（表2-1）。那么，就要求必须改变成与之相适应的行政架构与治理方式。

2.1.3 清末汉口的行政架构与变迁

（1）阳夏分治与夏口厅的建立

近代以前的中国一直没有市的建制。根据清代地方行政区，在各行省设置总督、巡抚，即“总督、巡抚分其治于布政司，于按察司，分守、分巡道；于厅、州、县”；[1]故清代湖北地方政权分为“省、道、府（含直隶厅、直隶州）、县（含散厅、散州）”四级。

晚清汉口（夏口）属于汉阳府治所下的汉阳县。随着汉口近代对外开埠，市政的发展，华洋交涉日繁，土地管理、开发事务等与日俱增，汉口的行政事务很难再由汉阳县“隔水而治”。这样的情形下，张之洞远瞩汉口崛起的重要地位及单独建制的必要性，于光绪二十四年十二月初八日（1899年1月19日）在其《汉口请设专官折》上奏中云：

> 湖北汉阳县属之汉口镇，古名夏口，为九省通衢，夙称繁剧。自咸丰年间，创开通商口岸以来，华洋杂处，事益纷烦。近年俄、法、英、德、日本各国展拓租界，交涉之件愈形棘手。且奉旨开办卢汉、粤汉南北两铁路，现在北路早已兴工，南路亦正勘路，纷杂万端。将来告成，汉口尤为南北各省来往要冲，市面愈盛，即交涉愈多。乃汉阳县与汉口，中隔汉水，遇有要事，奔驰不遑，若至通济门外，往返之间，已废一日。且以后铁路由该镇通济门外至黄陂县界之滠口，数十里间，悉成繁盛之区，即皆有华洋交涉事件，必须随时应付，

[1] 大清会典（卷四）·吏部。

刻期履勘，断不能稍延时日，致误事机。加以商贾辐辏，讼案繁滋，会匪游勇，溷迹窥伺，缉捕弹压，在在均关紧要。

张之洞的奏折很快得到清廷批准，在汉口设立夏口厅，“仍辖四坊”（居仁、由义、循礼、大智）二里（凤栖、丰乐），实行阳夏分治；1909 年为适应地方自治，又划分成 9 区（1 区—4 区为市区；5 区—9 区为乡村）。至此汉口开始有了独立建制，为民国后汉口市的建立打下了基础。这也是汉口近代城市转型的重要标志。但需要指出的是，阳夏分治并不是简单的行政析出与重组，而是从较为微观层面上设置适应“湖北新政”需求的机构和开始新的管理模式。比如，晚清的 1890—1911 年汉口华界行政区域新设了财税金融、军警司法、文教事业等机构都是为了适应这种需求。

（2）相互独立的行政系统与建设管理机构

近代汉口的城市行政主权并不是统一的，存在着中外两套运作机制与管理体系。随着汉口社会经济的近代转型，中国传统的管理机制逐渐转向现代模式，是必然的。经济基础决定上层建筑，因明清以来汉口镇滋生的资本主义萌芽迅速地发展，使汉口行政管理体制发生改变。巡检司[1]便是最早设立的基层管理机构（猜测可能相当于现在的城区街道办事处这一层级行政单位）。明代中叶，汉阳县在汉口镇设巡检司，下设居仁、由义、循礼、大智四坊（相当于现在街办下辖的社区机构）；清初，汉阳县又在汉口增设仁义、礼智两巡检司；雍正年间，汉阳府同知与通判干脆均移住汉口办理公务。这种行政架构是与当时作为内河型港市集镇的封建社会的经济结构相吻合的。

随着张之洞“湖北新政”事业的全面开新，政务繁剧，以往传统旧衙门已无法履行新政，汉口市镇（武汉）的管理机制开始向近代转型。从 1890 年至 1905 年新设机构多达 42 个（表 2-2），“很明显地体现了张之洞兴办实业和文

[1] 巡检司始于五代，盛于两宋。元因宋金遗制，所设巡检司主要为州县所属捕盗官，另有京师、沿海、蛮夷地区的较特殊形态。在元代官署中，巡检司是品秩最低的一种。巡检司为中国元朝、明朝与清代县级衙门底下的基层组织。该组织于元朝首创时，其功能性以军事为主。明朝依其例沿用，不过佐以行政权力。晚清，中国人口大增，相对的县衙数量并无增多，于是次于县级的巡检司在数量上与功能上日渐增多，也多有通判等官职设置。

教的努力，以及当时地方政府职能的转变与扩大，即地方政府充分地承担了经济建设和发展的经营者、管理者的角色”[1]。据有关资料可查，具有一定城市建设管理职能的机构，应是清光绪五年（1879）由军需局改名后的“善后局”，其具有管理土地使用、统一契式、颁发买卖房屋契约证等职能。另外，光绪三十一年（1905）所设的“汉镇马路工程局”则是专门负责城市道路修筑事务的机构。这里，仍需要特别指出的是，迟至晚清时的汉口华区还并无主导市镇建设的专门机构，而这又与租界的情形迥异。

表 2-2 清末“湖北新政”下的新设机构

设立时段	新设机构（个）	机构性质	数量（个）	备　注
1890—1894	9	军警司法	16	军械局、枪炮总局、营务处、警察局、督办公所
1895—1900	13	财税金融	6	银元局、铜币局、官钱局、膏税总局、清丈总局
1901—1905	9	文教事业	20	舆图总局、洋务译书局、全省学务处

资料来源：作者根据《武汉通史》晚清卷 .2006:32 文本表述整理绘制

1861 年汉口开始由过去封建集镇形态逐渐转向近代城市形态，租界工部局的出现，至关重要。它的出现预示着城市管理模式的根本性变革。一般而言，租界中的行政机制是由领事馆、工部局[2]（即市政委员会）、巡捕房（警察机构）、会审公廨（即法院）、租界内的外国武装力量等所构成。其中，工部局为行政机关。例如，英租界的最高权力机构是纳税人常年大会，再由纳税人常年大会投票选举“大英市政委员会”（British Municipal Council，也译为“大英工部局”），代行管理职能，负责租界内的市镇建设与管理。而大英工部局的人员组成基本上以纳税多少为原则，寄居在英租界的其他国家的人也可以成为工部局的成员。这样的机制对汉口其他租界产生示范作用，即工部局皆由纳税人会议产生，而

[1] 苏云峰 . 中国现代化区域研究：湖北省 1860—1916[M]. 中央研究院近代史研究所 .1981:169.

[2] 由于近代以来所形成的“洋泾浜英语”套用清政府“六部”之一的“工部”名称，故为工部局称谓由来。

纳税人会议则由在租界中置有房地产的外侨以及居留自治的名义组成。

工部局由领事主持召开每年年会，主要是听取工部局行政报告，通过行政规划、财政预决算，制定修改各种法案、法规，任免工部局职员，发行公债等等。所以工部局不仅是租界实际上的行政机关（行政首长是各宗主国领事），而且还是规划建设的管理机构，租界内的市政建设计划都需要工部局的制定与实施。

工部局行政机制也对中国古代城市的近代转型有着十分重大的意义与示范效应。它建立在近代资本主义经济基础上，因此与城市人口集聚及其构成密切相关。

2.1.4 晚清汉口城市人口与族群空间分布

人口是一个城市决定性构成因素之一，并且任何时期的城市都是居民密集区。评估近代汉口准确的人口数据是有一定困难的，其原因在于各有关文献资料的统计数据出入较大，有些还较为矛盾。但有一点却是肯定的，在汉口开埠之后，人口一直处于不断快速增长的状态中。例如，汉口在明成化年间形成后，虽其人口的增长较汉阳、武昌快些，但直至 1850 年亦只有 10 万人稍多；然而“1861 年至 1911 年的五十年间，汉口镇的人口却飞速增长，正是汉口作为现代都会生成期的表征”。[1] 国外的学者也认为：“汉口的拥挤在中国城市中达到了独一无二的水平”；“在整个 19 世纪的中国，汉口很可能是人口最密集的地方。”[2]

根据相关文献资料显示，乾隆三十七年（1772）武汉三镇在开埠前，仅大约有 20 多万人，其中汉口镇之仁义、礼智两个巡检司所辖四坊和凤栖、丰乐二里有 99,381 人[3]，此可视作汉口城市化之前早期的人口状况。光绪十四年（1888），据《保甲册》所载，汉口共 26,685 户，180,980 人[4]；但仅仅 20 年后的光绪三十四年（1908），清廷为实施预备立宪进行全国人口普查，夏口厅

---

[1] 皮明庥 . 武汉通史（晚清卷下）[M]. 武汉出版社 .2008:117.

[2] [美] 罗威廉著，江溶、鲁西奇译 . 汉口：一个中国城市的商业和社会（1796—1889）[M]. 中国人民大学出版社，2005:29.

[3] 夏口县志 · 丁赋志，1920:1.

[4] 夏口县志 · 丁赋志，1920:1.

人口达 244,889 人[1]，一下增长了 63,909 人。

对于外国人的数量在汉口的统计数据则是比较确定的。自汉口开埠后，在汉口总计设立有十一国的领事馆，其中不乏贸易经商者、传教士等。虽然外国人数量不多，对汉口近代的多元城市文化的构成，却起到很大的作用（表 2–3）。由于租界不动产开发实行“挂旗”经租制度，这些在汉口的外侨从住居分布情况看，不一定都寄居在本国租界内，而是主要混居在英、俄、法租界内，其中尤以英租界居多，而日租界仍以日本人为聚集。从外侨职业构成来看，除领事馆官员及其家属外，以经商为主，洋行外籍职员占有较大比例。除此之外，还有以传教为目的教士、修女，这些群体是构成租界住居形态的主要因素。

表 2–3　宣统二年（1910）各国在汉的人口数

国别	户数（户）	人口数		
		男（人）	女（人）	合计（人）
英国	349	731	330	1,061
德国	38	152	83	235
法国	47	54	37	91
美国	41	54	45	99
俄国	22	46	33	79
奥国	4	21	4	25
比国	7	19	6	25
西班牙国	3	18	4	22
荷兰国	5	12	4	16
瑞典国	4	9	4	13
挪威国	3	9	2	11
丹麦国	3	5	3	8
意大利国	5	18	5	51[2]
印度国	—	263	—	263
日本	270	454	253	707

资料来源：汉口商务总会编纂部张寿波编撰：《最近汉口工商业一斑》，上海商务印书馆，宣统辛亥八月初版（1911），第一章“地理”第 14—15 页。

影响汉口城市人口增长的还有自然灾害、战争等因素。1911 年武昌起义、阳夏交兵，武汉地区在战争中伤亡很大，仅民军方面伤亡就在 1 万—2 万人。

[1] 夏口县志・丁赋志，1920:1.

[2] 包含意大利籍天主堂修女 28 人，未按家庭户数人口统计。

特别是冯国璋在汉口纵火，使得繁华市区化为灰烬，民众生命财产遭受了一场浩劫。汉口市镇内流动人口大减，而且常住城市居民不少人逃离到外省、外市、外乡以及租界区。据江汉关报告，汉口人口减至20万人左右。截止至1913年，汉口各警察署统计的城市有户人口为229,976人。

伴随着晚清汉口城市的扩展与人口的激剧增容，职业结构的变化，使得汉口很快地从封建集镇过渡成为现代都会。在这一亘古未有的社会转型过程中，汉口社会人口的阶层结构出现了新的变化。至晚清时业已开始出现了买办阶级、民族资产阶级、无产阶级，以及中小商业者、中产职员等阶层；人口来源的构成已不仅限于邻近州府县乡，还有来自五湖四海的淘金者，其中也包括在汉口以各种身份所存在的外侨。清末汉口的族群集中分布在汉口堡以内的旧市区，即汉水（襄河）汉正街至长江（扬子江）花楼街连绵一带，住居区域上并没有严格的贫富区划。这些都充分展示出近代汉口作为移民城市的勃兴力，而这一过程几乎是与汉口社会近代城市化同步进行的。汉口城市人口的迅速增长致使出现了新的经济形态，也是现代意义上城市房地产业的兴起，它是改变一个城市原有形态的“隐形之手”。

2.1.5 晚清汉口近代房地产与住居建设

由于城市人口的激增，晚清汉口兴起了新的城市经济形态——近代城市房地产业。住居建设开始进入了近代资本主义营建与经营方式时期。随着租界的开辟、地价的上升，为出租而建房、为买卖而建房的模式逐渐增多；但与以往所不同的是“房屋建造的开发模式，从以前邻近宅基地小宗地块为单元的传统营造模式，转向成片土地大宗地块为单元的现代开发模式，其开发主体行为也由个人集散资本向社会集约资本土地开发与交易的近代转型，带来近代汉口房地产业的兴盛”[1]，尤其是在1911年阳夏战争中“汉口大火”过后的市镇恢复的房屋重建时。据《武汉房地产简史》记载：约在19世纪末，汉口开始出现由房产商统一投资，成批建造的联排式住宅，至1949年武汉市计有里弄208条，其中多为军阀官僚、洋行买办、资本家、银行经营的房地产业。近代汉口洋行

[1] 陈刚，谭刚毅 . 近代汉口社会转型下的住居形态研究——以街区肌理与界面为例[J]. 南方建筑，2015（6）:24—29.

买办的房地产中，又以刘歆生、刘子敬、周扶九、程沸澜四人持有最多。洋行外资在近代汉口房地产业的初期形成过程中起到引领性的作用。比如 1904 年法商立兴洋行、1911 年比商义品洋行的相继成立，都对晚清民初阶段的汉口市面景观起到了示范性效应。

总之，在晚清汉口房地产初创中，洋行、买办都起着直接而重要的影响。关于近代汉口房地产开发如何改变住居形态以及在城市建设中的作用，将在后续的各有关章节中继续深入探讨。

2.1.6 辛亥革命与阳夏战争

武汉历来为兵家所争之地。近代以来，如太平天国、辛亥革命后的阳夏战争，北伐、抗日期间的武汉保卫战等等，武汉都曾屡遭战火的侵袭，城市化进程屡受中断，致使汉口社会经济发展受到巨大负面影响。1911 年 10 月 10 日深夜，发端于武昌的首义（图 2-3）终结了两千余年封建君主专制在中国的延续，建立了共和，其意义重大而深远（尽管还并不彻底）。“辛亥革命性质是一场城市革命”[1]，它的发生看似偶然，实则是“湖北新政”下的武汉（汉口）城市社会近代化过程中发展到一定阶段后，在各种机缘巧合下的一种必然产物。而汉口在此进程中所起到的物质上的准备、精神上的教化意义，不容小觑。但是因辛亥革命导致的战火给武汉尤其是汉口带来的损毁也是深重的。

图 2-3　被革命军炮火摧毁后的武昌湖广总督署残址

武昌起义后不久，战事迅速转移到汉口、汉阳，史称“阳夏战争”。相比较辛亥革命全国各战线而言，汉口与汉阳成为规模最大、争夺最激烈、牺牲最惨重的战场。所谓“汉口大火”，即从 1911 年 10 月 30 日开始，延续至 11 月 4 日，

[1] 皮明庥主编 . 武汉通史（晚清卷）[M]. 武汉出版社 . 2008:382.

冯国璋纵使清军在毗邻英租界附近市街放火，纵火地段上迄硚口玉带门一带，下至今车站路、大智路，延及江汉路、民生路、六渡桥，火头达十几处之多，火势由下而上，席卷一二十里……（图2–4a）。汉口大火震惊中外视听，据汉口日本总领事馆11月1日午后8时第19号情报记载：“汉口市区昨夜大火，始终未熄，由今日正午越加炽烈，市中心满春戏院附近，因此化为焦土。今晚火势仍极猛烈，盖因革命军坚守市区不退，官军迫不得已实行火攻之故也。受灾市民扶老携幼，狼狈逃难，情形极惨。”[1]汉口市区烈焰冲天，“遂使锦绣之场，一旦化为灰烬”[2]，导致各行商业“残破殆尽”[3]。汉口大火致使老城厢市区1/5—1/4被毁（图2–4b），给汉口民众带来了巨大灾难。但是，这场人为灾祸的大火也使得汉口老城厢的传统空间肌理与街区住居在民国初年就面临着重构的机遇。

图2–4a　从后城马路（今中山大道）之东北—西南向景观，可见浓烟滚滚背景下的浙江兴业银行、水塔等建筑物；道路左侧为英租界（现在的“皇宫影楼”），右侧为尚未开发的官钱局地（即今江汉路口中国银行等处）；1920年开发后为华界模范区范围

图2–4b　阳夏保卫战中被烧毁的区域（地图中黑色部分）
图片来源：国际视野下的大武汉影像（1838—1938）

[1]　辛亥革命资料[M]. 中华书局，1961:555.

[2]　武昌起义档案资料选编（上卷）[M]. 湖北人民出版社，1981:267.

[3]　《夏口县志》第21卷“杂志”，1920年刻本。

2.2 城市建设带来的街区空间形态变化

“汉口远不是经过规划的、整整齐齐的方格状行政城市，它的自然布局表现出合乎实用的不整齐、不规则。”[1]其外在因素来源于汉口所处的江河湖塘的自然地理环境限制，而内在因素更多却来自镇域经济自发性的空间组织形态，直至租界的出现根本性地改变了这种格局，使得汉口出现两种截然不同的城市区域印象。

近代以来的汉口是“以堤为命”的城市发展史。就改变城市空间形态的“外部物理”因素来看，从1861—1910年的整个五十年间，汉口老城区的城市建设活动主要伴随着两次“筑堤（堡）”和一次“筑路”（铁路），以及后城马路的完成为空间形态转变的开端；新市区则以租界区的陆续开辟、拓展，进而完成城市形态的近代转型。因此本节所要讨论的这些因素乃至成为近代汉口市镇空间形态演进、片区向街区转变，以至住居类型发展的限定性条件。

2.2.1 镇域初始扩张——汉口城堡兴建与长堤街形成

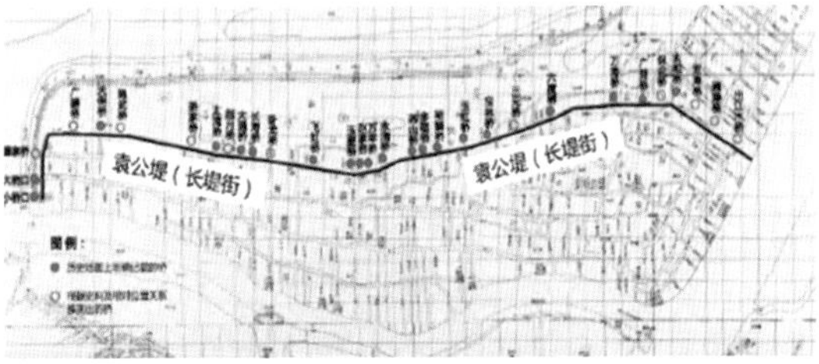

图2-5　袁公堤（长堤街）与玉带河各桥地名示意
图片来源：郑媛改绘.水对于汉口城市形态的影响及其作用机制研究[D]. 华中科技大学硕士学位论文，2014

明崇祯八年（1635），汉阳府通判袁焆在汉口始修筑堤防设施“长堤”（后湖堤）。该堤上起硚口，环绕镇北，呈半月形，东至堤口，直至大江之滨（今江汉区东堤街至江边处），堤长约10华里，称“袁公堤”；堤外为湖汉，在取土筑堤时，即环绕堤外（北）掘土成沟，沟宽二丈，西起硚口，连通汉水；东经现在的江汉区近江地带，通往长江；尤以似其回曲襟带市镇，故称“玉带河”（又称“后湖港”）。春夏水涨，可通小船，河岸沿线先后架设木、石桥梁30余座，径通后湖（水涸时称为“黄花地”），两岸广植树木，风景宜人，在《汉口竹枝词》中有“杨柳依依玉带河”堪比“与南京之秦淮河同一风景”的美誉。长堤的筑成使得汉

[1] [美]罗威廉著，江溶、鲁西奇译.汉口：一个中国城市的商业和社会（1796—1889）[M]. 中国人民大学出版社，2005:29.

口镇南濒临汉水，地当江汉之冲；沿河一带，回曲成港，利于泊船，帆樯林立，码头遍布，商贾云集；沿汉水（俗称襄河、小河）逐渐形成以汉正街至黄陂街一线为中心的港埠集镇市廛（图 2–5）。在这最早的汉口镇域内住居形态以前店后宅式、民居院落式、水上船居式、滨水聚落式等住宅形式演绎出相应的生活方式。

与中国古代城市不一样，汉口历史上是一座没有城墙的不设防城市。据《汉口镇堡垣记》详细记载，商绅修建汉口堡皆因防捻军犯鄂，觊觎汉口“是镇也不能不图长治久安”，故清同治三年（1864）十月，郡守（汉阳府）钟谦均、县令（汉阳县）孙福海以及商绅胡兆春等建议下，为防捻军着手强化汉口防务而修建的城防设施（兼防水患）即汉口城堡“自硚口以下及沙包（今一元路），环汉镇西北面，缺其东南临江河处，计长一千九百九十二丈二尺，约十一里许，筑堡开壕，建立炮台，开堡门七座（玉带门、便门、居仁门、由义门、循礼门、大智门、通济门），炮台一十有五，形势之雄壮规模之崇宏已赫然，其费皆商民捐建，耗银二十余万两，于是汉口恃以为固，贼不敢轻事……”[1]（图 2–6），城防外为掘土形成的深沟谓之“护城河”。随着汉口堡的建成，也构筑起别样的滨水城门景观（图 2–7）。[2]

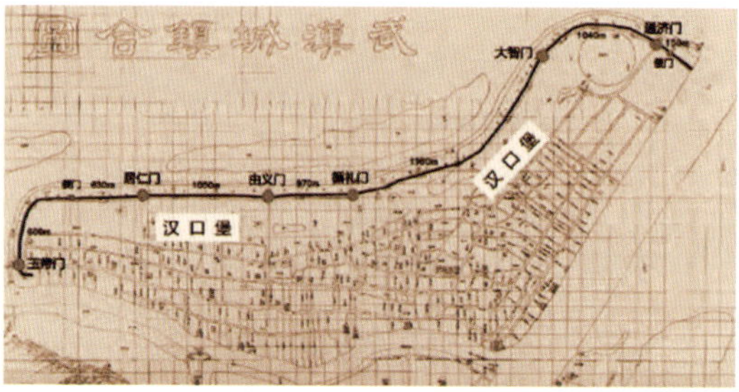

图 2–6　汉口城堡与城门位置示意图　　图片来源：郑媛改绘．水对于汉口城市形态的影响及其作用机制研究 [D]．华中科技大学硕士学位论文，2014

图 2–7　汉口水边的城门；对面即为汉阳（1895—1908）

[1]　夏口县志 · 艺文志

[2]　此图片最先来源于汉网论坛，后来从网络《武汉消息》上重获该照片相对清晰的版本，并注明此照片系“汉口武圣庙与对岸汉阳的武圣庙”。由此可窥见早期汉口水边的城门形态。

汉口城堡的筑成，不仅起到代堤防水的作用，还初步扩大了市镇的范围，使得从原囿于长堤内的汉口镇开启了近代城市空间扩张的新历程；空间范围也扩展至城堡（即今中山大道），使得旧玉带河也由此逐渐荒淤消失。原长堤内外自此渐有人烟，填土筑基占地建屋，清末时已成为人口稠密的居民区，袁公堤遂成为一段长约 3,559 米、街宽约 4 米的长堤街。

2.2.2 近代汉口雏形初定——后湖堤的兴建与汉口城堡的拆除

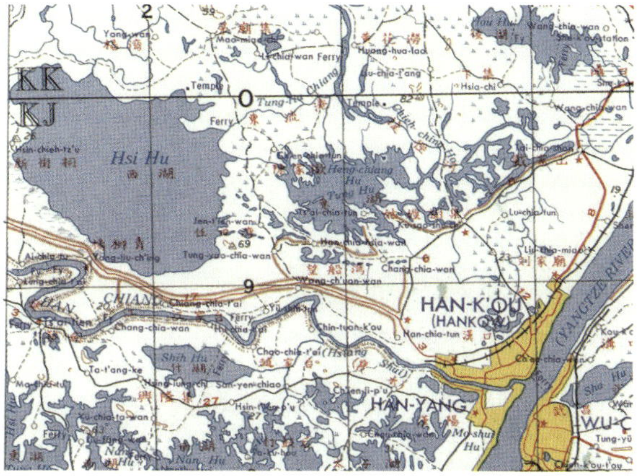

图 2–8　汉口张公堤与后湖区域（1953）　资料来源：截取美国陆军制图局 1:250000 汉口地图；德克萨斯州大学奥斯汀分校图书馆藏

直至 20 世纪初，汉口市镇范围还仍囿于汉口城堡之内，市区面积越来越局促。为进一步解除汉口水患，扩大市区，张之洞于光绪三十年（1904）上奏清廷拟修筑汉口后湖长堤；以堤角为起点，向西北越过岱家山，转一个略为 90 度的弯再折向西南，经姑嫂树，至禁口止，长约 27 华里（合 13.5 千米），即后世称之的张公堤。兴建张公堤的同时，又修建以皇经堂为起点，经长丰垸旧堤，与张公堤相连接的、长约 7 华里（合 3.5 千米）的张公横堤。关于张公堤名称的由来，据说“总督张之洞，见铁路外的土地荒废了太可惜，就在铁路外另做一道堤，把汉口的面积扩大 20 倍；堤筑成后，堤内变成良田，人们感念张之洞的功德，称呼堤为张公堤”（图 2–8）。正如叶调元《汉口竹枝词》所言：“后湖堤岸枕江湄，田海沧桑一瞬移。他日造成新汉口，大家都要感南皮。”这里所说的南皮即是张之洞。

张公堤从 1904 年 8 月动工，至 1906 年完工，历时两年多，耗费银 80 万两有余。由于后湖长堤的建成，原有的汉口城堡的防水（原为城防）功能就变得多余。早在张之洞上奏修筑后湖长堤的同时，便考虑到该因素，故奏请拆除原汉口城堡（图 2-9），拟修筑后城马路（即近代以来汉口最为繁华的中山大道，颇似于上海淮海路），为日后汉口的市镇域的扩展以及交通便利创造了条件。从这点来看，张之洞之于汉口的发展是极为远见卓识的。至于这条堪称“城市脊梁”的汉口百年老街——中山大道（图 2-10），在拟筑过程中还演绎了一些曲折的风波。围绕修筑马路一事是否由官商合办，以密昌墀（字丹阶，柏泉人）为代表的汉口商绅与张之洞展开激烈的辩争，皆因张拟将此马路地皮权作为变价款偿还“比利时因欲设立租界未果的损失费”，这样就侵害了当初参与修筑汉口城堡的商绅的权益。正如民国初年宦应清的一首《后城马路竹枝词》所道：“半是荒园半水塘，看他一一起楼廊。后来风景知多少，留待旁人说短长。”

图 2-9　拆除中的汉口老城堡通济门的情景；1902 年依据《汉口展拓法租界条款》规定，通济门旁城墙拆除后纳入法租界

图 2-10　从新市场（今新民众乐园）屋面露天影院上俯瞰后城马路

2.2.3 京汉铁路与汉口新边界

19 世纪与 20 世纪之交，关乎汉口城市发展的另一关键因素是筑成了京汉铁路。关于这条铁路的创建也是可谓历经曲折，从提议到正式开建，竟达七年之久，主要的难题在于筹款，从原预估的全路造价银 1,600 万两到“非 3,000 余万两不能竣工”。1898 年 5 月，张之洞遂决定向比利时银行借款 450 万英镑（合中国库平银 3,750 万两），并以“京汉铁路及其产业，与一切属于该铁路之物作保”来兴修京汉铁路。

筹款问题初步落实后，从 1899 年 1 月京汉铁路由河北、湖北两省分段同时动工相向而建，至 1906 年 4 月 1 日建成，历时七年，全长 1,214.49 千米（汉口至北京正阳门）。其建成对于京师与南方的联系起了重要作用，对汉口城市的近代化也产生了多方面的积极影响，比如直接带动了汉口城市建设的发展，在市区修建了江岸、大智门（图 2-11a/b）、循礼门和玉带门四座车站。同时，因为铁路筑基时所定的高程差不多是以张公堤高程为基准，故京汉铁路也是汉口市镇抵御后湖水的第二道防线。

图 2-11a　清末民初汉口京汉铁路大智门火车站

图 2-11b　1917 年 12 月 28 日启用的汉口大智门火车站新站房

京汉铁路之于汉口近代城市形态而言，已远不是一座现代交通的铁路意义了，而是凯文·林奇在《城市意象》所提到的有关“五要素”中之“边缘”。它不仅构筑了近代汉口市区的新边界，还界定了老汉口记忆中的城内与城外的代名词——“铁路里”与“铁路外”。其场所心理分野意识及影响直至 1990 年代初随着京广线[1]的外迁才彻底消散（图 2-11c）。

图 2-11c　直至 1951 年的汉口城区版图均未越过京汉线　图片来源：《武汉历史地图集》

这条铁路之于近代汉口的意义还在于一种特殊住居类型，即沿汉口京汉线

[1]　京汉铁路（1928 年后称“平汉铁路”）与武昌段的“粤汉铁路”在 1957 年长江大桥建成后连接统称为京广线；1990 年京汉线外迁至金家墩（今发展大道），其原址改为京汉大道（今地铁 1 号线的高架轻轨）。

两侧形成的以棚居为主要形态的“流民聚落”（贫民居住区，后续详述）及其所附带产生的若干独特场所，如玉带门、站邻街、顺道街、滑坡路、“三门区域”（双洞门、单洞门、循礼门）等地名的探讨。对此，武汉地方志学者董玉梅曾有专门的研究。[1]

2.2.4 晚清时段的汉口住居开发与刘歆生

汉口华界区内的新建住居开发主要以沿后城马路（今中山大道）与京汉铁路线之间的荒芜泽地展开，开启了汉口近代房地产业的勃兴；其中，对于近代汉口城市房地产开发而言，不得不提及的重要人物便是刘歆生（图 2-12）及其所开发的、具有资本主义经营性质的住宅开发建设。诚如时人评述 20 世纪初中国有三位地产大王：一是上海的哈同；二是天津的高星桥；三就是汉口的刘歆生。

图 2-12　刘歆生（1857—1941）

刘歆生在经营土地的同时，也建造房屋。先后置有百子里、义祥里等多处成片里分房屋，如中山大道水塔对面的生成里[2]，还有自用花园住宅——刘园（今循礼门处，武汉船舶公司院内）。除上述在汉口的经营开发外，刘歆生还先后在京汉铁路的汉口至石家庄段，大量购置铁路沿线土地，并向银行借有巨款，进行土地投机，最终因资金积压，导致债台高筑。1911 年刘歆生积欠债款 500 余万两，地产抵偿殆尽。但是，刘歆生仅依靠自己的聪明才智与手中掌握的土地，创建了自己的地产王国，也实实在在地影响着汉口的城市建设与发展。

2.2.5 晚清汉口的水电公用市政建设

清末汉口由传统集镇向近代城市转型的另一显著标志莫过于现代生活所必

---

[1] 武汉地方志史专家董玉梅在其《京汉铁路汉口段地名史话》中有详细的论述，武汉文博，2009 年第 4 期。

[2] 生成里建成于民国初年，分为南、北两部分。1998 年随着佳丽广场的兴建，生成南里拆除；2009 年随着地铁 2 号线的建设，生成北里业已拆除。随着生成里的拆除，近代汉口著名的交通路两侧原有街区形态丧失殆尽。

需的供水、供电等基础设施的建设。这不仅关系到一个城市发展，更直接关乎千万居民的现实生活。

（1）电力供应建设

最早的日常生活的民用电始于汉口租界。1861 年汉口对外开埠后不久，由英商在英租界内的界限街（今合作路与鄱阳街交会口）集资创建了“汉口电灯公司”[1]（图 2-13），专供英租界内用电，俄、法租界也由其供电（此工业建筑至今仍保留完好，经修缮后现已辟为湖北电力博物馆）。除英租界的电力供应外，在德租界有德商美最时洋行附设的发电厂，日租界则有日商设立的大正电气株式会社自备发电机供电。

华界内的民用电事业由宁波旅汉商人宋玮臣经张之洞批准并投入少量官股后联合湖北、江西两帮巨商王予坊、朱佩珍、叶璋等 11 人共同发起筹办水电公司——“商办汉镇既济水电股份有限公司”。该公司下设电气灯厂与自来水厂（均由英籍工程师穆尔负责工程设计），并于 1906 年兴建。电灯厂设在汉口河街大王庙河边，装有 500 千瓦直流电机三部，总装机容量为 1,500 千瓦，1908 年建成送电。“既济”在当时京、沪、穗、汉四大城市民营电厂中堪称前列。此外，除满足华界居民生活用电外，清末汉口繁华街道甚至还出现了公用路灯，极大地改变了居民的城市生活形态。

图 2-13　原英商汉口电灯公司（摄于 2014 年 1 月 30 日）

（2）自来水供应建设

随着晚清汉口城市人口激增，人稠地密的现实越来越紧张，生活用水已成为

[1]　该建筑于 1905 年建成，属文艺复兴风格建筑；由英商集资兴建，专供租界内用电。武汉沦陷后，电灯公司由日本华中水电株式会社强行接管，1941 年停办。解放后由既济水电公司接管供电。汉口电灯公司在英租界内经营三十五年，是租界内存在时间最长、规模最大的电力公司。

图 2–14a　清末时的汉口水塔

图 2–14b　水塔新貌
（拍摄于 2016 年 12 月）

紧迫问题。汉口虽处江汉之汇，但居民用水却相当艰难（在自来水出现之前，即便租界也不得不使用长江浊水。如今在汉口江汉路上有一组“挑水”铜塑，真实地反映了那个年代汉口居民吃水的场景），此状况直至 1906 年才改变。如前面所述由宋炜臣等人成立的既济水电公司，在营建电厂的同时，即在硚口宗关上首处着手兴建水厂，“其规模宏大，厂基计 1.5 万余平方丈，有浑水池、滤水池、清水池名目”[1]。特别提及的是，作为水厂供水之配套设施，为能赶在水厂建成后及时供水，还在后城马路附近兴建了水塔[2]（图 2–14a/b）。此塔为解放前汉口最高的标志性建筑，并且长久以来一直作为汉口地标而存在。有如《夏口县志》所言：“吾国近时创办电灯之处颇亦不乏，惟自来水殊不多觏。上海虽亦有此，其规模迥不汉口若也。”

---

[1] 皮明庥，邹进文 . 武汉通史（晚清卷下）[M]. 武汉出版社，2008:30.

[2] 位于中山大道，由英国工程师穆尔实设计，1907 年开工，1909 年建成，由广荣兴营造厂承建。水塔高七层（41.32 米），塔体占地 556 平方米，土方量 30,444 立方米，基础用五层花岗石灌水泥砂浆砌成。一层外墙为花岗石垒砌，第二层以上为红砖清水墙。塔内设木梯 200 级，可盘旋而上。第二层设水表，可观察全镇用水量。第五层为水柜底部，能闻水声，有粗水管 3 根，2 根上水 1 根下水。第六层为水柜，形为圆桶，以一吋厚钢板构造；桶深 21.9 尺、直径 57 尺，容量 30 万加仑。第七层为警钟，若遇火警，日则挂红旗，夜则悬红灯，先乱钟三十响，再以响数告知火警区域：一响，洋火厂—华清街；二响，歆生路—前花楼；三响至堤口；四响至四官殿；五响至沈家庙；六响至大王庙；七响至武圣庙；八响至仁义司；九响硚口。数年如此，可谓家喻户晓。

2.2.6 汉口租界的开辟——新市区城市建设

1861 年汉口对外开埠后，英租界是沿江边所开设最早的外国租界，但很长一段时间并没有根本性改变汉口市镇的面貌，直至 1895—1898 年随着德、俄、法、日租界的相继建立（表 2-4），在避开华界旧市区的江滩泽地上新建了一座完全不同于汉口老城厢格局的新城——汉口租界（图 2-15a/b）。汉口原租界区均分布在如今武汉市江岸区的辖区内。其空间范围北抵麻阳街，南抵江汉路南段（中山大道江汉路口至沿江大道），东至沿江大道，西止于后城马路（中山大道一段），全部集中在沿江狭长区域内，面积大约 197 公顷。汉口租界与华界老城厢迥然不同的城市空间共存格局形成，城市形态开始有了很大的变化，使得汉口从过去一个封建农业社会的集镇迅速发展成为近代中国繁茂的工商业

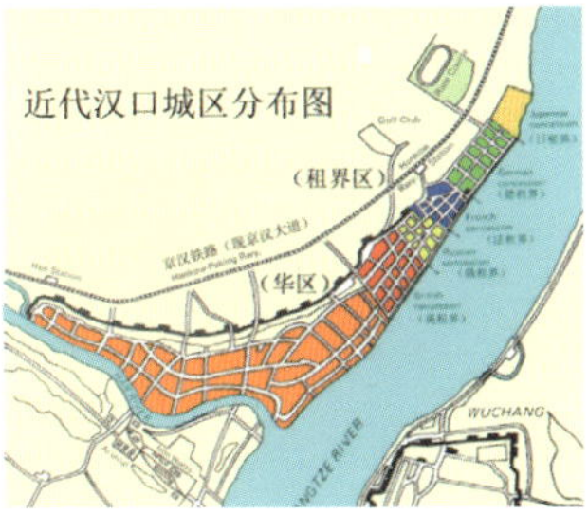

图 2-15a　汉口五国租界的区位图

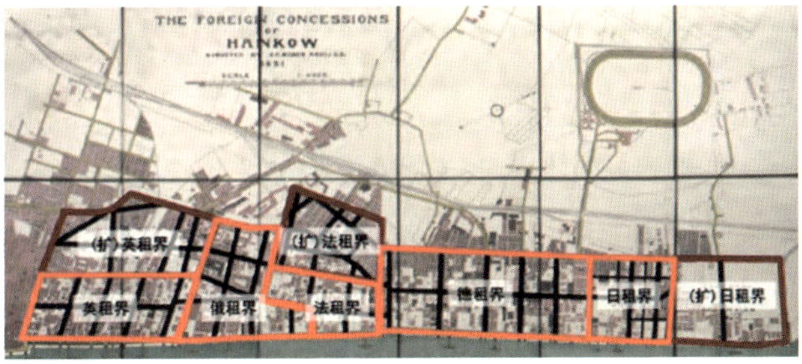

图 2-15b　汉口租界扩界后的区位图　　图片来源：郑媛依据《1921 年汉口租界区总图》改绘

大都会之一。在近代西方城市规划理论的影响下，出现新的住居类型“洋房住宅街区”。其住居形态表现为带券廊的独立式住宅（早期）、集合式住宅（中期）、联排式里分（晚期）等。在住居意象层面上表现为异域情调的“西式住居街区”的某些特质。后来随着租界陆续收回，大量中国人进入，西式住区开始涵化，后续章节再述。

表 2-4　1861—1907 年期间汉口外国租界设立、扩展时间及划定面积

租界名称	设立时间、面积	扩展日期、面积	总面积	收回时间
英	1861 年 3 月 21 日《英国汉口租地条约》458.28 亩	1898 年 8 月 31 日《汉口新增租界条款》337.05 亩	795.33 亩	1927 年 3 月 15 日，设立第三特别区
俄	1896 年 5 月 21 日《俄国汉口租界租约》414.65 亩	—	414.65 亩	1924 年收回；1925 年 3 月 1 日，设立第二特别区
法	1896 年 6 月 2 日《汉口法国租界租约》187 亩	1902 年 11 月 12 日《汉口法国租界拓展新界条款》170 亩	357 亩；1945 年实测 485.68 亩	1945 年 8 月 14 日（1943年2月23日，法国维希政权曾向日伪交还租界权）
德	1895 年 10 月 3 日《中德汉口租界租约》600 亩	1898 年新拓展 36.83 亩	636.83 亩	1917 年 3 月 14 日，设立第一特别区
日	1898 年 7 月 16 日《汉口日本专管租界条约》247.5 亩	1907 年 2 月 7 日《日本添拓汉口租界条约》375.25 亩	622.75 亩	1945 年 8 月 14 日
合计	1,907.43 亩	919.13 亩	2,955.24 亩	

资料来源：依据《汉口租界志》2013:25—36 内容，作者自绘。备注：其中法租界面积按实测确定。

2.2.7 旧市区的拓展与中心转移——从汉正街到花楼街

汉口华界老城厢（Chinese Town）的空间发展重心有过两次重大变迁（图 2-16）：第一次是从汉水北岸向南岸的（汉水上路）转移；第二次是从汉水的上路向下路的拓展，并从沿河向沿江的变迁（刘剀，2010）。而恰是第二次转移变迁过程中，旧市区拓展的原因及所带来的变化（从汉正街片区转移到花楼街片区），不仅是城市形态的转变，更是社会空间与形态的转型过程。

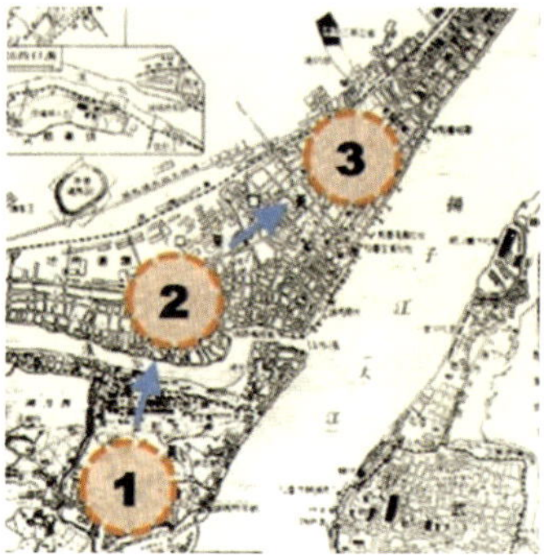

图 2-16　汉口市镇中心的历时转移示意图　图片来源：郑媛改绘

首先，由于长江干线商路地位的攀升，处于长江沿岸的汉口滨江地带很快被开发出来，汉正街从汉水上游硚口直达河口附近的黄陂街，从而形成新的商业市场中心。其次，与租界设立有关。1896 年后是汉口租界建设从开创到兴发的重要时间阶段，租界所带来的“边际效应”无疑给华界带来巨大的示范作用，社会资源自发地向毗邻租界的沿江一带聚集。其所带来的变化不仅限于城市中心“空间转移”，更投射在社会形态乃至城市建筑的转型上。那么，这种转移可以被视作为商业经济活动的需求所导致。

2.3 清末汉口的城市形态与街区模式

本书研究的主旨在于汉口近代社会及其住居形态的变迁；而住居又离不开所依附的城市肌理、街区环境，以及所处的社会发展程度的制约。本节所讨论的内容将是关系到后续章节有关住居与街区发展的，从宏观到中观层面的限定性因素为重要前提。

“1861 年汉口开埠后相当长一段时间内，尚非汉口社会近代化变迁的起点”[1]；“张之洞抵鄂之 1889 年，才是湖北社会政治经济各方面发生变迁的真正起始点”[2]。社会形态悄然变化的客观存在，其作用影响对于 1889—1911 年间的汉口城市肌理而言可大致分为自然城市、人造城市两种基本类型。与之相对应的街区模式则可以概括为存之于华界旧市区的自由放任型的街巷空间模式与存之于租界的整体受控型的网格状街廓空间模式。[3][4] 此两种迥异的空间肌理原型共同构成近代汉口城市形态的主要特征。

此外，在上述两种原型基础上衍化生成以 1920—1930 年代汉口模范区为主的整体受控型基础上的“内向性街巷 + 街廓空间”模式，即以拼贴城市为肌理特征的“控制—放任叠合型”街区（“街廓空间 + 放任型街巷”模式）将在后续章节中继续论述。

汉口城市空间所体现的“肌理脉络”遵循江河走向的自然环境特征，从道、街、路、巷的层级逐次有规律地展开并命名（例如，道、街均为大致平行于江河的关系，路、巷则呈大致垂直于江河的关系）。

---

[1] 苏云峰 . 中国现代化的区域研究——湖北省（1860—1916）[J]. 台湾研究院近代史研究所专刊（41）,1976.

[2] 皮明庥 . 武汉通史 · 晚清卷（上）[M]. 武汉出版社，2008:235.

[3] 陈刚 . 汉口历史街区的基本范型及更新策略 [J]. 武汉：江汉大学学报（社会科学版），2006（3）：40—43.

[4] 汤洁睿 . 基于图底关系理论的汉口历史城区城市肌理研究 [D]. 武汉理工大学硕士论文，2012.

从“街 + 巷”层级的鱼骨状街巷空间到“街 + 路”层级的网格状街区空间，住区的这种空间模式转变在某种程度上可看作近代汉口社会转型的一种映衬（图 2-17）。如图 2-17a. 鱼骨状街巷空间模式为主体的自由放任型华界旧市区，对应的是河岸码头小商品经济与中国传统街市制相结合的产物；图 2-17c. 网格状街廓空间模式为特征的整体受控型——汉口外国租界，对应的是西方殖民者的近代资本主义商业意识及其规划产物；而图 2-17b.“内向性街巷 + 街廓空间”模式则是中西混合的街区模式，对应的是“中体西用”意识形态下的、中西混合的产物，主要分布在华界的模范区，其典型住居类型如近代汉口的里分。

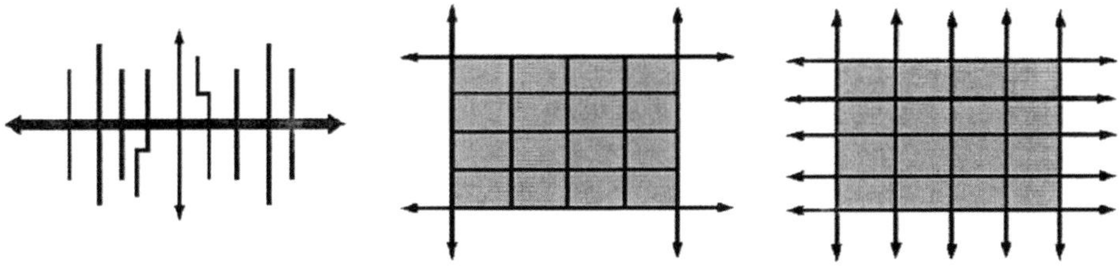

a. 鱼骨状街巷空间　　b. 内向性街巷 + 街廓空间　　c. 网格状街廓空间

图 2-17　近代汉口街区空间模式示意
资料来源：汤洁睿绘制

2.3.1 晚清汉口市镇的空间肌理——“自然”vs“人工”

晚清汉口城市肌理存在两种截然不同的形态：自然形态肌理与人工形态肌理。进而言之，无论是“自然城市”状态下的街巷空间组织，还是“人工城市”的街廓空间组织，都是近代汉口城市空间整体格局的组成部分，皆为其中的一种表现形式，其区别在于各自所处区位环境、经济以及社会人文等因素作用下的差异。笔者认为在自组织状态下肌理所形成的住区，定义为“片区”更为合适；而街区则是西方殖民者规划下的产物。

（1）自然城市肌理

近代以前汉口华界市区范围最早是沿襄河一带，渐成为最早的滨水型商贸聚落，直至晚清时期仍紧邻襄河边；“其范围大致在今长堤街与汉水之间，约

10.8 平方千米，人口约 30 万人”。[1] 关于汉口镇的位置与空间范围，范锴在其《汉口丛谈》曾有描述：“汉口镇在城北（汉阳城之北）三里，有居仁、由义、循礼、大智四坊，当江、汉二水之冲，七省要道，五方杂处”[2]；其临汉水边上“形如眠帚，上直而下广，以堤街和正街为主干，分上、下二路，居仁、由义二坊为上路；大智、循礼二坊为下路。其区域大致在今硚口、江汉二区之内，相邻边缘区（近郊）并不大”。

图 2-18　汉口旧市区街道生活场景

上述文献清晰地表明汉口旧市区的空间基本格局、形态以及坊域分布。袁公堤址基础上形成的“堤街”（今长堤街）、汉阳府治所下形成的“正街”（今汉正街）以及在这两街之间的夹街（今大夹街），这三条大致平行于襄河、呈东西向的市镇主要街道；垂直于襄河河岸码头的、细如蛛网般、呈南北向的通路“巷”，从而形成老城厢“鱼骨型”均质化肌理的城市空间（图 2-17a、图 2-19）。

在这样“自组织过程中”所呈现的城市空间肌理格局，深处其中的住居往往不拘于严格的南北朝向关系，也没有明显的城市轴线关系，其街巷住居格局看起来更像是随机形成，却极具生活场景与活力（图 2-18）。

正如美国学者罗·威廉对 19 世纪的汉口市镇所描述的那样，其城市肌理反映在市镇街道格局上“远不是经过规划的、整整齐齐的方格状行政城市，它的自然布局表现出合乎实用的不整齐、不规则”，是所谓“那些在漫长岁月里或多或少地自然生长起来的城市”[3]，因而 1861—1911 年间的汉口旧城区（Chinese

[1]　民国二十五年汉口都市计划书。

[2]　范锴.《汉口丛谈》卷一，武昌益善书局，1933.

[3]　Christopher Alexander. City is not a tree. Beijing: Architects（24）:206—24.

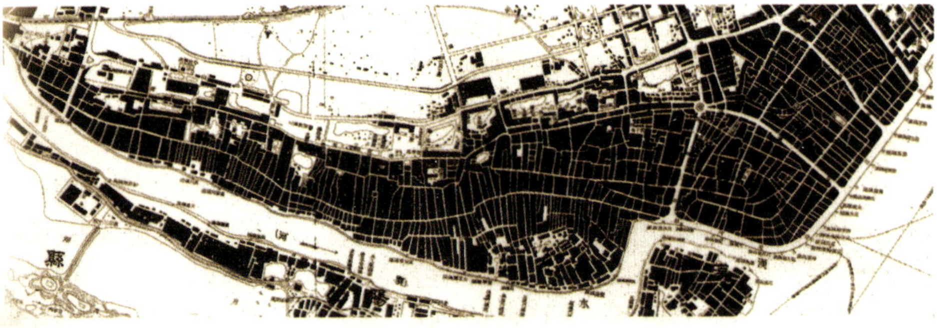

图 2-19　汉口旧市区街道肌理　图片来源：《武汉历史地图集》

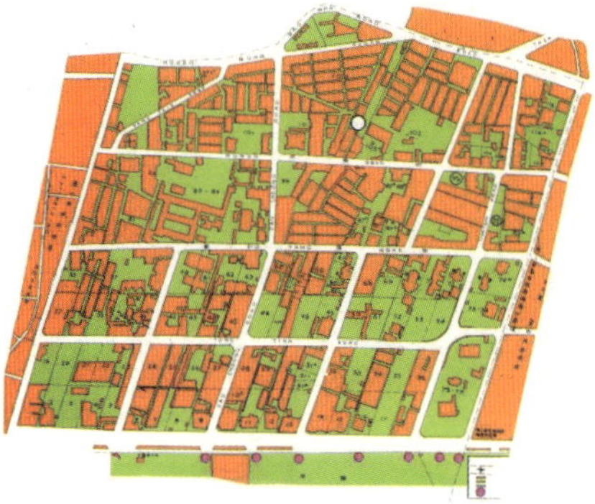

图 2-20　1931 年汉口第三特别区街道图（原英租界）

图 2-21　竣工于 1902 年的法租界巡捕房（图片左侧为霞飞大将军街，今岳飞街；右侧为亚尔隆兰尼省街，今中山大道一段）；至 1995 年以前为武汉市卫生防疫站（可惜后遭拆除并在此建高层即今金源大厦）

Town）是以“自然城市”为主要形态阶段。

（2）人工城市肌理

汉口租界是以街区（Blocks）为基本用地单元的、规则有序的方格网空间肌理特征（图 2-20），完全不同于华界区域的，所谓“那些由设计师和规划师精心创建”的“人造城市”（Artificial City）[1]。1861 年英国人在汉口沿江一带的荒滩泽地上首先开辟出定居点（Settlement）。先后修筑了平行于扬子江的五条道路：河街（今沿江大道）、洞庭街、鄱阳街、湖南街（今胜利街一段）及湖北街（与华区的分界线，今中山大道一段）。接着又修筑六条与长江大致

[1]　Christopher Alexander. 1985. City is not a tree. Beijing: Architects（24）:206—24.

呈 72° 通往江边的横向道路：分别为歆生路（今江汉路东南段，与华界的分界线）、怡和街（今上海路）、阜昌街（今南京路东段）、华昌街（今青岛路）、天津街（今天津路）、吉祥街 / 界限街（今合作路，与俄租界的分界线），构成为菱形近似方格网状的城市道路系统。[1]

而五条平行于长江的纵向街道为后续开设的各国租界奠定了租界区路网的基础格局，如沿江大道、胜利街就全部贯穿了汉口五国租界。德国是第二个在汉口开辟租界的国家，其租界 1895 年 10 月设定在通济门老城以外，与英租界间隔着一段荒滩泽地（即今中山大道以东、沿江大道合作路口至一元路口之间的地段），但正是这段空隙滩地构成了紧随其后的俄、法两国租界呈交错状的区域范围；而最晚开辟的是位于东北角上的日租界（紧邻德租界），其位置也最为偏僻。虽然各租界内的行政权不一致，却都考虑到了城市道路的连通性问题，因而租界的道路与市政系统仍是较为完整统一的。具体到各国租界的道路肌理，相对而言，俄、法租界兼有新古典主义的城市规划手法味道，即租界区城市道路规划分岔路口的节点，以及设置街道尽端建筑对景布局的形式[2]（图 2-21），比较注重城市空间的艺术性；而德租界与日租界在城市空间上是最为单纯的棋盘式街区格局。总体归纳说来，1895—1938 年间汉口的新城区——租界便是处于“人造城市”形态阶段。

2.3.2 晚清汉口市镇的街区模式

前面已阐述近代汉口存在的“自然与人造”两种城市肌理，下面就要具体分析一下与之对应的街区模式：自由放任型“片区”的街巷空间与整体受控型网格状街区空间。讨论街区模式（范型）离不开对其背后所隐藏的经济基础与社会文化价值取向的分析以及基于所处宏观空间肌理特质上的尺度考察。因为这种存在于街区中的各种“通路”（道、路、街、巷）关系是街区构成的关键要素。

（1）旧市区自由放任型的街巷空间模式

[1] 李军 . 近代武汉城市空间形态的演变（1861—1949）[D]. 武汉大学博士学位论文，2005.

[2] 欧洲城市中多以公共建筑作为街道端景，也有以住宅为背景的。这些公共建筑对汉口租界的住居形态有着重要影响，是构成租界风貌的主要要素。

汉口从最早形成之初就不是作为“城”的概念而存在的，系因“市”为镇的“自下而上”结果。早先的城厢没有防御功能的四周城墙，也没有明显街道围合所形成的居住单元“坊”，不同于中国古代官式城池的棋盘式布局，是完全建立在小农商品经济流通基础上，因便利的区域交通优势，顺应自然环境条件所形成的自发性、内河型港埠集镇。其自由放任型的街巷空间整体特质表现为自然随机形成的异常曲折、低湿窄狭的街巷。与江河平行的街巷较长而稍显整齐，与江河垂直的则狭而短、线型曲折，大多不能直接连接沿江河一带，因此水陆运输不能联络，前后市区不相贯通。

所谓街巷空间模式，顾名思义，即在自组织基础上由“街”+“巷”两套不同尺度路网系统所构成的住居区域（含商业）——“片区”。为何用“片区”而不沿用街区的概念呢？盖因华界旧城区乃是在明末所形成的主要街道“正街”（即汉正街，系汉口最为古老的城市道路）基础上所形成的，以大致平行于汉水，东西向为轴的市街，并呈线性运动方式发展的，南至河岸，北至长堤街而分布的区域。由于该区域内没有明确的四向道路围合关系，街巷随机自然延伸而派生出一个可感知的区域场所存在（Place Existence），故曰片区意义，而没有严格意义上的街区（Blocks）概念。依据近代华界老城厢的时序发展，至 1930 年代后就基本形成两大片区：汉正街片区与花楼街片区。下面对该片区及其街巷尺度做一下基础分析。

a. 区规模与尺度

由于华界旧市区范围内现代意义上的街区不甚明显，片区内每宗地块单元面积狭小而密集，并且商住混杂，呈均质化肌理格局，故而晚清华界旧市区“片区”地块的尺度是相当大的，很难就局部住区地段作为一个单元描述。这种情形直至 1930 年代以后随着民生路、民权路、民族路、三民路、统一街等城市新建道路的建成才有所改变，街区范围大致得以廓清（例如，由民权路、民族路以及沿江 / 沿河大道围合而成的三民路片区）。根据笔者研究，华界旧市区较为明确的由街巷道路围合的地块约 15 处，街廓面宽多为 500 米—800 米、进深尺度则为 200 米—300 米，面积 10 公顷—30 公顷，与华界新区（模范区）、租界区的尺度相比要大 5 倍—7 倍（表 2-5），这说明近代汉口华界传统住居片区向街区的转变过程中，社会经济转型的不彻底性。

b. 形态与尺度

汉正街、黄陂街等汉口华界老城厢片区、老街巷，路面尽以条石铺装，市街更是一个拥挤狭窄的世界，其街市宽度一般为四至十米，“街路颇狭隘，无论马车之通行，往来为难。即人力车，亦只得以二辆并列”[1]。

以汉口旧市区路网系统中最为重要的三条街道：汉正街、大夹街、长堤街为例，其长度分别为3,200米、952米、4,000米，宽3米—7米不等（表2-6）；而更小一级的道路系统“巷”，其尺度无论长度与宽度就更小，长度均大大低于主街的长度，如永宁巷，其长度仅为650米。华界旧市区道路长度与宽度较之于租界区都要小很多，从一个侧面也反映出华界旧市区道路仍是以步行、轿子、人力车为主的出行方式。

（2）租界区整体受控型的网格状街区空间模式

汉口租界的整体受控型的网格状街区，是建立在近代资本与商品流通基础上，以人工规划方式所建成的外洋型港口城市。所谓整体受控型网格状街区空间，即1896—1938年间所形成的，由“街＋路”两套尺度相近的路网系统所构成的综合性区域。该类型街区主要分布在汉口租界区（华界模范区仿效），共性皆有统一的城市规划布局与先进的市政设施。

早在汉口租界设立之初，西方殖民者就按照西方近代城市规划方式以及宗主国意愿进行建设，并按照近代城市规划的功能分区原则在沿江荒滩上先行“画

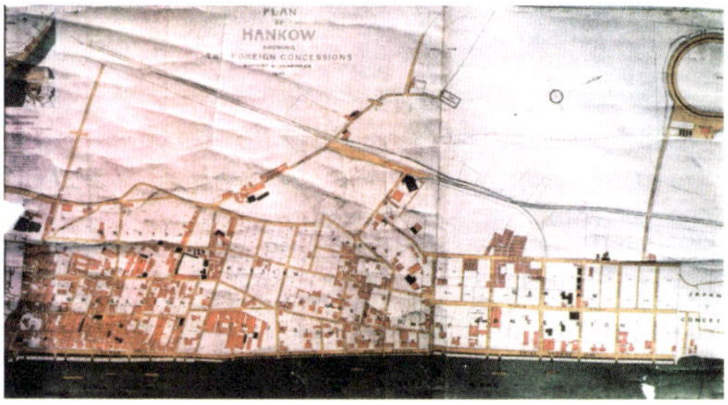

图2-22　1905年的汉口租界图（含部分日租界）

图2-23　汉口法租界内静怡的街区与住居

[1]　范锴.汉口丛谈校释[M].湖北人民出版社，1999.09.

出”方格网状的城市道路，然后在所围合形成的街区地块上进行每宗地籍线划分，再进行房屋建造，因而完全是一个“事先”的考虑（图 2-22）。汉口各国租界区内都有着明显的功能分区。例如，沿江地带除分布有少量领事馆用地外，多为银行、洋行、生产加工和仓储储运等用地；而居住用地大多分布在鄱阳街、胜利街与中山大道之间。这里需要提及的是早期租界街区空间内部并无“里巷”一级的通路组织。由于各街区地块上的内部细划分地籍编号，以便出让或“挂旗”使用[1]；租界街区内的住宅多为点状、条块状的斑块分布特征，地块上的建筑密度很低，环境优雅（图 2-23）。

a. 街区规模

相比较华界片区尺度，租界内的街区尺度要小很多。汉口五国租界中，以德国租界规划的街区尺度最大（单个街区面积差不多为 4 公顷—6 公顷），其余各国租界的街区尺度都大致相当（2 公顷—4 公顷），而 1920 年代后建成的

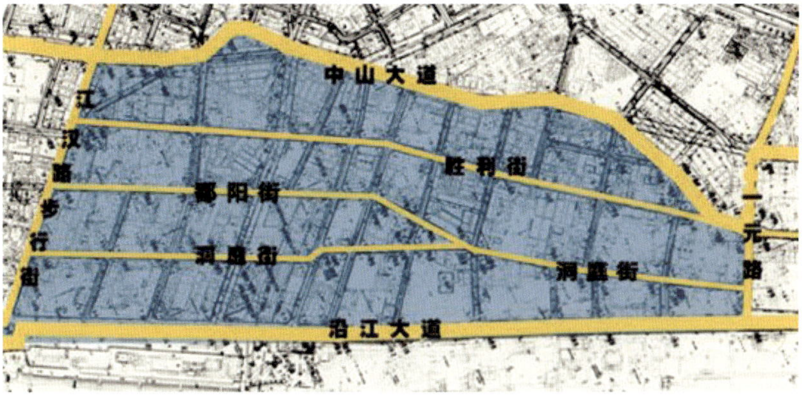

图 2-24　汉口英、俄、法租界内主要道路结构示意图　　图片来源：汉网论坛

华界新区“模范区”街区面积为最小（表 2-5）。从街区数量上看，日租界最多，有 25 个地块；依次为英租界 20 个；德租界 17 个；法租界 15 个（其中与俄租界分享 1 个）；俄租界街区数最少为 11 个（其中与法租界分享 1 个）。从该表

[1] 租界内不许华人置房产，遂有华人将在租界内所置房产加挂外国旗号的办法，挂旗费按房产价值 3%—5% 计算，一年的挂旗费分为银 25 两、50 两、100 两、150 两四种。（汉口租界志编委会 . 汉口租界志 [M]. 武汉出版社，2003）

中还可以得到的信息是，华界街区数量较之租界为少，而其面积则大得多，说明华界旧城区是“事后”的改造结果，关于此原因，后面将详述。

b. 街道形态与尺度（表 2-6）

在以网格状街区空间模式为特征的汉口租界中，城市道路宽阔、整洁；主要分为两个层级：街和路，其布局特点为街大致平行于江，而路则大致垂直于江。纵向的街一般比横向的路要长（整个租界而言）。纵向的街道往往都是连通贯穿 3—5 个租界，例如胜利街（长约 3.8 千米，宽 12 米—15 米）完全贯穿五国租界街区；洞庭街（长约 1.9 千米，宽 10 米—15 米）纵贯英、俄、法三国租界（从江汉路洞庭街口直抵一元路德国领事馆侧立面处）；鄱阳街（长约 1.08 千米，宽约 12 米）则是跨越英、俄两国租界的街道，止于洞庭街、黎黄陂路交会处所形成的交叉的空间节点处（俄租界内巴公房子，俗称的“小巴公”）。

从图 2-24 中可以看出汉口租界区纵向（平行于江的“街”）主要道路的关系，明显是受到中山大道（原汉口城堡基址）走向的影响。由于英租界最早设置，俄租界为使其道路与英租界相连通，导致鄱阳街与洞庭街交会于黎黄陂路处（图 2-24）。主要道路“街”与次级“路”也是构成了汉口英、俄、法租界街廓肌理格局的基本要素，在俄、法租界里街区地块形态上多处形成三岔路口的几何形态，以致形成别样的住居平面形式，如巴公房子。

一般就其租界内的道路截面尺度而言，路的宽度要比街的宽度稍窄一点；但通过实地考察，以及《武汉地名志》等文献的查阅，会发现街与路的截面宽度其实颇为相近，其值多在 10 米—15 米之间不等，街宽与路宽这样的均等性就更强化了街区地块的资本主义地租经济的均向性特征，同时也反映出 20 世纪初汉口租界已考虑到了机动车时代所面临的通行压力，这也是迄今在汉口原租界区内相对很少发生拥堵现象的重要原因。

2.3.3 晚清汉口市镇的场所意象

美国学者凯文・林奇在其《城市意象》中对城市形态印象的描述归为“五要素”（道路、边界、区域、节点、标志物）。实质上，任何与视觉存有关联性的范畴都可以通过“点、线、面、体”的相互关系对近代汉口城市意象进行描述与研究。

表 2-5　近代汉口城市街区尺度统计表

所在区域		街廓面宽（m）	街廓进深（m）	街廓面积（公顷）	街区数量（个）
古代城区（旧市区）		500—800	200—300	10—30	15
近代城区	华界新区	80—100	80—100	0.8—1	31
	英租界	150—200	150—200	2—4	20
	俄租界	100—150	150—200	2—4	11
	法租界	150—200	150—200	2—4	15
	德租界	200—300	200—300	4—6	17
	日租界	100—150	150—200	2—4	25

表 2-6　近代汉口部分城市道路尺度参数统计表

道路等级	道路名称	区位	建设时间	现状宽度（m）	历史宽度（m）	道路全长（km）	道路用地比率
道	沿河大道	古代城区	1940s	10—40	—	7.2	＜ 20%
	沿江大道	近代城区	1930s	30—40	—	12	＞ 30%
	中山大道	历史城区	1907	宽处 40 窄处 10 一般 30	3—4, 10—20	8.6	20%—30%
	京汉大道	历史城区	1906 京汉铁路 1995 建成道路	40	铁路	7.6	20%—30%
路	崇仁路	古代城区	1727	11	2—3	1.4	＜ 20%
	利济路	古代城区	清朝末年	15—20	5—7	0.9	＜ 20%
	武胜路	古代城区	清朝末年	30	3—4	2	20%—30%
	江汉路	近代城区	1906	12—25	12	1.55	＞ 30%
	南京路	近代城区	1920s	10	—	1.1	＞ 30%
	一元路	近代城区	1907	20	—	0.44	＞ 30%
	保成路	近代城区	1912	10	—	0.6	＞ 30%
街	汉正街	古代城区	16 世纪	5—7	—	3.2	＜ 20%
	长提街	古代城区	1635	3—4	—	4	＜ 20%
	胜利街	近代城区	1926—1945	15	—	3.8	＞ 30%
	保华街	近代城区	1930s	14	—	0.22	＞ 30%
	洞庭街	近代城区	1920s	10—15	—	1.9	＞ 30%

资料来源：汤洁睿 . 基于图底关系理论的汉口历史城区城市肌理研究 [D]. 武汉理工大学硕士论文，2012:30.

晚清民初汉口市镇意象以太平街、歆生路（1927 年后合并，即江汉路）为明显的分界，即区划为两大基本城市意象区域：华界的市镇意象与租界的城市意象。这些区域意象由若干具有标志性的场所特征所构成。它们是作为除前面所论述到的以线型组织为主的城市空间肌理与街道形态以外的“点”——含空间性质的节点，也包括作为实体而存在的建筑。

（1）华界：自由放任型的片区形态及构成

a. 总体格局

人口的密度与街市的繁荣、居民区的拥挤总是相伴随的。晚清时期（含民初阶段）的汉口是除上海之外，人口、街市、住宅、船只密度最大的城市。早在开埠之前，汉水入江口一带就开始形成商贸集市和街道。至明万历年间，汉口正街已成为规模可观的市镇。汉口最早的市街便是以汉水沿岸开始的，多集中在空间狭窄、人口密集、最为繁盛的硚口至黄陂街一带片区。该区域主要是因地制宜发展起来的，以各种手工业作坊为特色的街巷，因此有些地名也据此而来，如皮业巷、药帮巷、大火巷、永宁巷、百子街、打铜街等。

因而华界城区给人总体印象是拥挤、喧哗、房屋建筑密度大、屋宅基地呈狭长形均质化的特征，没有严格统一的规划，故区内界面基本特征呈现为大体东西走向连续尚不完整的一层天井院式为主的商住混合住居。

b. 传统码头河岸形态

历史上的汉口就是一座因水而生的集镇（城市）。其最为典型的地域特征莫过于河岸码头所折射出的生活场景。在汉口镇由汉水上路向下路推进发展，其结果便是自晚清以来汉口最为码头与世俗化的、有两江交汇险段据称的“龙王庙”码头（图 2-25a/b/c）。从该版画上可解读出的信息，临水吊脚住屋、石质台阶、通向陆上纵深街巷的牌楼门以及繁忙的水上帆船桅杆林立，码头搬运工的劳碌身影。在历史图片中我们还可以找到另一种当时的汉口住居类型——吊脚楼住屋。

c. 街市场所意象

汉口华界旧市区是以蜿蜒街巷的线型空间意象为主所呈现的市街景观，极富生活气息。其街道狭窄弯曲，人流密集，街道路面尽铺条石，如《汉口丛谈》所云：“石填街道土填坡”——而这样的场景曾留存于笔者儿时记忆中的交通路（图 6-8），可惜在 1990 年代末因佳丽广场开发建设而被拆除。由于街道两侧房屋店铺建造时缺少统一规划，对于道路边线的退让不一，使得沿街界面的连续性、规整性较差（图 2-26）。“特两侧商店之招牌，于道路之上，有为渡桥之奇观”[1] 皆以“嘈杂拥挤”为特征的生活场景乃至空间氛围（图 2-27）。由于“街区”地面上的建筑间距小、密度大，其状多呈狭长形均质化特征，没有严格统一的规划，故区内界面基本特征大体呈现为东西走向连续尚不完整的一层天井院式为主的商住混合住居。从现今所存历史照片中仍可感知到当时的市街风情。

（2）租界整体受控型街区意象

a. 总体意象

汉口租界的人口密度与商业繁荣度与华界的情形正好相反，其总体意象可概括为“多功能复合型街区”为特征，充满异域情调的活跃而不失宁静，小众格调下的怡人街区环境。从 1861 年英租界的建立之初到 1945 年租界的全部收回，汉口租界的发展大致经历了初创——发展——衰弱的过程，其城市意象也从早期的较为纯粹的“殖民式”风格到“地域本土化”转变。这八十五年期间，也恰是租界逐渐涵化的历程。至于汉口各租界街区具体意象拟在后续论述。

图 2-25a　长江与汉江交汇处（版画描绘的是从南岸嘴望汉口龙王庙）
图片来源：《国际视野下的大武汉影像（1838—1938）》，人民出版社，2017
原载于 *The Earth and Its Habitants*，1882 年英文版

图 2-25 b　清末汉口龙王庙与吊脚楼（铜版画）　图片来源：《晚清民初武汉映像》

图 2-25 c　龙王庙码头与水边住居
图片来源：《晚清民初武汉映像》

[1] ［日］水野幸吉著，武德庆译．武汉文库 · 中国中部事情：汉口［M］．武汉出版社．2014:36.

图 2-26　清末汉口汉正街景观　图片来源：《晚清民初武汉映像》

图 2-27　热闹的汉口街市
原载于 *Le Tour Du Monde*,1882 年法国出版

b. 现代码头江岸形态意象（Bund Image）

如同上海、香港等许多中国近代城市一样，最能体现租界与华界的意象区别的莫过于作为“边界”存在的滨水景观意象（图 2-28a）。在近代开埠的租界城市中，此类场景多以“外滩”（The Bund）谓之，如松花江之于哈尔滨，海河之于天津，黄浦江之于上海，珠江之于广州等，而汉口的长江（扬子江）江面宽度却比上述城市的要大得多，倒也给人一种不同的“外滩”意象（图 2-28b）。沿江一字排开的滨江码头是外国租界在汉口八十五年存续期里的重要物质基础，也是开辟租界之始最为重要的初始投入。不同于华界桅杆林立、喧哗的河岸场景，租界内江岸码头以蒸汽汽轮船、修船船坞、码头栈桥、趸船、人工驳岸、滨江绿荫道，以及岸边的各类新古典式公共建筑等景观要素共同构成汉口外滩的场景（图 2-29a/b/c）。

c. 西式街区场所意象（Blocks Image）

由于租界有着较为严格统一的规划，其街廓多呈菱形或近方形的特征。街

图 2-28a　早期汉口租界江岸景观多以殖民式风格为主　图片来源：《国际视野下的大武汉影像（1838—1938）》，人民出版社，2017

区地面上的建筑间距相对较大、建筑密度低、容积率很小，故租界街区内部界面基本特征呈现以二层到三层房屋为连续性或断续性界面为主的街景（图2–30a/b）。租界沿街特别是沿主要街道的界面则是较为连续的界面，如联排式集合住宅所呈现的街景。

图 2–28b 外滩月色（原载于 *Voyage en Orient*，1898 年法国巴黎出版）

作为城市意象的感知而言，汉口租界最为繁华的当属华洋交界的歆生路，其次为法租界内的玛领事街（今车站路）等街区，而其他租界街区则多是宁静的氛围。笔者早年很长时间生活在汉口，对不同国别租界是颇有感受的。按照《城市意象》中“区域”体验的话，汉口租界街区给人的印象仍是存有细微区别的：英租界雍容华贵、俄租界砖茶风情、法租界世俗娱乐、德租界实用刻板、日租界东洋格调等，详尽分析将在后续章节中展开。

2.4 清末社会转型下的汉口住居形态（1889—1911）

2.4.1 晚清民初《汉口竹枝词》中的住居形态

《汉口竹枝词》[1]包含了物质与文化两个层面的丰富历史信息。晚清汉口的城市与住居形态的基本状况，《汉口竹枝词》中概括说：“石填街道土填坡，八码头临一带河。瓦屋竹楼千万户，本乡人少异乡多。”而汉口开埠后的华洋交汇处的场景，有过形象的描述：“前花楼接后花楼，直出歆生大路头。车马如梭人似织，夜深歌吹未曾休。”上述这两首具代表性的本地竹枝词形象地描绘了 19 世纪末至 20 世纪初有关汉口的城市基本形态。

此外有关《汉口竹枝词》与居住形态之间的联系，谭刚毅博士在《〈武汉竹枝词〉中的近代汉口居住形态》一文中将竹枝词中所出现的住居作了归纳研究，对茅草棚屋、临水吊脚楼、院落式民居、商住混合式住居等类型进行了全面的

[1] 《汉口竹枝词》是以民间地域方言、诗歌传唱等形式保存下来的非物质文化遗产，主要有叶调元的《汉口竹枝词》、罗汉的《汉口竹枝词》以及其他版本如《后湖竹枝词》《汉皋竹枝词》等刊本。徐明庭老先生收集了从康熙年间至 1945 年全部 1,095 首竹枝词，冠以《武汉竹枝词》结集出版（湖北出版社，1999）。

图 2-29a 汉口英租界外滩建筑（左为花旗银行，右为汇丰银行） 图片来源:《晚清民初武汉映像》

图 2-29b 汉口法租界外滩建筑——立兴洋行 1901 年落成纪念照片

图 2-29c 汉口英租界江岸景观 图片来源:《晚清民初武汉映像》

图 2-30a 汉口法租界吕钦使街街景（今洞庭街一段）

图 2-30b 吕钦使街尽端是德领事馆（一元路）

详述。[1] 概言之，《汉口竹枝词》不仅描绘了晚清民初时段下的汉口市井生活百态，而且从另一个侧面也反映了当时主要的两大居住区域（华界旧市区与租界新市区）的住居基本形态。前者因“治水而兴”，后者因“临水而建，皆因水路而旺”（谭刚毅，2007）。

2.4.2 华界旧市区的商贸聚落与城厢住居

晚清汉口华界旧市区早期住居主要分布在汉正街、长堤街等沿汉水一线；晚期则扩展至黄陂街、前后花楼等沿江一线，皆分布在后湖城堡（后城马路）以内。华界老城厢（Chinese Town）住居类型以商住混合型（含院落式）为主。清末民初时段在院落式民居的基础上还衍生出早期的石库门式里分住宅。华界除上述住居类型外，还有如流民聚落的城市边缘住居形式。下面简要概述各类住居的基本形态。

图 2–31 晚清华界老城区街巷上的混合商居

（1）商住混合“前店后宅式”住居

> 四通八达巷如縢，路窄墙高脚响腾。行客不须愁夜路，纵无月色有天灯。茶庵直上通硚口，后市前街屋似鳞。此地从来无土著，九分商贾一分民。押头铺子住胡同，钱货都凭一穴通。九扣三分期百日，许多太上作财翁。[2]

此首竹枝词描写的恰是晚清汉口市镇的商住混合住屋（图 2–31）。由于汉口传统商埠性质，商住混合房屋形式在所有住居类型中占有较大比重。尤其在临汉水的汉正街、长堤街、大夹街一带，其住居密布在如蛛网般的街巷中，与

[1] 谭刚毅 .《武汉竹枝词》中的近代汉口居住形态 [J]. 第十五届中国民居学术研讨会，2007:227–232.

[2] 叶调元. 汉口竹枝词 .

所处的街巷肌理共同构成了熙熙攘攘的繁华场景与浓郁的市井气息。

20世纪初，日本驻汉口领事水野幸吉曾对汉口街市住居有这样的描述："汉口街市的房屋，出于节省地面面积，房屋与房屋之间栉比鳞次，房屋高、街道窄，并且在高房后多建狭长的简屋；为此，采光差、通风不足、充满阴气，到了夏季暑热难当，成为多发疾病之根源。"[1]

商住混合住居在房屋构造上仍以木构架为主的形式居多，那些可拆卸的活动门板（上门板、卸门板）作为其临街店面的每日商业功课行为之一而存续多年。晚清汉口商住混合住居多为"前店后宅"的格局，迟至民国初年以后"底商上宅式"住屋才逐渐增多并取代"前店后宅式"住屋模式。

（2）天井院落式民居

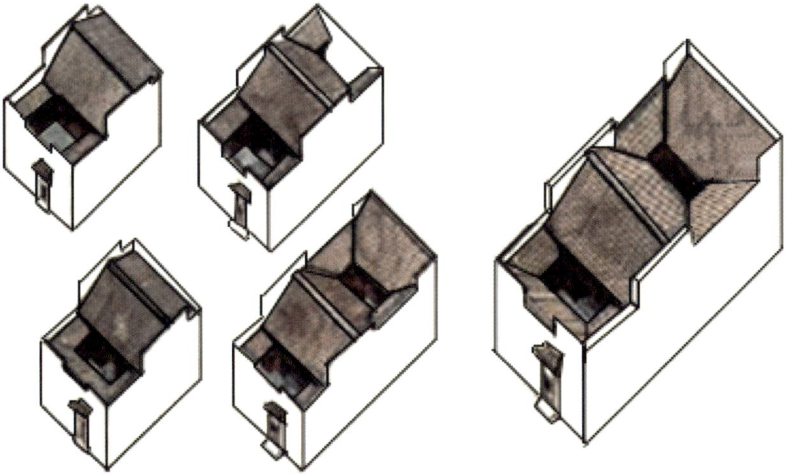

图2-32　近代汉口院落式民居——早期里分的雏形　图片来源：桂宗瑜绘制，范在予改绘

居陋室密如林，寸地相传值寸金。堂屋高昂天井小，十家阳宅九家阴。

上述竹枝词描述了汉口院落式民居的一些特点。在沿南北轴线上，以对称

[1]［日］水野幸吉著，武德庆译．武汉文库·中国中部事情：汉口［M］．武汉出版社．2014:36.

方式连续展开的、带有院落的（多采用前后院形式）、外墙高耸包裹屋宇于其间的一种民居类型（图 2-32）。合院[1]规模小的有简单的一进院、二进院，规模大的则有三进天井院落。一般来说它们的院落（天井）普遍狭小，宅基地的南北轴向短、东西轴向长，尺度都不大。但普通民居的布局以一明一暗的连三间为多。其平面布局较为规整，合院一般由三间正屋、两间厢房和天井组成。正房中间前为堂屋，后为灶房，左右两间为卧室，天井四面设有檐廊联系大门及其他房间。[2]由于汉口夏季炎热潮湿，为了适应闷热的天气与避免阳光的直晒，房屋内的进深一般很大，可使室内阴凉，而出檐较深则正好可遮挡烈日；加之小天井院落向上抽风的“烟囱效应”显著，从而改善了建筑环境的小气候。然而“堂屋太高，楼不可住；天井太小，阴暗多蚊。筑室之坏，莫如此地”与商住混合之前店后宅式虽有些许近似之处，所不同在于院落民居住屋非“高房后多建狭长的简屋”而已。

该类型住居风格在融合了北方民居合院式的平面布局模式基础上，糅合并吸收了徽派建筑马头墙的某些风格和院内天井的布局形式。其外观粉墙黛瓦，正立面以三开间居多，入口有中式门头装饰。而砖的各种砌法技艺，则产生了空斗墙这种砌墙形式。[3]此阶段的院落天井式民居在构造上已逐渐采用砖木结构的形式。

（3）中式石库门住宅（旧式里分[4]）

随着城市资本主义经济的发展，人口日益激增，土地越来越紧张，清末汉口出现了一种有别于老式民居的早期里分住宅雏形——中式石库门。所谓石库

[1] 北方合院式民居“移植”到长江中下游流域等南方区域后，为地域适应性改变，将合院式缩小并衍生为天井院落式。

[2] 潘长学，桂宗瑜 . 清末民国时期武汉民居形式研究 [J]. 中外建筑 .2013（3）:46—50.

[3] 同上

[4] 即汉口早期的里弄，武汉方言也称“里分、里份”；与上海弄堂大致一样，是沿江近代城市中一种特有的近代民居形式。

图 2-33　从汉口水塔俯瞰张美之巷(今民生路一带)。前、后花楼片区的部分为石库门式天井院住居。远处即为长江，并依稀可辨别江对面的武昌沙湖与远山　图片来源：2013.6 摄于武汉档案馆

图 2-34　汉口天一阁（今大洋百货民生路一侧处）旁的中式石库门天井住宅及其门楣
图片来源：《晚清民初武汉映像》

门[1]原是从上海流传过来的一种新式住屋。汉口石库门住居的出现分为两个阶段，早期的中式石库门与晚期的西式石库门（新式里弄）。从区域分布来看，早期石库门多分布在临租界边缘的华界地段内，如前英租界的后花楼片区的民生路一带（图 2–33）、临法租界大智门火车站的铁路街（今天声街）。需要说明的是，早期汉口华界的石库门不同于上海的石库门形式，笔者认为仍是在院落式民居的基础上，为缩小了院落进深的"天井院式民居"。其表征可从以下外部特征辨析：中式石库门一般都带有一个封闭性天井，有较突出的封火墙（马头墙、五花山墙）；大门门头多以水戗、发戗的门楣做装饰（图 2–34），无露台、阳台等外部构件，住居的内向性强。从这个角度看，早期的（中式）石库门与院落民居并无二致，只是用地更为紧凑，住居环境更为严酷一些。

2.4.3 汉口流民聚落及其边缘住居

据清嘉庆《汉阳县志》记载："沿岸居民蜂攒蚁聚，其舟居者鱼鳞杂沓，曲巷小口通道，辄十室之众纷然杂处。"[2]如同近代东亚许多城市一样，汉口市镇人口中的 60% 以上为无产阶层的社会底层族群，他们与近代社会的出现相伴相随。由于这类住屋以极其简陋、无序的形态出现，其居者常因自然或人为状况弃屋而去或归来复居，故为"流民聚落"[3]（图 2–35）。在近代汉口的主要分布区域以两条"边缘线"（Edges）展开。早期以沿汉水一线为集聚的"船居"与"吊脚屋"形式；中后期以京汉铁路沿线的"棚居"形式，即老汉口谓之"铁路外"的棚户区（迟至 1990 年代以后才最终消失）。另外，还有一种住居更多偏聚落特征存在形式的，即现今仍以"墩"为地名的"墩台民居"，将在稍后详述。

---

[1] 石库门，一种融汇了西方文化和汉族传统民居特点的新型建筑，是最具上海特色的居民住宅。上海的旧弄堂一般是石库门建筑，它起源于太平天国起义时期，当时的战乱迫使江浙一带的富商、地主、官绅纷纷举家拥入租界寻求庇护，外国的房产商乘机大量修建住宅。20 世纪二三十年代，围合仍是上海住宅的主要特征，但不再讲究雕刻，而是追求简约，多进改为单进，中西合璧的石库门住宅应运而生。这种建筑大量吸收了江南地区汉族民居的式样，以石头做门框，以乌漆实心厚木做门扇，因此得名"石库门"。

[2] 嘉庆二十三年《汉阳县志》卷七，20—21.

[3] 陈刚，李晓峰 . 近代汉口街区与住居形态的文化考察 [J]. 南方建筑，2016（5）:110—115.

（1）临水吊脚楼（图 2-36）

“河坡江岸后湖堤，多少人家构木栖。一样楼台跨近水，前河清沘后湖泥。”这首《汉口竹枝词》生动地描绘了吊脚楼住居所处的地形环境与分布地段。即在襄河（汉水）边及河口处为多见，另外在后湖区域以“墩”为地名的聚落也有分布。外国游历者对此类临水住居也有文献记述。1885 年 5 月 1 日，传教士亨利埃塔·格林曾在其日记中记载了这一类临水居住建筑：“这些房屋极像潘趣和朱迪（英国传统滑稽木偶戏中驼背木偶）的演出，较矮的部分有木桩支撑着，很多房屋倾斜得很厉害，经常一起倒下来；不歪斜的即使有，也少得可怜。”[1]

图 2-35　汉口城市边缘上的流民聚落——棚居

临水吊脚楼在汉口的存在说明了两点：第一，干栏式木构技术原本就出现在长江流域等南方地区，构造相对简单，建造便利，有历史因素；第二，汉口所处江河、湖泊的自然环境经常面临丰水期与枯水期，水位落差大，由于遭遇

图 2-36　清末襄河（汉水）边的吊脚楼

[1]　[美] 罗威廉著，江溶、鲁西奇译. 汉口：一个中国城市的商业和社会 [M]. 中国人民大学出版社，2005:30.

周期性洪泛的影响，使得这类临水简屋成为必然。以同样近代开埠的城市上海（黄浦江与苏州河）、广州（珠江）、天津（海河）等为例进行比较分析，从而得出基本判断。这些城市的水位标高变化差尽管受天文大潮的影响，但基本比较稳定，不像汉口时常面临来自江河与后湖两个方向的洪泛威胁。这也说明了为何申、穗、津三城的城市外滩滨水景观有相似处，而汉口的外滩滨水景观则不同。

（2）茅草棚屋

《汉口竹枝词》中“湖地河边人住满，芦棚多似乱坟堆”所述的就是这类棚居（图 2-35）。一种屋顶使用茅草、芦苇（或油毡），墙体使用木板材料（或三合土粘砖），带有临时性意味的居住建筑。屋顶多为两坡，有的甚至没有墙身，屋顶直接支在地上。当时竹篱茅屋的住屋建筑很普遍，并且显得杂乱无序，其主要沿京汉铁路线、后湖边等区域分布。清末王葆心在《续汉口丛谈》中说：“汉口多火灾常由竹篱茅屋造成；流民沿街、沿江、沿堤设茅草棚屋为居，屯列如鳞，容易引起火灾。”

图 2-37　近代汉口墩台住居旧影

（3）墩台住居

墩台住居也称“墩台民居”。所谓“墩台民居”即在水中的高地（岗地）上起屋筑居（图 2-37），而水中的高地在近代汉口通常称之为“墩”或“台”，并以定居“点”的形式广袤散布于今解放大道以北、张公堤以内的原后湖区域，如换子湖、猫儿湖以及旧襄河故道区域。这种特殊形态的聚落型住居的出现，与汉口地理上系古云梦泽的地质结构有关。地形上地势低凹、湖沼遍布，而聚落的特征就是离不开水，但又要避免水的侵袭，故而选择水中岗地建屋或垒土为墩再起屋而居。尽管现在已无法看到墩台住居的当年形态，但至今在汉口还仍留下不少以“墩”命名的地名，如鄂城墩、韩家墩、天门墩、唐家墩等。关于其聚落地名名称与住居文化的关系将在后续章节中继续论述。

2.4.4 租界新市区及其毗邻区的（住居）建设

（1）早期租界的建设概况

1861 年英国人首先来到汉口，并开启了定居点的建设。直至 1895 年德国开辟第二块租界时，英租界的建设除完成纵向、横向的几条街道雏形外，并无太大成效。情况转折发生在 1895 年以后。随着德、俄、法、日租界相继建立，租界区方才连绵成片，特别是各租界又陆续扩界，开始了租界区早期建设阶段（1896—1911）。汉口租界的建设与殖民者的出发点有着很大关系。笔者感知到，汉口租界似乎不太同于其他中国近代开埠城市，如租借地型的青岛、大连、哈尔滨，甚至与同样租界型的城市如天津、上海也有诸多不一样之处。它表现在汉口租界数量虽然仅次于天津，多于上海、广州；但与天津、上海的租界面积相比，其建成区域面积要小许多。津、沪两地的外来建筑风格和类型也比汉口更为丰富。

图 2-38　清末汉口租界内的券廊式住居

早期汉口租界的情形如同当下某些地产开发商一样先“圈地”囤起来，因而 1896—1911 年间，汉口租界的住宅建设量并不大（可从 1905 年汉口租界地图上窥见一斑；图 2-22/ 图 3-35a），住宅类型多以独立券廊式为主（图 2-38），也有少量的集合住宅（公寓），集合式联排住宅（里分）还没有大规模出现。因而许多地块上的建筑呈斑块状，星罗棋布的状态，街廓地块内有大量闲置空地。相反的是，汉口租界临江无一例外的都有仓库、货栈、码头、砖茶厂、洋行和银行等建筑，而住居建筑很少。其因在于早期租界实行的“隔离区划”，而租界内外侨人口很少，真正供居住用的住宅，这个时候还没有大量营建。从一个侧面也反映出，西方殖民者最初选定汉口作为租界的目的，从开始就是为获取中国腹地资源输出而来，同时汉口也作为其商品与资本的倾销（输入）基地而存在。[1]因此，汉口租界的建设既不同于青岛以德国建筑为主要特色的包含青年派、哥特式、罗马式、巴洛克式以及拜占庭、折中主义等建筑风格多样性统一（因德国占据后立足于将其“打造成远东的模范殖民城市”），也不同于沙俄侵占下的中东铁路附属地城市哈尔滨（其建筑风格多为俄传统式、新艺术运动等风格），甚至汉口的外滩建筑群也不如上海外滩由伟岸楼宇所构成（英、美、法等国将其作为远东“冒险家的乐园”经营，其经济巨大能量与活力导致沪上建设量远超中国近代的任何一座城市）。

（2）早期石库门住居与多层公寓

清末民初尤其是 1908 年以后，履约高峰期时所开汉口租界经过十年的发展，已连成一片；资本主义商业与贸易日渐发达，租界与华界人口剧增，导致 1900—1910 年房地产投资呈膨胀性扩张，近代新式里弄住宅建筑盛极一时。如海寿里、友益街、车站街、长兴里、三德里、楚善里等处，修筑了数百栋二层至三层砖木结构的住屋，都是因邻近租界而开发的。如 1901 年刘歆生建了生成总里（后因新马路的修建，分为生成南里与生成北里），是毗邻英租界区域的花楼街，为日后民初的新马路（今交通路）的形成打了基础；另一块就是毗邻法租界大智门火车站附近的居民区，如辅堂里。

租界内也有少量的新式里分，如俄租界内的楚善里等。这些毗邻租界或租界里的新式里分不同于旧市区的天井院落里分，其共性特征在于：租界内的早期石库门已无中式封火墙；增设有露台、阳台等生活设施构件；仍保留有天井；内向性趋弱。

这个时期的租界里，还有早期多层公寓类型。结构比较好的有 1910 年俄国商人巴诺夫兄弟在俄租界 NERPIN SKAIA 列尔宾街上（今兰陵路）建的“巴公房子”（图 2-39）。关于此建筑在后面再述。

（3）租界领事馆与早期券廊式住居

早期汉口租界的住居多为券廊式独立住宅类型。经过一百多年的变迁，许

[1] 近代汉口开始便是作为转口贸易港口存在的，从上海转口而来的外国商品，汉口作为中转基地再辐射周边及更远的内陆区域；同时，汉口又是这些区域初级农产品、矿产资源等输出的集散地，输出到世界各国。

图 2-39　清末民初汉口俄租界列尔宾街（今兰陵路）上，建成于 1910 年的巴公房子；照片中是大巴公房子（小巴公房子尚未建成）　图片来源：摄于武汉市档案馆，2013.6

图 2-40　清末汉口英国领事馆　图片来源：《晚清民初武汉映像》

多现已无存，还能找到的实例少之又少。因此，考察这个时期的租界住居形态，不妨从现在还保存较为完好的、兼具居住功能的领事馆建筑（属于独立式建筑类型）为例开始，从中窥见一斑。

a. 英租界（领事馆）

汉口英国领事馆位于宝顺街（今天津路 10 号）与界限街（今合作路）之

间，为武汉市一级优秀历史建筑。始建于 1861 年，为汉口开埠后英租界第一幢建筑（图 2–40）。据资料记载，当年的英国领事馆官邸，有办公楼三幢，共有房间 23 间，领事馆舍有房间 13 间。[1] 目前只有一幢两层建筑被保留，建筑面积 546 m^2。英领事馆建筑坐落在一片绿荫花丛所环绕的院子中，环境优美，为其他租界起到示范作用（例如法国领事馆）。而其建筑的最大特色是外部有宽阔的拱廊和露台（券廊式），以适应东亚炎热多雨的气候，既能避雨又能减少日晒，亦是休闲活动的空间，极具殖民地建筑的典型特征。

b. 俄租界（领事馆）

汉口俄租界于 1896 年开辟，位于汉口英租界与汉口法租界之间，其面积 414 亩 6 分 5 厘。为近代中国两个在华俄租界之一（另外一个是天津俄租界），同时也是汉口的五国租界之一。汉口俄租界是以砖茶制作及贸易为特色区域，区内有较为集中的成片高级住宅区。

俄国驻汉口领事馆位于领事街（今洞庭小路）江边。1904 年建成，为二层砖木结构，它的券廊式建筑有别于英、法两国的领事馆。即立面构图中间凸出，左右两翼灵活地展开，形态完整，带有某些拜占庭风格的影子（图 2–41）；而现在看到的已是经过加层扩建后的（增加到四层[2]）、体量比例关系失调的建筑。顺便提及一下，今车站路 1 号原汉口美国领事馆（图 2–42）紧邻俄领事馆，1905 年由广兴隆营造厂承建，也是带有外廊的三层砖混结构，建筑带有巴洛克风格，有别致的曲线墙面。

c. 法租界（领事馆）

汉口法租界是近代四个在华的法租界之一，另外三个是上海法租界、天津法租界和广州法租界；同时也是汉口的五个租界之一。法租界在汉口五国租界中最为突出的特点是它的娱乐商业文化。

原汉口法国领事馆位于今洞庭街 87 号，为二层砖木结构，占地面积为 462.4 平方米；建筑平面采用内外走廊组合布局，为非对称的自由平面形式；从

[1] 于 1944 年武汉大轰炸之中被炸毁一幢，1946 年重建一幢，修理一幢，由上海冯发记营造厂承包，造价为 2.62 亿旧币。

[2] 在《湖北近代建筑》中对原汉口俄领事馆建筑的表述存在错误，原本没有四层。

图 2-41　清末汉口俄国总领事馆

图 2-42　汉口美国领事馆

图 2-43　清末汉口法国领事馆

外形及平面来看，较多接近民居形式，并非完全官式特征（图 2-43）。“由此可见，此馆既具有办公性，又具有生活性，且偏重后者”（郭谦、陈纪凯、李传义，1992）[1]；而建筑立面形式则为典型殖民式（Colonialism），四周均有露台（Veranda）相互连通的外廊，属典型的殖民式建筑。

[1]　由李传义执笔主编的《中国近代建筑总览 · 武汉篇》中曾对该建筑进行过详细的测绘与记述。

图 2-44　清末汉口德国领事馆

图 2-45　汉口德国领事馆正立面

图 2-46　汉口德租界内的意大利领事署

d. 德租界（领事馆）

汉口德租界是近代中国两个在华德租界之一（另外一个是天津德租界）。德国是紧随英租界之后，第二个在汉口开辟租界的西方列强。在汉口五国租界领事馆中最具建筑视觉标志的当属德国领事馆。

1895 年建成的原汉口德国领事馆（图 2-44），其址位于今汉口沿江大道 130 号（一元路口交会处），坐西朝东，为一幢二层砖混结构的维多利亚式建筑，建筑面积 3,202 平方米；由德国设计师韩贝（Hempel）设计。现为武汉市政府办公地、全国重点文物保护单位。

原德国领事馆建筑为二层砖木结构，地下半层，门斗凸出，两边坡道可驶入汽车。其四周均有外券廊，轻盈活泼；外廊柱式为“多立克”柱式，外墙采用黄色水泥拉毛，红色小平瓦坡屋顶，屋顶四角各建有一个圆形穹顶角塔（图 2-45）；屋顶中设有阁楼，阁楼四面开半圆形采光窗。在二层楼面与阁楼层之间设有一玻璃采光顶棚，使得室内空间轻盈通透，天花石雕花饰、楼梯木雕更显精美。

图 2-47　德租界内的瑞士领事署与河街景观（今沿江大道二曜路口至六合路口段）

晚清时期在汉口除英、俄、法、德、日这五国租界设总领事馆外，还有美、葡、比、意、丹、瑞、挪、墨、芬等国在租界内设有领事署。比如，瑞士领事署与意大利领事署(图 2-46）均设在德国租界内，即德租界沿江的河街一线，构成一道浓郁的异国风情的滨水街景（图 2-47）。这也是德租界河街有别于其它租界河街意象之处，可惜现在都无存了。

图 2-48　原汉口日本领事馆与河街景观

e. 日租界领事馆

汉口日租界是日本在华的五个日租界之一[1]，也是汉口的五国租界之一。原汉口日本领事馆位于日租界山崎街（今山海关路）、临河街（今沿江大道）口，现已无存。1903 年建造，为二层砖木结构的西方古典式建筑；平面呈长方形，立面为三段式构图，二层均为半圆形拱券外廊（图 2-48）；正面有 10 个开间，两侧各有一间凸出（左侧为三边形），中部入口处两间凸出为三层出坡屋面，三层檐口上平台右侧建有塔楼；红瓦四坡屋面，底层下有半空层。

[1]　另外四个是天津日租界、重庆日租界、苏州日租界和杭州日租界。

2.5 清末汉口住居形态适应性变化

清末汉口社会形态发生了很大变化。由于市镇经济的快速发展、市镇人口的剧增，以及随着租界的全面建成后所出现的新需求，为了适应这些新的时代变化，汉口住居形态开始产生适应性的悄然转变。

2.5.1 院落式民居到早期中式天井里分的转变

汉口早期的住居形态多以一进至二进院落式民居为主。由于宅基地段狭窄而（缩小）简化了两侧的厢房，不同于北方四合院民居的纯居住性质，汉口镇商业性质使得这种源于徽派合院型制的民居来到汉口后成为“前店后宅式”住居的早期形式（图 2-49）。然而由于汉口镇经济的资本主义迅速发展，以及地段人口的稠密，这种“前店后宅”住居越来越不能适应城市用地日益紧张发展所带来的变化，开始向早期的“底商上宅”传统民居转变（图 2-26）。

随着汉口租界的开辟，在 19 世纪末从上海等沿海城市传入一种新的、具有中西混合风格色彩的地域民居住居形式——联排式里分。里分住宅作为近代汉

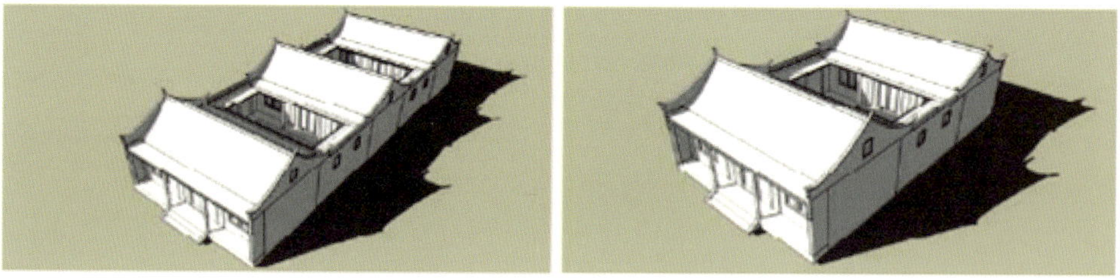

图 2-49　汉口院落式民居　桂宗瑜绘制

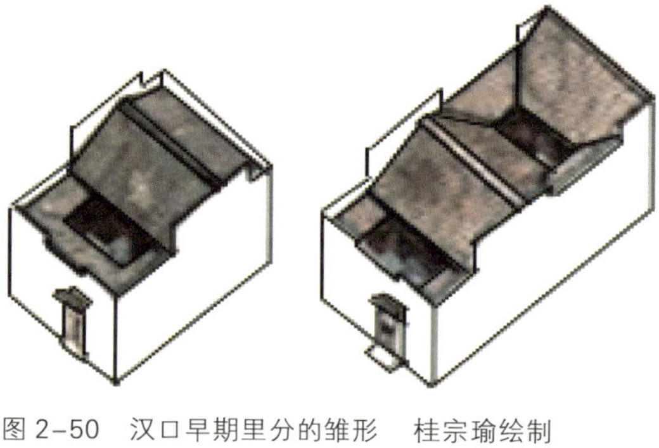

图 2-50　汉口早期里分的雏形　桂宗瑜绘制

图 2–51a　1915 年以前的巴公房子

图 2–51b　1920 年以后巴公房子与新建的惠罗公寓

图 2–52a　俯瞰清末英租界安利英洋行公寓，左侧为天主教堂

图 2–52b　鄱阳街上看安利英洋行公寓　图片来源：《晚晴民初武汉映像》

口住居形态的主体，它的出现并不如目前所见到的里分一样，而是有一个复杂变化的过程，尽管这个过程是很短暂的（后因汉口大火，旧市区遭焚毁，天井式住居无存）。

从相关历史文献了解到，汉口最早的里分是由刘歆生在毗邻英租界地段所开发的生成里（现已无存）。由于没有实物考证无法获取早期汉口里分的具体形态，但是通过历史影像还是能获得这种视觉印象（图 2–33、图 2–34），图 2–50 所呈现的天井式民居，即早期里分的原型。从图 2–49 至图 2–50 的转变，可以看出导致这种变化的原因在于徽派天井式民居相比院落式民居所占用的房屋基地要小得多，能适应汉口急剧膨胀的人口与市镇用地紧张之间的矛盾，以致天井式民居成为晚清民初汉口住居形态的主要形式，即可视为后来大量涌现的近代汉口里分的早期雏形。

2.5.2 独立券廊式住宅转向集合式公寓

1861 年汉口对外开埠，英租界最早建立，1898 年随着日租界的建立，汉口五国租界全面形成。汉口早期租界住居形态以领事馆建筑为代表的独立券廊式为主。但在 1910 年后，外国洋行资本开始大量进入汉口，开启了一个发展高潮期。为适应这种变化，出现了以巴公房子为代表的早期集合式公寓住宅（图 2–39、图 2–51a/b、表 2–7、表 5–9）为我们提供了汉口租界早期景观印象。

从历史照片上获取的信息，这种公寓性质的住居早在 1910 年之前即有之。如建于 1902 年法租界霞飞将军街上（今岳飞街）属于集合住宅性质的法国兵营；还有英租界鄱阳街上的安利英洋行公寓[1]（图 2–52a/b、表 2–8）。

（1）平面上的变化

从表 2–7 至表 2–8 的测绘实例中可以看出，不同于独立式住宅仅能容纳少数套型，满足一户生活起居的需要；以房间为出租基本单位能满足洋行高级职员生活起居的巴公房子与鄱阳街 9 号，其平面布局相当灵活、自由。表 2–9 原法国兵营的情形稍特殊一点，其对称式的平面布局也能满足两户以上的住居需求。

[1] 查阅了许多相关资料，均无该集合公寓更多的信息，《中国近代建筑总览·武汉篇》也无记载。

（2）立面上的变化

在历史建筑测绘过程中还发现，有些原本有外廊的住居形式，在岁月长河中都形成了封闭式的窗，某种意义上也是租界住居适应性的一种体现吧。

表 2–7　巴公房子[1]（俄租界巴公公寓）

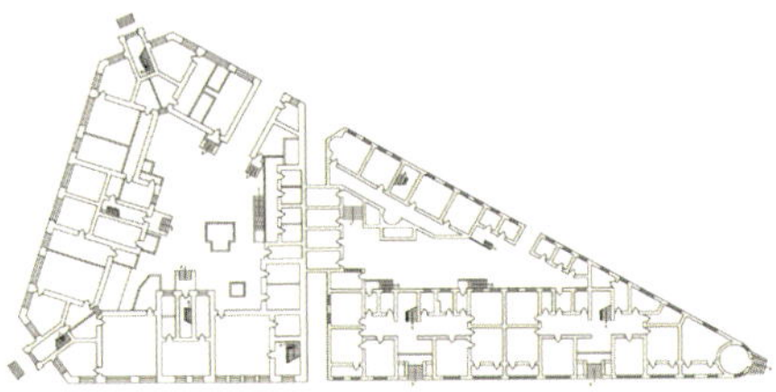

一层平面图

沿鄱阳街立面图（局部）

1901 年始建，1910 年建成，永茂昌、广大昌营造厂施工；地上三层（后扩建为四层），地下一层；公寓用红砖砌成，砖木结构，景明洋行设计；为汉口最早出现的多层公寓，具有俄罗斯文艺复兴风格的住宅建筑。公寓临近三路交会的中部，平面呈近似锐角三角形，有大小天井（内院）；平面单元式布局，共有 9 个出入口。

沿洞庭街立面图

[1]　巴公房子的主人巴诺夫是俄国沙皇尼古拉一世的亲戚；“大巴公”J.K.Panoff 和“小巴公”齐诺·巴诺夫兄弟。1909 年巴诺夫投入纹银 15 万两，委托景明洋行设计，在旧西商跑马场地建造一座建筑面积为 4,937 平方米的三层红色混合结构的公寓大楼。现为武汉市优秀历史保护建筑。图表内照片系作者于 2014.1.30（农历除夕）下午拍摄。

表 2-8　鄱阳街 9 号（英租界安利英洋行）

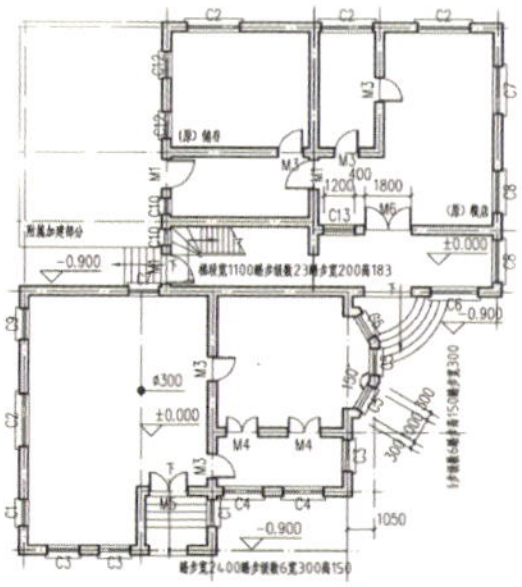

一层平面图

鄱阳街立面图

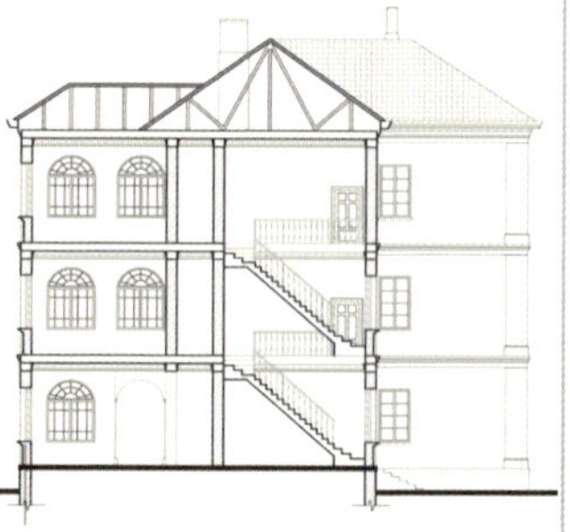

1-1 剖面图

古典主义风格住宅建筑；沿街立面呈折线型后退，外墙灰色麻石砌筑，立面空间尺度富有变化。巴洛克风格拱券大窗简化腰线和檐线，窗框饰有带形拱顶石。据1931年度汉口市特三区（旧英租界）工务局的市政报告，彼时业主为安利英洋行。

根据笔者所收集到的该建筑历史照片（图2-52a/b），其早在清末便业已建成，并且是带有拱券外廊式的集合住宅。现在测绘的样式应是后期将外廊封闭成窗的立面，与原有风格稍有改变。

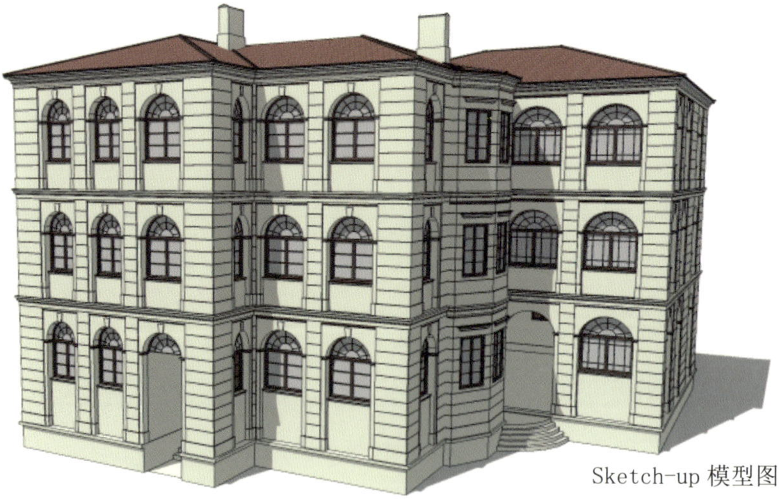

Sketch-up 模型图

资料来源：指导华中科技大学 2011 级建筑学本科生暑期测绘（2014.7）；平面与剖面 CAD 绘制：廖泽宇、杨伟达

表 2-9　岳飞街 15 号集合住宅（法租界法国兵营）

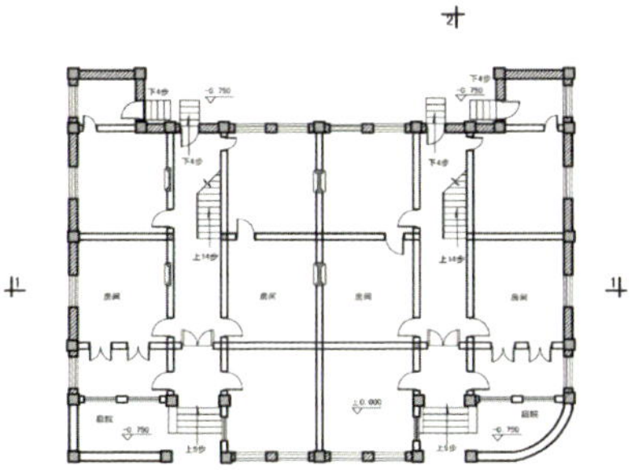

一层平面图

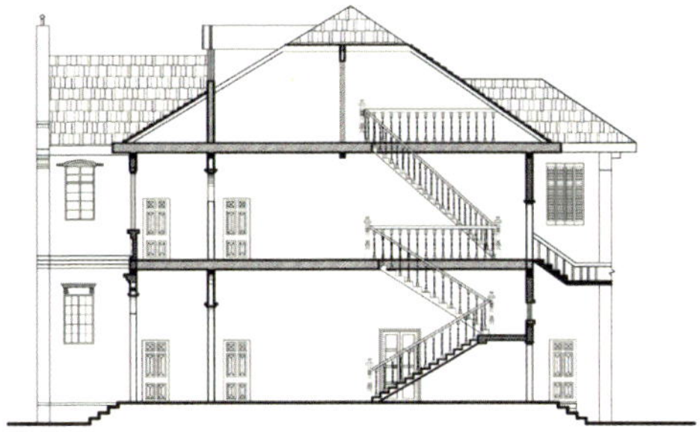

1-1 剖面图

正立面图

实景照片

资料来源：指导江汉大学现代艺术学院 2006 级环境艺术设计 2 班历史建筑测绘（2007.10）；平立剖面图 CAD 绘制：刘娇、邱晨昭、吴冰

2.6 本章小结

汉口自始就不是一个中国传统意义上的“城市”，乃借地理交通便捷的优势以传统商贸聚落的形式而最早出现，并在此基础上开启了其近代城市化历程，而 1889 年是个分水岭。

本章主要论述了 1889—1911 年间汉口社会的发展历程，以及市镇形态、街区模式与住居类型的转变。从中可以得出基本判断。第一，汉口由过去封建传统经济的集镇迈向近代资本主义城市的初步转型过程中，由于西方资本主义的强势侵入，使得原有的社会、经济结构逐步解体。对于汉口来说 1889 年是个时间关键节点，因为在晚清整个五十年间（1861—1911）所面临的重重危机使得在“求强求富”为目标的洋务运动中，强势人物对地方发展起着重大的历史作用不容忽视。而正是张之洞 1889 年督鄂后，近代武汉社会变革才开始发生，并产生深刻影响。第二，1889 年之后的汉口由传统内河经济向资本主义城市经济的转型过程中必然导致城市空间范围的扩张。然而囿于江河湖泊的地理环境制约以及社会时局因素而修建的后湖堤、后城马路以及京汉铁路都对近代汉口城市形态产生重大影响，直接关系着街区乃至住居的形态。第三，租界的示范作用的影响。尽管租界早期的住居类型与数量都很少，以券廊式住居为主逐步转变到集合式住宅，是西式街区所代表的一种新的生活方式、文化形态，无疑也悄然地、潜移默化地影响着中国人对自身人居环境的认识，以致新的住居类型——石库门住宅的逐渐浮出。

19 世纪末至 20 世纪初，即清末与民初交接过渡阶段是汉口城市发展史重要的起始时段。因转口贸易的激增，使得经济地位一度仅次于上海，但其经济内向性因素仍占据主导地位。张之洞督鄂时期是以重工业发展为要务（汉阳铁厂、兵工厂），轻工业为辅的经济模式；对外资是既倚重又有所限制。从社会经济与城市形态的关系来看，这个阶段官商经济与民营经济仍是两条平行发展轴，并且官商经济明显大于民营部分，也就说明了为何张之洞督鄂时期汉口华界城市建设仍是自发性生长，与租界形成泾渭分明的双重肌理并存格局，乃至完全不同的住居形态。而具体到住居形态的变化上，由传统中式天井院落、中式石库门住居向西式石库门里分的转变，以及租界住居由单一外廊集合式向多元复合式的转变等，可谓 1889—1911 年此阶段社会转型投射到住居上的一种诠释。

总体说来，近代以来晚清阶段汉口社会转型主要体现在以下几个方面：经济转型、城市结构与管理机制转型、文化形态转型等。这些社会转型要素或多或少地、直接或间接地影响着汉口城市形态的基本格局与走向，也关系着住居形式的未来发展与变化。本书尝试构建起两者间的关联性，后面将继续按历史时段进行论述。

3 北洋政府时期的汉口社会与住居形态

都督（黎元洪）造就了民国，而我却造就了汉口。

——刘歆生

武汉者实吾人沟通大洋计划之顶水点，中国本部铁路系统之中心，而中国最重要之商业中心也……武汉应略如伦敦、纽约之大。

——孙文《建国方略》

3.1 汉口社会形态与住居综述（1912—1926）[1]

图 3-1 孙中山先生（1866—1925）

辛亥革命终结了封建帝制在中国两千余年的延续，迎来共和，开启了中国历史新纪元。1912 年 1 月 1 日中华民国临时政府在南京成立，孙中山（图 3-1）就任临时大总统，是为共和元年。就整个北洋政府时期社会事件历程而言，概括之，围绕护国战争、护法战争、府院之争和以协约国身份参加世界第一次世界大战、新文化运动、五四运动、军阀混战、国民党成立并改组、中国共产党成立、国共第一次合作、成立黄埔军校、北伐战争等一系列事件而展开，直至从广东出发的国民革命军北伐胜利抵达武汉后，北洋政权才初告结束。因而，中华民国前后历经两个阶段：北洋政府时期和国民政府时期。

民国初年北洋政府时期的武汉，行政建制有所变化。夏口厅（汉口）转变

[1] 此处 1926 年是以北洋政权在武汉退出为划分的，南京国民政府在形式上统一中国则是以 1928 年 12 月 29 日张学良在“东北易帜”为标志才实现的。

为夏口县；江夏县易名为武昌县（原武昌县改为鄂城县）；汉阳县名保存。这样便形成“武阳夏”三县共存格局，为日后汉口市、武昌市以至武汉市的建立预设了前提。

从严格的社会学意义上讲，1912 年前后的汉口社会形态差异显现不是那么泾渭分明。首先，从易于识别的社会外部形态表征看：易帜，五色旗代替了黄龙旗；人们的服饰易装、发辫剪掉了；社会礼仪易新，称谓改变了；但是，人的社会心理、思维定式并没有随一时的外部革命因素而“格式化”。其次，从城市形态学意义上讲，因阳夏战争的“汉口大火”，使得民国初年的汉口就不得不面对民生恢复与城市重建的艰巨任务；具体从 1912—1926 年间汉口的社会发展来看，经济方面因第一次世界大战（1914—1917）民族资本主义有所壮大，对外直接与间接的贸易量仍有很大的增长。政治方面，袁世凯因误判时局形势称帝后，遭举国上下一致反对而病亡，导致群雄并起，军阀混战，中央权威削弱，社会局势长期动荡，是所谓“小政府，大社会”格局。可能也正因于此，汉口社会原有的地方自治意识较之前反而有所增强，尤其是从辛亥革命后由“武昌集团”蜕变而来的“湖北将军团”对这段时期的汉口社会发展起着实质性的影响作用。城市建设方面，城市空间突破了原“四坊两乡”格局。随着城垣拆除，旧式城堡从城市地平线上消失，后城马路横贯市镇东西两端，京汉铁路穿越其北端；滨江一线的租界区高楼林立，呈现出前所未有的城市新气象；旧市区重建也较为迅速，与租界毗邻的歆生路、前（后）花楼街、黄陂街、张美之巷（今民生路）等纵横交错，商铺杂陈，人群穿梭，往来如织，一派繁华景象，并越过后城马路向京汉线扩展，市区面积由原来的 11.2 平方千米扩展为民初的 28 平方千米；各类公共建筑、里分成片建成，城市形态开始有了很大改变；商业中心从汉正街、黄陂街一线转移到江汉路、六渡桥一线的态势越加迅速。而与此同时，租界区的建设仍有较大发展，主要公共建筑、住居建筑、工业建筑大都兴建于此期间（德国租界与俄国租界分别于 1917 年、1924 年收回）。但特别值得提及的是华界1917—1925 年间“汉口模范区”的建设，可谓这个时期汉口城市住居建设的高潮，大多数近代汉口里分便是在这个阶段建成的。因此，1912—1926 年北洋政府时期为汉口城市社会与住居近代转型的主要形成阶段。

3.1.1 湖北政局与汉口的政治生态

（1）民初时期的湖北政局

武昌首义后辛亥革命的果实为袁世凯所获取[1]。在辛亥革命后的初期政局博弈中“武昌集团”不敌“江浙集团”，并没有因武昌首义而争取到有利的主导地位。在随后的“南北议和”过程中，以孙中山为代表的中华民国（南京）临时政府以“清帝逊位”为前提条件，承诺让渡权力于以袁世凯为代表的北洋军系，史称中华民国“北洋政府”时期。黎元洪笃定只有袁世凯能掌控全国局势，逐渐脱离原革命派而倒向袁世凯，但袁仍担心作为首义之地以黎元洪为代表的地方势力尾大不掉，遂用“霸王请客”方式将黎调入北京作为副总统控制起来，随即湖北（武汉）政局开始进入一个长期动荡纷繁的局面（表 3-1）。概言之，经历了以王占元督鄂时期的“鲁人治鄂（1915—1921）”与萧耀南主政湖北的“鄂人治鄂(1921—1926)”为划分的前后两个阶段。在此之前，民国元年以黎元洪为首的“湖北军政府时期”到“黎都督赴京上任，两段[2]入鄂主政”为过渡阶段。

王占元与萧耀南虽基本上同属北洋军阀营垒，但其执政风格与用人之道根本不同，王为地道北洋军人、鲁人代表；萧则为本土鄂人，尚有文人儒雅之风。相对而言，萧对湖北民生要宽厚一些，而王占元督鄂期间的盘剥苛政，其政绩乏善可陈。总体来看，民初阶段的湖北政局纷争在于“外人治鄂”与“鄂人治鄂”的矛盾上。

由于整个北洋政府时期的政权更迭频繁、政局不稳，导致地方民政建制上频频变更。辛亥革命后，湖北废除了总督、巡抚制，建立了湖北军政府都督、民政长（相当于省长）制；1914 年袁世凯改都督制为将军制，置将军府于北京，试图削弱地方军阀势力；1916 年袁病故后，黎元洪把将军制改为督军制，设置督军公署；1924—1925 年从督军制又改为督办制。民政建制方面，从 1913 年 1 月开始推行所谓军事与民政的分治；同年 5 月，改民政长为巡按使，其目的为加强中央集权；直至 1916 年 7 月，段祺瑞掌握北洋实权后，才将巡按使改为省

---

[1] 历史唯物主义观点来看，依据当时的客观时局，袁世凯的政治技巧避免了中国有史以来“改朝换代”所付出的剧烈动荡与流血冲突，基本上以较为和平的方式完成世代更替。

[2] 所谓“两段时期”即段祺瑞、段芝贵为过渡阶段的 1914—1915 年。

长制，并建立省长公署。军务方面由湖北历任都督执掌，政务方面由历任民政长、省长负责（表 3-1）。但实际上，民初的这种军民分治虚有其名，掌握军权的督军才是真正的政局主导者，民政长或省长皆为其附庸，因而北洋军阀政权（乃至以后的国民党政权）所主导的湖北政局，究其本质仍为“武人专制”。

（2）民初时段的汉口政治生态与“将军团”

历史上的汉口一直非地方政权所在更非湖北政局的中心。然而因商业经济地位长期居武汉三镇之首，却有着独特的“城市自治”的条件与环境；虽在行政建制级别上仅为夏口县（汉口），与汉阳县同属一级，却有着一般地方州（县）根本不能企及的经济能量，反过来对政局走向有一定的影响作用。辛亥革命后北洋政府的这段时期，就汉口社会的政治生态而言，由于近代资本主义城市经济因素所形成的、在中国既往历史上很难得的“地方自治意识”——即由失意官僚、地方商绅、市民等聚集而成的地方自治力量及影响力却有很大增长，集中体现在“华商总会”与“湖北将军团”[1]的勃兴上。当时汉口存在着两个重要的非政府组织（NGO）：一个即由大资本家、大买办等组成的“华商总会”，另一个由政客、官僚、在野军人、议员等所组成的“石安总会”，而这个石安总会就是将军团的大本营。这两个“总会”相互之间的利益纠葛与博弈对民国初年汉口的恢复与重建有着重要的影响。例如，辛亥阳夏战争所致的汉口大火后，不到三年的时间，汉口市街很快就得以恢复至大火前的繁荣，甚至连当时在汉口的外侨都感到惊讶；而市镇恢复与复建能力很大程度来源于包含中小民营资本在内的地方自治力量，华商总会便是其中的重要一支。然而，尽管共和了，但辛亥革命后的汉口社会依然陷于“官本大于民本”的传统

图 3-2　孙武（1879—1939）

[1]　辛亥首义后，袁世凯与黎元洪等对武昌首义人士中的革命派进行打击、分化和瓦解，利用各种手段先后剪除革命派张振武、蒋翊武、方维等；民国五年（1916）袁世凯短暂称帝后，授意黎元洪开列出名单颁奖授勋，即授予武昌首义各军界人士名曰将军，形成所谓“将军团”。

窠臼，体现在民初时段将军团对利权的垂涎，以及对民营实业的不当干预上。在辛亥首义中，尽管刘歆生的房地产在汉口大火中受到损毁，但是其剩余部分仍然大得惊人，这引起“首义新贵”——湖北将军团的垂涎。1914 年，湖北当局成立了由义威将军——“首义三武”之一孙武（图 3-2）任督办的清查汉口地亩专局，打击矛头直指刘歆生，便是例证。

表 3-1　1912—1926 年北洋政府时期的湖北政局变迁

时序	历任军事首脑	督鄂时段	重要事件	历任民政长巡按使/省长	备注（军政、民政建制）
1	黎元洪 1864 年 10 月 9 日—1928 年 6 月 3 日	1912 年 1 月—1913 年 12 月	鄂州临时约法 军民分治	樊增祥 刘心源	湖北军政府时期 都督制、民政长
2	段祺瑞 1865 年 3 月 6 日—1936 年 11 月 2 日	1913 年 12 月—1914 年 2 月	—	夏寿康 饶汉祥	将军制、民政长
3	段芝贵 1869 年 3 月 6 日—1925 年 3 月 22 日	1914 年 2 月—1915 年 8 月	—	吕调元 段书云	将军制、巡按使
4	王占元 1861 年 2 月 20 日—1934 年 9 月 15 日	1915 年 12 月—1921 年 8 月	收回德租界 “六一惨案”（1919）	王占元 何佩瑢 夏寿康 刘承恩	鲁人治鄂时期 将军/督军制、省长
5	萧耀南 1875 年—1926 年 2 月 14 日	1921 年 9 月—1926 年 2 月	收回俄租界	萧耀南 杜锡钧 刘佐龙	鄂人治鄂时期 督军/督办制、省长
6	吴佩孚 1874 年 4 月 22 日—1939 年 12 月 4 日	1921 年 8 月—1926 年 9 月	“二七惨案”（1923）	—	曾出任“两湖巡阅使”，为萧耀南的上级

依据相关文献资料整理后作者绘制

3.1.2 人口规模与族群分层

随着战后汉口的城市重建，人口恢复性增长较为迅速（表 3-2）。根据江汉关《海关十年统计报告 1912—1921》,1913 年汉口各区警察署统计的城市有户人口约为 23 万人，而至 1916 年人口即恢复到 25.4 万人，增长 2 万余人。人口数量的增减反映一个社会稳定与否，而社会族群，即职业构成的变化所带来的差异与影响则体现了社会转型的某种变化，也必然会反映在住居形态上。

表 3-2　1916 年汉口各区人口数量统计　　（单位：人）

类别 \ 区别		第一区	第二区	第三区	第四区	第五区	第六区	第七区	第八区	一分区	七分区	八分区	合计
现住户数		7,014	6,275	6,146	5,753	5,571	5,118	6,425	6,474	1,445	2,938	1,833	54,992
现住人口	男	19,087	16,105	15,687	17,439	26,471	16,392	21,264	16,921	4,300	7,862	5,284	166,812
	女	13,543	11,479	9,607	8,928	5,392	7,928	9,720	10,416	2,404	4,553	3,280	87,250
	计	32,630	27,584	25,294	26,367	31,863	24,320	30,984	27,337	6,704	12,415	8,564	254,062

资料来源：湖北汉口警察厅编制，《中华民国五年湖北汉口警务一览表》，1916 年石印本

汉口辛亥革命前后人口族群中的各种职业构成反映出一个有意思的现象，即经济商贸从业群体大幅度增加，从 1909 年的 2,365 人增至 1915 年的 30,990 人，增长 13 倍之多。其中，社会职业构成中还涌现出之前所没有的律师职业，1915 年居然有律师从业人员 652 人；与此相反的是，军、警、政等职业群体大幅度下滑（表 3-3）。另外，从职业分布来看，从业人员更多地集中在商业、手工业、水陆码头工、佣工等行业，显示出港口型工商业大埠的职业分布特征，尤其是商贾群体的职业数量增幅最大，以致出现了一个较为稳定的中产阶级，使得包括中小民族资本在内的资本主义城市经济在民国初期有了很大发展。这种社会分层加剧的现象导致北洋政府时期的汉口住居形态必然要适应不同社会群体的诉求，此后续详述。

表 3-3a　1909 年与 1915 年汉口各种职业人数比较　　（单位：人）

年份	职业									
	军政警法	学办绅界报界	商贾	律师	馆幕	司事点	矿师儒士星卜地理	术士教干	机匠水泥工窑工	实业工人
1909	7,199	2,365	1,660	—	1,493	2,301	551	—	—	—
1915	652	2,351	30,990	652	—	—	1,513	148	2,594	2,221

表 3-3b　1909 年与 1915 年汉口各种职业人数比较　　（单位：人）

年份	职业												
	小贸	小艺	水手划夫	车夫轿夫码头夫	医士	种植畜牧	服役使役挑水夫	金工木工石工	道士僧侣	苦力	船业	洋伙	公差
1909	10,503	—	—	—	917	11,159	2,379	10,876	1,500	—	2,581	—	2,461
1915	9,464	46,25	1,083	10,742	401	761	13,779	5,692	415	3,671	251	749	487

表 3-3c　1909 年与 1915 年汉口各种职业人数比较　　（单位：人）

年份	职业										
	渔业	优伶	无业	乞丐	教民	娼妓	堪舆	礼生	工乐	粪夫	其他
1909	—	60	—	1,368	1,347	1,304	69	168	180	1,125	1,172
1915	588	109	4,579	494	—	—	—	—	—	—	—

资料来源：《汉口小志》及《近代武汉城市史》；转引自《武汉通史·民国卷（上）》，第 61 页

当然，无论哪个社会时段下的城市社会中，底层族群仍是占据大多数的人口，其流动性更使得该族群人口难以统计，其住居状态往往也是临时性的栖居。这种状况至北洋政府末期仍是汉口底层民众生活的一种客观存在。在《晚清民初武汉映像》中有一张“拾荒母子图照”一直使我难以忘怀并为之动容（图 3-3）。即使生活再艰辛，脸庞露出的真诚笑容仍令人感动，对生活的热爱与向往不应是少数人群的专利。

图 3-3　母子四人其乐融融（明信片原件标注为 1926 年 9 月 4 日在汉口拍摄）
来源：《晚清民初武汉映像》2010:221.

3.1.3 行政架构与管理系统

北洋政府时期汉口的地方行政体系分为三块：夏口县、租界工部局与特别区管理局。民国二年（1913）确立省、道、县三级地方政制，夏口（厅）县隶

属江汉道。一些相当于省级或次省级的行政单位如“汉口商场督办公署”“汉口镇守使”等均设在汉口，说明民国初期的汉口虽为“武阳夏”三县之一，然而其经济总量与税收规模远非一个普通县所能比拟，使得从北洋政府到湖北省当局都垂涎汉口。1913 年 12 月 24 日，大总统袁世凯专门委派杨度为督办汉口商场建筑事宜，直接把汉口商务控制在中央政府[1]。因此“汉口商场督办公署”的地位在某种程度上实际已与湖北省平权。

北洋政府时期汉口租界的行政机关仍为工部局，其职能范围包括市政建设、民事管理以及刑事管理的警察权（巡捕房），是所谓“治外法权”的“国中之国”特殊区域。值得一提的是，工部局对租界的城市管理、建筑规划、市政建设对于民初的华界有着很大的参照作用。1927 年后的国民政府干脆将城市管理的职能部门称为工务局，可谓直接仿效了。

1917 年 3 月 14 日，北洋政府内阁宣布对德绝交并收回德国在华租界。3 月 15 日，湖北督军王占元收悉北洋政府接管汉口德国租界的政令，即派江汉关监督兼交涉员吴仲贤照会德国领事，限其 48 小时内出境。3 月 28 日，北洋政府内务部颁布了《管理津汉德国租界暂行章程》并设立特别区临时管理局，汉口旋即成立了“第一特别区管理局”[2]。

3.1.4 市镇建设法规的初步建立

对于汉口市镇街市建设的规范性管理，早在光绪三十一年正月（1905 年 2 月），张之洞督鄂时为拓宽马路而设立了“汉口镇马路工程局”，规定新建临街房屋需自原线退后 3 尺，以便救火。正如汉口《海关十年报告》所述：“汉口街道正在被拓宽，所有新建筑都必须从原线后退三尺，像在租界一样。”[3] 这可能是武汉城市建设史上作为官方行为最早的“退红线”的规划举措了，虽然还远未上升到法规层面。

民国十二年（1923 年 12 月）由汉口地亩清查局所刊印的《汉口市政建筑

---

[1] 涂文学 . 武汉通史・民国卷（下）[M]. 武汉出版社，2008:3a.

[2] 租界收回后成立的“特别区管理局”在行政上直接隶属湖北省，但涉外事务仍由中央政府负责。

[3] 海关十年报告（1902—1911）.

计划书》，共五章二十七节，由该局督办孙武署名。其内容所涉甚广，基本涵盖到现代城市规划的核心范畴，例如：城市规模及用地功能分区、城市分部依次建设、建设汉口后段马路河道规划、汉口后湖地区开河规划、汉口水陆交通连接规划、清理汉口后湖地区土地计划、汉口各项建设规划和管理、建设商场方式、马路建筑之步骤及预算概数、城市开发建设资金计划、市政建设的一些经营管理政策措施，以及市政的捐税收入等。在此，非常值得提及的是国父孙中山先生在其《建国方略》（1921 年全部出版）中为武汉所做的宏大构想（见本章题头引语），已然具备了对武汉（包括汉口）城市总体规划层面的指导内涵。

由于国内政局不稳、频繁战乱，《汉口市政建筑计划书》并未真正得以实施。但其重要意义在于，民初的汉口市镇建设开始有了指导性的纲领文件，为日后规范城市建设管理与经营提供了参照与依据，特别是为后续国民政府时期各项建设规划、法规提供了借鉴。这种有着法制精神意义的新生事物，必然会映射到商业领域，从而为商业经济的繁荣发展提供动力。

3.1.5 汉口市镇经济与商业形态

一个城市的住居总与它所处的城市经济有着密切的联系。近代汉口是对外贸易依存度很高的城市，国际经济与政治局势是影响其工商业发展的重要因素。1914—1918 年间爆发的第一次世界大战为中国资本主义的发展提供了契机。“一战”期间，西方列强明显放缓了对华商品的倾销。而战争也促使世界市场对原料和食品需求的迅速增长，中国资本主义因此得到迅速发展[1]。因而 1912—1926 年间是汉口工商业发展的黄金时期。

近代汉口的市镇经济形态正是在这样的时代背景下，由传统内河港型向外洋港埠型的转型过程中形成的，自开埠以来这种转口贸易特征深刻地影响着汉口商业形态的变化。民国初年汉口的对外贸易延续了 1900 年以来的良好发展态势；1912—1928 年的进出口贸易额持续增长，至 1928 年进出口净值达到顶峰（表 3-4），表现十分突出。1906 年以后，堪称繁荣时期，由第二期之各种经营，工商业继续发扬光大，获利日多，投资愈大，各类工厂与商业公司如雨后

[1] 张启社．民国时期的汉口商人与商人资本（1912—1936）[D]． 华中师范大学博士学位论文，2009:124.

春笋。且因欧洲战场结束，列强争向中国开拓商务，购买原料，于是洋货大批涌进，土货源源流出，超过以往各纪录，大有突飞猛进之势。故1919年以后，汉口贸易总额竟由13,400万两踏进20,000万两之关头。而至1928年，更突升至30,000万两以上；其增加速率远过一二两期之上，询汉埠贸易空前未有之繁盛也。[1]

从表3-4中还可以窥见汉口对外贸易从繁盛到萧条的过程，“1912—1919年的八年间，武汉进出口贸易值(直接加间接之和)占全国总值的年均份额达到11.46%。其中最高年份的1916年达到12.44%，而进入民国中期以后，所占份额逐年减少，1920—1933年的十四年间，年均所占份额为7.48%，较前一阶段下降了3.98%”。[2]汉口对外贸易综合实力在全国的排名也出现了相应的变化。在上海、天津、广州、汉口四个城市对外贸易的排名中，可以看到汉口经贸地位的下降。在1911年，这四个城市的排名依次是上海、汉口、天津、广州，汉口居第二位；到1926年，汉口突降到最后一位，居上海、广州、天津之后；1927、1928、1929年又回升居第三位，但到1930年再居最后一位。[3]

汉口城市经济从繁盛到萧条的这种变化原因在于“虽然汉口对外贸易在稳步增长，但它对外直接贸易并没有多大变化，为汉口对外贸易做出主要贡献的是间接贸易。在开埠初期，汉口是仅居上海之后中国重要的对外直接贸易的口岸，但终受内陆腹地位置的限制，汉口对外直接贸易逐渐衰退。对外直接贸易方面，汉口从1911年的3,714万两，增加到1930年的4,529万两，其增长幅度远远落后于上海、天津、广州等城市”。[4]

通过以上文献引述以及对表3-4的数据进行分析后发现：（1）近代汉口的间接贸易（转口），通俗言之，即农副产品、资源型矿产品等这些“土货”

---

[1] 张克明. 汉口历年来进口出口贸易之分析[J]. 汉口商业月刊第2卷第2期，1935年2月.

[2] 周德钧. 近代武汉“国际市场”的形成与发展[J]. 湖北大学学报（哲学社会科学版），2006（2）:198—201.

[3] 武汉地方志编纂委员会主编. 武汉市志·对外经济贸易志[M]. 武汉大学出版社，1996:96—97.

[4] 张启社. 民国时期的汉口商人与商人资本（1912—1936）[D]. 华中师范大学博士学位论文，2009:38.

的出口大于工业制成品等这些“洋货”的进口，导致近代汉口商业的一种中低端业态，某种意义上甚至影响到汉口的城市建筑形态，例如汉口华界就一直是商业中心所在而非租界，也是汉口城市不够十分“洋气”的原因所在；（2）另外一个有意思的现象是，在北洋政府这段时期内汉口的城市经济增长，竟与其近代城市化有着内在关联性，这个阶段正是从华界到租界大兴土木的房屋建设黄金时期，例如，为适应商业贸易增长的业务需要，1918—1927年间建成了一大批银行、洋行、海关等公共建筑（图3-4a/b），同时，在住居方面形成新一轮的城市房地产开发高潮。

图3-4a　建成于1924年的江汉关大楼

图3-4b　落成于1924年的江汉关大楼；右侧的日消邮船公司大楼在1927年建成

表3-4　民国时期汉口各阶段入超情况　　（单位：海关两）

时间	进出口净值	入超货值	年均入超货值
1912—1918年	32,216万	11,888万	1,698万
1919—1923年	28,303万	14,559万	2,912万
1924—1928年	35,161万	12,514万	2,503万
1929—1933年	23,786万	3,970万	794万
1934—1937年	17,673万	8,720万	2,180万

资料来源：转引自皮明庥主编：《近代武汉城市史》，中国社会科学出版社，1993年，第394页

3.1.6 汉口近代房地产迅速发展与利益纠葛

1912—1926年是汉口城市社会转型的关键节点时期。其表征在于现代意义

上的房地产业的迅猛发展态势，很大程度上改变了汉口镇的中古面貌，使之进入到一个初具现代城市形态的视觉感知上。在近代汉口城市房地产开发商中，主要有四类主体：官僚主导开发的房地产、洋行买办开发的房地产、资本家开办的房地产以及银行经营的房地产。按照统计学原理，将表 3–5 至表 3–8 中的数据作为基础样本进行分析，可获知近代汉口住宅开发总量的 88.6% 都是在北洋政府这个时期完成的。时间再扩展一些，北洋政府时期前后的整个时段即 1906—1930 年大约二十五年里基本完成了汉口住屋的近代转型；尤其体现在汉口里分的全面形成与发展，这方面可参考董玉梅所著的《汉口里分》[1]。

近代汉口城市房地产开发有一个特点是，外省人士在武汉置产经营的人比较多。在 28 个大业主中不是武汉籍的有：清末曾在上海任上海道、两广总督的湖南人袁海观，他在汉口置有长春里、长乐里[2]、长怡里、长安里等共计 140 余处房地产；周扶九为江西人，在上海经营盐业，其在汉口拥有汉润里、五常里、汉寿里等处房产；刘子敬系山西人，阜昌洋行买办，置有辅堂里、辅义里、辅仁里、辅德里、方正里等多处房产。

在北洋政府时期汉口住宅开发商主体中，洋行买办与银行资本是实力最强的，其次为资本家与官僚的资本。外资洋行或有外资背景的买办资本、银行资本是北洋政府时期汉口城市住宅建设的主力军。

（1）官僚的房地产

尽管洋行买办与银行资本占据汉口房地产绝对的优势，但是官僚的传统势力不容小觑。1922 年以前官僚经营的房地产包括汉口后湖上至舵落口，下至谌家矶，后抵张公堤，长 40 华里、宽 20 华里的淤地，所谓官钱局地（即今沿中山大道以北的部分地段）。1922 年 12 月湖北财政会议决定，“鄂省上项产业概称公产，划归官钱局，作为官票基金”。其中有曾任湖北省长的何佩容占有大智路与友谊街口的尚德里、福德里、天福里等房产；曾任湖南省督军的汤芗铭占有位于济生一马路（今汉口前进一路）的多闻里，计 29 栋房产；还有前面

[1] 董玉梅，汉口里分 [M]. 武汉出版社，2017.04.

[2] 与天隆里共处同一地块上，即天隆里后门正对长乐里主巷，共同构成长乐里里巷空间。作者幼时曾居住于此，生活场景记忆依然清晰（表 3–11）。

所提及的袁海观等官僚（表 3–5）。这些官僚占有的房地产大多数量较多，那些在辛亥革命后失意的官僚、政客、军官以及握有兵权的军阀等所组成的以“将军团”成员为主体的“石安总会”在辛亥革命后民初的相当一段时间里对汉口社会发展产生实质性的影响。通过对近代汉口房地产各类开发主体进行统计，发现官僚房地产开发时段大多在 1915—1925 年之间，恰是整个北洋政府主政时期。其开发量占比 18.5%，反映在“石安总会”与“华商总会”的利益纠葛下，所博弈到的利益份额。官僚房地产多集中分布在华界模范区以及拓展区域，正是辛亥战火后新形成的区域。以“将军团”为代表的官僚利用公权力将利益触角伸向获利甚巨的房地产。

表 3–5　官僚房地产（15 处）

业主姓名	曾任官职	里分	栋数	建成年代	地理位置	设计
何佩容	湖北省长	尚德里	—	1920 年	大智路与友谊街口	—
		福德里	—	1920 年	—	—
		天福里	—	—	汉口黄兴路	—
王耀武	—	庆平里	22	—	—	—
刘峙	—	永安中里	—	—	—	—
刘佐龙	鄂军二师师长 十五军军长	八元里	21	民国初年	汉口前进一路	—
方本仁（方伯伦）	江西省督军	宏春里	—	民国初年	汉口铭新街	—
袁海观	上海道两广总督	长春里	12	1910 年前后	汉口江汉一路	—
		长怡里	61	1910 年前后	江汉路与保成路之间	—
		长安里	21	民国初年	汉口车站路	—
		长乐里	46	1910 年前后	汉口保成路	—
汤芗铭	湖南省督军	多闻里	29	1925—1929 年	汉口前进一路	—
桑铁珊	上海道	保和里	124	1914 年	汉口江汉路	义品洋行
		保安里	60	1914 年	汉口江汉路	
蔡希圣	将军团成员	希昌里	55	1915 年—1921 年	今市美术馆基址	—

资料来源：依据《武汉房地产简史》并参照《武汉地名志》整理绘制

民初时期孙武欲将后湖大片土地收归“公有”，刘歆生为保住地产请汉口总商会会长吕伯超从中斡旋，除纳税外还另捐 50 万两，同时又对将军团中关键人物行贿：将西园（今中山公园）赠予当时“将军团要人”、湖北财政厅厅长李华堂，并“承诺以济生一路至五路（今前进一路、民主一街、自治街、友谊路、民意四路）一带40,000余亩地皮低价入股，组成济生股份公司，其股本200万两；吕伯超出任经理，将军团成员李春萱、李华堂等任董事及监事，将军团中其他成员和地方政要均纷纷入股，每股1万两，实际只付3,000两，公司的利润则按股分配，孙武等将军团人物皆从中大捞一把”（涂文学，2006）[1]。至此，所谓“后湖清丈风波”才告结束。

（2）洋行买办的房地产

北洋政府时期是汉口租界建设大发展的阶段，外商洋行、买办在租界区“求大木，建高楼”，不仅兴建营业办公大厦及公寓大楼，还广为营建里分住宅。主要兴起阶段在1916—1925年这十年间（开发占比35.8%），也是汉口租界最为鼎盛时期，按现在的说法，就是外资最为活跃的时期（买办相当于其代理商）。许多新式的高级里弄大多在这个时候建成。洋行买办房地产不仅限于租界内，在华界旧市区和模范区均有分布，而且数量不小（表3-6）。“至1949年底，武汉三镇土地80%以上为洋行买办所占有，私有房屋1,057万平方米，占三镇房屋面积总数的84%，出租私房业主有33,101户，其中较大业主3,487户，出租面积共420万平方米。在3,487户大业主中又以洋行资本买办刘歆生、刘子敬等特别多。据1949年的统计，全市有里弄208条（含武昌），在里弄房屋的业主中，刘歆生、刘辅堂、刘子敬、杨坤山、韩永青、陈镜清、蒋沛霖、王柏年、韦梓丰、文昆山等一个个资本家，占有近30个质量较好房屋栋数较多的里弄。”（高尚志，1987）[2]

除洋行买办开发房地产外，还有专门经营房地产出租房屋的外商，比如商义品地产公司（原名比商义品放款银行）、法商立兴产业公司。这两家洋行不仅经营房地产租赁、衍生的“挂旗”业务，还从事房屋设计与咨询等业务。例如，法商立兴洋行（Racine Ackerman & Co.）就在沿江大道、洞庭街上分别新建了办公大楼（图2-29b）以及公寓大楼（图3-5），是继巴公房子后，汉口兴建的又一处规模较大的公寓住宅。

---

[1] 涂文学 . 文化汉口 [M]. 武汉出版社，2006:35.

[2] 高尚志，陈德炎 . 武汉房地产简史（内部刊印），1987.4.

表 3-6　洋行买办房地产（29 处）

业主姓名	曾任职位	里分	栋数	建成年代	地理位置	备注
杨坤山	英商和记洋行买办	坤元里	—	1917 年	汉口民生路与统一街交会处南侧	—
杨坤山	英商和记洋行买办	坤厚里	96	1912 年	汉口一元路	德商爵记
杨坤山	英商和记洋行买办	慈德里	40	1920—1923 年	汉口吉庆街	—
杨坤山	英商和记洋行买办	春和里	17	—	—	—
韩永清	南京和记洋行买办	华清里	71	1910 年	汉口华清街	—
韩永清	南京和记洋行买办	永贵里	8	1917 年	车站路	—
王植夫	丹麦宝隆洋行买办	协和里	12	—	—	—
王植夫	丹麦宝隆洋行买办	鄱阳里	11	1920 年代	汉口鄱阳街	—
刘子敬	阜昌洋行买办，其父刘辅堂系俄商新泰洋行买办	辅堂里	102	1912—1920 年	汉口车站路	—
刘子敬	阜昌洋行买办，其父刘辅堂系俄商新泰洋行买办	辅义里	66	1912—1920 年	汉口黄石路	—
刘子敬	阜昌洋行买办，其父刘辅堂系俄商新泰洋行买办	辅仁里	29	1912—1920 年	兰陵路口	—
刘子敬	阜昌洋行买办，其父刘辅堂系俄商新泰洋行买办	辅德里	20	民初	汉口后花楼	—
刘子敬	阜昌洋行买办，其父刘辅堂系俄商新泰洋行买办	方正里	55	民初	汉口民生路	—
刘歆生	法商立兴洋行买办	百子里	—	1912—1920 年	—	—
刘歆生	法商立兴洋行买办	保成里	—	民初	中山大道交通路口西南向	—
刘歆生	法商立兴洋行买办	生成里	160	1901 年	汉口水塔街对面	—
刘歆生	法商立兴洋行买办	义祥里	—	1916 年	汉口汇通路	—
韦梓丰	俄商顺丰茶厂买办	管记里	—	1916 年	—	—
韦梓丰	俄商顺丰茶厂买办	笃安里	36	—	汉口花楼街	—
陈镜青	英商太古洋行买办	同安里	—	—	—	—
陈镜青	英商太古洋行买办	昌业里	15	—	—	—
周德安	猪鬃买办	丰寿里	—	—	—	—
周绣山	桐油买办	云秀里	—	1924 年	汉口吉庆街	—
蒋沛霖	英商安利洋行买办	德润里	57	1917—1925 年	汉口铭新街	—
欧阳会昌	比商义品洋行买办	昌年里	21	1917—1923 年	中山大道一元路交会处西侧	后转让于王柏年
王柏年	德商美最时洋行买办	昌年里	21	1917—1923 年	中山大道一元路交会处西侧	—
王柏年	德商美最时洋行买办	泰宁里	—	民国初年	汉口泰宁街	—
王柏年	德商美最时洋行买办	泰康里	—	—	—	—
文昆山	德商嘉利洋行买办	潞安里	—	民国初年	汉口友益街	—
文昆山	德商嘉利洋行买办	昭明里	—	—	—	—

资料来源：《中国近代建筑总览·武汉篇》，原始资料来源《武汉房地产简史》

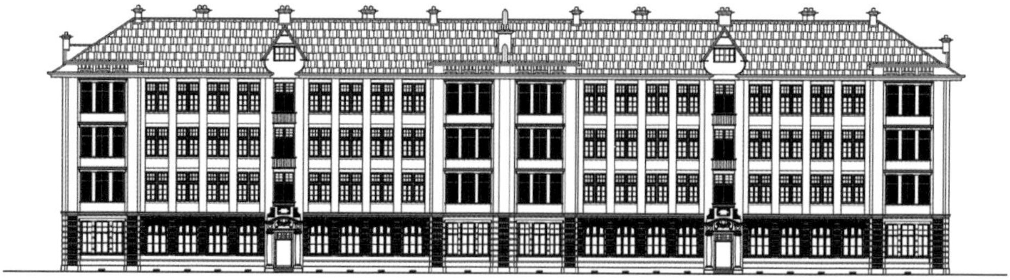

图 3-5　洞庭街上的立兴公寓大楼立面（法租界）图片来源：武汉市民用建筑设计研究院李斌供稿

（3）资本家的房地产

北洋政府时期也是中国民族资本大发展的时期。由于此期间发生第一次世界大战，欧洲列强均无暇东顾，使得近代中国民族资本主义有了很大发展。在汉口资本家的房地产中，尤其以民族资本家周扶九、程沸澜等所占有房地产特别多（表 3-7）。这些资本家早年都是从事实业或商业而开始资本积累的，后才开始涉足城市房地产业。从汉口现在留存下来的里分来看，除少数质量较高的里分住宅外，大多数里分均为一般（乙级）等级，说明汉口的民族资本实力的局限性。但是，它们的分布数量却比较大（开发占比 19.8%）。

资本家房地产还有一个特点，即时常因经营不善等导致相互间并购（将自己的地产抵押至同行或银行），因而汉口里分名称的考究是一项较为繁琐的工作（通过查阅《武汉地名志》是一方法）。例如，周扶九（五常）在民国十年（1921）以后逐渐败落，陆续将鲍家巷、黄陂街一带房屋以及汉润里卖给程沸澜，汉口水塔附近的永康里则卖给刘峙。

表 3-7　资本家房地产（16 处）

业主姓名	商号	里分	栋数	建成年代	地理位置	备注（设计）
贺衡夫	汉口商会会长	怡隆里（大同里）	17	1940 年	中山大道与大智路交会处北侧	重建
程沸澜	经营纱厂	汉润里	35	—	汉口保华街对面	—

续表

业主姓名	商号	里分	栋数	建成年代	地理位置	备注（设计）
黄少山	棉花商人	咸安坊[1]	12	1915 年	汉口胜利街	—
周扶九（五常）	江西盐商	五常里	43	1914 年	后改为永康里	—
		汉寿里	48	—	汉口前进四路	—
刘澄如	浙江南浔丝商	如寿里	76	1909 年	汉口天声街	—
叶澄衷	火柴商	泰兴里	16	1908 年	汉口同兴里下首	—
胡庚堂	盐商	永安里	18	1928 年	民众乐园对面	杨道明
		永茂里	24	—	—	—
		瑞祥里	17	—	汉口瑞祥路	—
赵典之	烟土商	退思里	—	—	汉口吉庆街	—
周绣山	—	云绣里	21	—	汉口吉庆街	—
蒋广昌	—	三分里		1914 年	即义成总里	义品洋行
胡庆余堂	—	四成里	45	1914 年	江汉一路后改义成总里	义品洋行
谢有标	浙江商人	东山里	8	1930 年	江汉二路	—
王毕双、郑硕夫等 9 人	—	江汉村	9	1934—1938 年	鄱阳街南端与洞庭街之间	樊文玉

资料来源：《武汉房地产简史》，并依据《武汉地名志》等相关文献核对后整理绘制

（4）银行经营的房地产

熟悉近代中国金融史的人都知道所谓“南三行”与“北四行”[2]之说。上述这些银行（包括中小银行）不仅经营金融业务，而且还从事房地产经营（表 3–8）。它们在汉口就置有大量房地产（占比 26.6%）。例如，四明银行占有宁波里、二德里等处房屋 48 栋及四明大楼，广东银行占有中山大道楚善里等处房屋 17 栋，国货银行占有汉口吉星里房屋 14 栋，官商合办性质的中国银行占有华中里等处房屋 128 栋。由北方财阀集团所掌控的“北四行”之一的中南银行

[1] 关于咸安坊的建成年代文献出入较大：《武汉地名》志记载为 1932—1933 年，而《武汉房地产简史》为民国初年（1915），经 1931 年汉口第三特别区的历史地图文献考证，1915 年应较为准确。

[2] “北四行”是近代中国盐业银行、金城银行、中南银行和大陆银行四家在北方著名的私营银行的合称，为中华民国时期北方金融集团之一；“南三行”是浙江兴业银行、浙江实业银行和上海商业储蓄银行的合称，三家银行都由江浙籍银行家投资创办和主持管理，并都以上海为基地，在经营上互相声援、互相支持，互兼董监，虽没有联营或集团的组织形式，但实际上收到联合经营的指囷相助的成效。

占有吉庆里、方正里、辅德里等处房屋 137 栋；金城银行占有辅庆里、金城里、居仁里等处房屋 114 栋及金城大楼；大陆银行占有大陆里、大陆村、大陆坊等处房屋 170 栋；盐业银行则占有昌业里、汉安村等处房屋 24 栋，地基 18,806 方丈（约合 206,866 平方米），以及盐业大楼；“北四行”的联合银行还置有汉景村。由江南财阀集团掌控的“南三行”之中的上海银行占有慈德里、上海村等处房屋 99 栋，地皮 10 块；浙江兴业银行占有兴业里等处房屋 14 栋；浙江第一实业银行占有义品里等处房屋 26 栋等。

表 3–8　银行经营的房地产（21 处）

业主姓名	里分	栋数	建成年代	地理位置	备注
广东银行	楚善里	17	清末	合作路西段与兰陵路西段之间	现无存
中孚银行	中孚里	5	民初	南京路	—
四明银行	宁波里	19	1915 年	江汉路西段	—
	二德里	29	1930 年	吉庆街与汇通路交会处西侧	抵押收购
中国银行	华中里	154	1920 年	汉口前进五路	转让产业
上海银行	上海村	23	1923 年	江汉路与鄱阳街相交处北侧	—
	慈德里	—	1920—1923 年	吉庆街与保成路交会处西侧	—
浙江兴业银行	兴业里	—	1912—1916 年	中山大道江汉路口	—
浙江实业银行	义品里	26	1920 年	中山大道合作路与兰陵路之间	义品洋行
中南银行	积庆里	50	1924 年	汉口六渡桥	—
	方正里	—	1915 年	花楼街与民生路交会处北侧	—
	辅德里	—	1920—1925 年	统一街与花楼街之间	—
盐业银行	汉安里	23	1925 年	北京路口	景明洋行
	昌业里	—	1920—1923 年	黄石路西北段西南	—
金城银行	金城里	8	1930 年	保华街	庄俊
	居仁里	—	1920 年	黄石路与瑞祥路之间	—
大陆银行	大陆坊	15	1931 年	扬子街口	庄俊
	大陆里	—	1920—1925 年	民意一路与友谊路之间	—
	大陆村	—	1920—1923 年	保成路与铭新街相交处东侧	—
大孚银行	宝润里	9	1936 年	南京路口	景明洋行
国货银行	吉星里	14	1930—1935 年	中山大道保成路与南京路之间	—

资料来源：《武汉房地产简史》，并依据《武汉地名志》等相关文献整理绘制

除“北四行”“南三行”外，有些较小银行也占有房地产，如中孚银行占有中孚里房屋5栋。银行占有房地产的来源，除一部分是购买以外，较多则是通过抵押放款取得借款人期满抵债的房地产。如1926年，蔡希圣以希昌里基地421丈（4,631平方米），房屋59所，当时估价洋例银12万两，向大陆银行抵押借款例银7万两，月息1分2厘，期限1年，每8个月预付利息一次。1933年11月，蔡希圣无力偿还，将希昌里房地产转移给大陆银行，便是后续建成的大陆里。

3.1.7 汉口租界区城市建设的高潮

若以汉口五国租界连片形成为开始标志的话，其发展历史可大致分为三个时期：早期肇始阶段（1896—1911）；中期高潮阶段（1912—1926）；晚期式微阶段（1927—1945）。如果不算上英租界1861—1896年的这三十五年，上述三个阶段基本正好各十五年为一个发展周期。民国后的汉口租界处于一个发展的高潮阶段，此时租界区的空间结构已趋形成稳定。主要的公共建筑与住宅建筑基本都是在这个时期内完成的。

图3-6　汉口英租界湖南街（今胜利街，南京路至北京路之间）上的外国骑警；近处建筑是卜内门洋行，邻近稍远的是英文楚报馆；此段路面现为长江隧道南京路出入口处

北洋政府时期的汉口租界“求大木，建高楼”，兴建营业办公大厦及公寓大楼（图3-6）。据《海关十年报告》1921年的记载：“仅英租界内，新近落成的商店有七八座，土地费用猛增，使得许多‘行’只能改换新的门面。汇丰银行、花旗银行富丽堂皇的建筑于1920年竣工。在英租界内，利华银行、亚细亚煤油公司浩大的建筑工程正在施工。中国邮局、电话局、京汉铁路管理局都有了新的办公楼；正在建设中的新海关大楼钟塔高达150英尺，宏伟壮观。招商局、

中国银行、台湾银行、其他公司到年底（1921）都将有一批大型建筑落成。租界区内，兴建仓库、工厂及外国侨民住宅，用了很大一笔投资。”另据 1933 年汉口广益书局出版的《武汉指南》所记：“法租界中有商店三百余户，电影院九家，典当九家，工厂十余家”；日租界中“商店三百余家，中国占半数，余皆日人，有娼妓馆、旅馆、食堂、日本戏院，并有跳舞场数家”；原英租界内“商店有五百余户，且系大商，各银行亦多在区内”。在这一轮租界建设高潮中，以英、俄、法为最甚，其次为日租界，再次为德租界（这可能与第一次世界大战其战败，最早退出在汉租界有关）。

实际上，汉口租界的迅速发展是与国际外部因素密切相关的。“一战”后正是欧美资本主义国家恢复与发展的“黄金十年”（1919—1928），直至 1929 年席卷全球的资本主义经济危机爆发。因此，北洋政府时期是汉口租界建设发展的主要阶段。

对于主要建成于北洋政府时期的汉口租界，其形成与发展为汉口城区建设奠定了重要基础，尤其是多种建筑艺术并存，对近代汉口城市历史环境风貌的构成起了决定性的作用。正如《武汉通史》对此的评价：

> 这段城建历史是不可磨灭的。当今武汉建筑界特别是武汉市城建部门对汉口旧城区的建设与保护要引起足够的重视。应尊重历史，把这些特定历史时期产生的建筑视为文化财富加以保护和利用，让它展现出汉口城市建设发展的时空层次。[1]

3.1.8 汉口近代建筑的设计与施工

（1）“打样间”——“景明洋行”与卢镛标

汉口社会近代转型还有一个重要表征——房屋的设计与建造开始由传统方式向现代方式的转变。特别是有了专门的建筑设计机构与绘制设计图纸的

---

[1] 涂文学 . 武汉通史 · 民国卷 [M]. 武汉出版社，2006.

专业人员（Architects），这是近代以前汉口未曾有的。“打样间”[1]（Sample Making Room）便是近代外来的词汇，意指设计机构。近代汉口有三家从事建筑设计的洋行，其分别是：英商景明洋行、三义洋行、比商义品洋行。而景明洋行[2]（Hemmings & Berkley Offices）更是其中的佼佼者，设计了不少重要的公共建筑和少量的住宅建筑。

景明洋行是由毕业于英国伦敦皇家建筑学院的建筑师海明斯(R.E.Hemmings) 和伯克利（Berkley）共同创立。在创建景明洋行之前，他们即在汉口从事零星建筑设计。由于是英国人，又懂得建筑工程技术，因此英国领事馆和工部局以及洋行、银行都乐意支持他们，协助介绍建筑设计业务和给予贷款。后来在汉协盛营造厂老板沈祝三支持下成立景明洋行，其创立年代推测应在 1908—1910 年之间（郑红彬、王炎松，2009）[3]。

图 3-7　江汉路洞庭街口处的中国实业银行，对面是台湾银行[4]
图片来源：摄于辛亥革命博物馆明信片展，2014 年 6 月

[1] 打样，就是在建筑房屋或制造机械、器具之前，画出设计图样。这里意即建筑设计机构。

[2] 英资景明洋行（Hemmings & Berkley）是 20 世纪上半叶武汉最重要的一个外资建筑设计机构，在汉口留下了数十座建筑精品。早期作品大多为西方古典式样。

[3] 郑红彬，王炎松 . 景明洋行及其近代作品初探 [J]. 华中建筑，2009.01（27）:222—228.

[4] 汉口江汉路东段汇集了许多近代西式建筑。儿时父亲带我经过这些宏伟而坚固的建筑时，常讲述这些历史建筑背后的故事；比如台湾银行檐口屋面处两个被托起的地球……也许正是这些故事促使我走上学习建筑学的道路。

景明洋行虽以公共建筑设计业务为主，但也承揽一些民用住宅的设计。在课题研究过程中发现了俄租界内的李凡诺夫住宅原来系该洋行所设计的考据，而在此之前各种文献均无此设计者的记述。由此看出景明洋行的住宅设计对象多为小众群体。

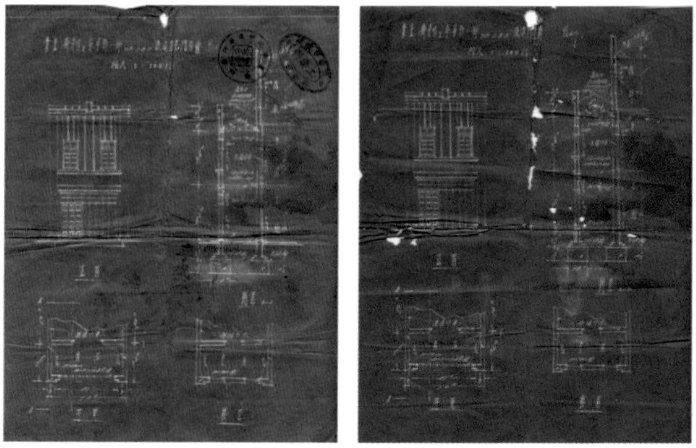

图 3-8　近代汉口统一街上某底商上宅住居扩建设计图
资料来源：业主邝能清，字亮明（作者外祖父）

值得提及的是，近代汉口有一位没有经过正规科班训练、完全靠自学成才的本土建筑师——卢镛标[1]。他绕开当时流行的古典主义和“中国固有形式”的设计路子，走出一条别开生面的道路。1925 年当他还在景明洋行供职时，便利用工作之余与刘根泰合作组建宏泰测绘行；1929 年卢镛标辞去景明洋行的职务，在汉口独立创办了自己的建筑事务所，起初设在汉口二曜路清义里，后又迁至胜利街上鼎余里。1934 年他设计中国实业银行大楼，刻意追求现代风格，在租界建筑中面目一新（图 3-7）；1938 年他又承揽了汉口四明银行大楼的设计，大楼为七层钢筋混凝土框架结构，新颖别致，简洁明快。当这两栋大楼落成之后，在汉口曾轰动一时，扭转了当时租界内洋式房屋设计由外国人垄断的局面。这两栋大楼经久不衰，至今仍为江汉路商业步行街上的主要景观。卢镛标发挥创意，摆脱了当时种种清规戒律的限制，他的创作思路与当时国际上所流行的“新建筑运动”相一致。

（2）营造厂商[2]——“汉协盛”与沈祝三

近代建筑与中国传统木架构为主的构造方式不同，因此施工方法和要求也极不相同。近代建筑事先有设计图纸（图 3-8），主要采用英制尺码；而汉口

[1] 卢镛标，1902 年生，因其胞兄在英商景明洋行工作，经介绍于 1922 年入景明洋行学习建筑设计。1924 年其兄卢东洋病故，卢镛标顶兄职入汉口景明洋行工作，曾独立承担过一些小型工程设计。

[2] 近代建筑施工企业的称谓；相当于现在的建筑集团公司。

原有的泥木作坊在技术上、财力上均无力承担，于是出现了照图施工、全面承办的营造厂。

图 3-9　沈祝三（1877—1940）

据记载，武汉出现的第一家营造厂是英商发德铺，于 1865 年承建了麦加利银行。此后，1876 年承裕泰来汉承建上海路天主堂，1880 年李培记来汉承建怡和洋行，1890 年张之洞招请广州的广祥利来汉承建湖北织布厂。自此以后，近代建筑日益增多，外地来汉的营造厂及本地兴办的营造厂商也日益增多。在武汉开业的第一家营造厂是浙江人周裕混于 1898 年创建的明錩裕，其先后承建过震寰纱厂、颐中烟草公司厂房、办公楼、栈房、印刷厂、上海电影院、沙市打包厂、江汉村等工程。1908 年浙江宁波人沈祝三（图 3-9）在汉口创设汉协盛营造厂，后来发展成为武汉最大的并具有托拉斯性质的营造厂，先后承建过 2 个纱厂、6 个银行和景明大楼、汉口总商会大楼、中国国货公司大楼、武汉大学等工程。

1911 年以前，先后出现不同牌号的营造厂商 48 户，其中外商 8 户，这就是武汉近代建筑业的始发时期（表 3-9）。其后随着社会政治、经济形势的发展变化，营造厂商的起伏变化也甚大，1929 年武汉市工务局统一办理注册登记，经过登记后，泥木作坊也称营造厂，列为丙级或丁级；1938 年 10 月武汉沦陷，近代建筑锐减，营造厂商内迁或歇业者甚多；1945 年 8 月抗战胜利后，这些营造厂商方才返汉。

沈祝三[1]的汉协盛营造厂是 1920—1930 年代江城最著名、规模最大的建筑企业。尤其可敬的是，这位建筑企业家 1918 年双目失明后，仍然领导和指挥完成了景明大楼、璇宫饭店、国货商场、四明银行、武汉大学建筑群等 30 余项重大工程。在清末民初武汉 300 项著名建筑中，有 56 项为汉协盛所建造。汉协盛承建的工程，不少为首创工程，极具特色。其中继和记蛋厂之后武汉早期的钢架结构建筑平和打包厂库房（1905）；复杂而难度最大的工程汇丰银行大楼

[1] 沈祝三 (1877—1940)，字樽，浙江鄞县人，清末民初著名的商人，汉协盛营造厂的创始人。

（1914）；武汉早期规模最大的综合大楼璇宫饭店及国货商场（1929）；规模最大的校舍群武汉大学校址（1930）；民初建造的最高级住宅珞珈碑路怡和洋行宿舍（27 栋）；最高层的七层四明银行大楼（1934）。沈祝三承建的汇丰银行大楼则是汉口建筑史上一件难得的精品。

表 3-9　主要营造厂商及其承建的主要工程表

营造厂商出现年份	牌号	驻地	承建的主要工程
1865	发德辅	英商	麦加利银行、太古二号仓库
1876	孙裕泰	—	上海路天主教堂
1886	李培记	—	怡和洋行
1890	广祥利	广州	湖北织布厂
1898	明锠裕	汉口	震寰纱厂、颐中烟草公司、沙市打包厂、上海电影院、江汉村
1900	铁路公司	—	汉口大智门火车站
1902	张同升	—	湖北制革厂
1902	汉兴昌	汉口	英文楚报馆、商业银行、东湖医院
1905	协盛	上海	和平打包厂
1907	长泰复兴公司	上海	和记洋行、美孚洋行、徐家棚车站
1908	汉协盛	汉口	汇丰银行、台湾银行、一纱北厂、裕华纱厂、电话局、汉口总商会大厦、景明洋行、四明银行、中国国货公司、金城银行、浙江实业银行、盐业银行、武汉大学
1908	汉和顺	汉口	中国银行、南洋大楼、民众乐园、交通银行、银行公会
1908	康生记	汉口	岱山大桥、南湖机场、青年会、如寿里、江汉中学、联保里、义祥里、伟英里、兴业银行
1910	广大昌	汉口	巴公房子、首善里
1911	广荣兴	汉口	永康里
1912	彭荣泰	汉口	武昌蛇山洞、省府办公楼、庐山海会寺
1912	袁瑞泰	汉口	裕华纱厂、湖北图书馆、武昌拱桥、中南旅社、保华里、武大农学院
1913	永茂隆	汉口	一纱南厂、咸安坊、武昌上海银行、归元寺藏金阁、长春观扩建
1914	魏清记	上海	谌家矶造纸厂、江汉关、花旗银行、亚细亚大楼、汉口电话电报局
1916	杨汉昌	汉口	永大布店、永安里、诚昌里

续表

营造厂商出现年份	牌号	驻地	承建的主要工程
1918	李丽记	汉口	广东银行、安利英大厦一层、大陆银行、中国国货银行、中国实业银行、聚兴诚银行
1918	扬子公司	南京	华新水泥厂、五发电厂
1920	三合兴	—	上海银行
1921	永茂昌	—	俄商新泰洋行大楼
1921	和隆	—	立新大楼
1923	六合公司	上海	武大工学院、图书馆、法学院、永利银行
1925	陈春记	—	鄂城、大冶、江口、刘家庙、黄陂等地的天主堂、圣约瑟医院
1925	钟恒记	汉口	安利英大厦二层—五层、美丰银行、德士古洋行、东山里、延庆里
1928	阮顺兴	汉口	联怡里、金水闸、四德村
1929	正兴隆	—	璇宫饭店
1931	建安	—	荣光堂
1933	汉昌济	汉口	兰陵村、六也村

资料来源：武汉通史·晚清卷（下），2005；并依据《武汉地方志》绘制，党诗琪协助校订

3.1.9 北伐战争与武汉国民政府

1926年7月9日，国民革命军在广州誓师，分东西两路开始北伐。9月7日，北伐西路军攻克汉口，吴佩孚仓皇逃往孝感，从而结束了北洋政权在汉口的统治。1927年3月10日，国民党二届三中全会在汉口南洋大楼[1]召开（图3-10a/b），并作为武汉国民政府住址。这次会上新选举出28名政府委员在武汉举行就职典礼并宣誓：奉行国家法令，忠心并努力于本职，节省经费；不雇佣无用人员，不营私舞弊及收受贿赂……[2]；汪精卫、谭延闿、徐谦、孙科、宋子文等被指定为国民政府常务委员。4月，汪精卫从上海到武汉，出任武汉国民政府主席，随即武汉国民政府正式成立。至此，汉口社会开始了有别于北洋政府时期的社会形态。

---

[1] 坐落在武汉市汉口中山大道六渡桥下首、民众乐园旁，是一座具有历史意义的建筑物；始建于1917年，1921年竣工；整个大楼占地面积约1000平方米，共有5层，系水泥钢筋结构，墙壁以麻石砌筑，十分坚固。大楼平台上中间有一尖顶，两边各有一圆顶，为汉口的西式风格楼房之一。

[2] 汉口民国日报.1927年3月22日.

图 3-10a　国民党二届三中全会会后合影（摄于南洋大楼平台上）

图 3-10b　右边是建设中的南洋大楼；左边是民众乐园；两楼之间的路是贤乐巷

3.2 北洋政府时期的汉口城市建设（1912—1926）

3.2.1 恢复与重建——民初时期汉口的城市建设

经过“阳夏战乱”之后，汉口市面萧条，人口锐减。1912 年春“汉水河口聚集之船不及往年十分之一，由此可见市面萧条一斑”，故民初北洋政府时期的汉口首先面临的社会问题，就是如何尽快恢复与重建因“汉口大火”被焚毁的华界市街，恢复社会秩序与商业活动。为此，1912 年 1 月 25 日，汉口总商会召开会议，“筹议重建汉口市面办法”。总商会议董宋炜臣等向黎元洪呈文，提出建筑汉口新市场的六条办法，拟议“与清政府开谈判，以其内帑赔偿汉口之损失”。2 月，临时大总统孙中山也饬令实业部通告汉口商民重建市区，并责成内务部筹划修建事宜，使“首义之区，变成模范之市”。湖北军政府也有所动作。但无论是南京临时政府还是湖北军政府，对于汉口的重建只能是杯水车薪，即使随后的北京北洋政府也仅拨付了 40 万两银子作为灾后赈济。1913 年 12 月 24 日，袁世凯委派杨度督办汉口商场建筑事宜，将原先的马路局改为工巡处，并由江汉关监督监理。因此，重建的工作实际上只能靠汉口商民自身来筹划实现，而众多中小业主为谋求生计，依据各自参差不齐的财力，重建房店民宅，因而建筑质量与规格普遍偏低。“到 1914 年，城市百分之八十得到重建，可是在现代原则基础上改造城市的机会却丧失。”[1]

城市道路建设要稍晚于房店民宅的重建。通过比对 1918 年和 1922 年的汉

[1] 海关十年报告（1912—1921）。

口街市图后，发现北洋政府时期的汉口华区道路大约形成于1918—1922年间（地图制图往往滞后于道路的建设）；这四年间所修建的道路（未反映在1918年的街道图，而是体现在1922年市街图上的路名）主要有：后城马路一段（今中山大道）、新马路（今交通路）、土垱街（今统一街）、半边街（今民权路至大

图3-11a 新马路两侧街景（今交通路）

图3-11b 新马路（今交通路）从后花楼街望生成里；左为生成南里，右为生成北里；现均已无存 图片来源：摄于辛亥革命博物馆明信片展（2014年6月）

兴路区间段，后合并为统一街）、前花楼正街（平行于沿江大道的今黄陂街一段）、后花楼正街（今花楼街）、白布街（今花楼街、民生路至民权路段）、花布街（今花楼街；民权路至大兴路段）以及邻近租界的歆生路。这些道路除模范区以外，基本都囿于后城马路以内；而从张美之巷口（今民生路口）至硚口的这段后城马路的以北区域仍为荒地。从新建道路分布来看，明显地已从汉正街片转移至花楼街片。最为典型的例证就是新马路[1]的修筑，这条道路还是当时湖北督军王占元下令拆房辟路修筑的，刘歆生所建的、汉口最早的成片住宅区——生成里被拆分为生成南里与生成北里，马路两侧为三至四层的西式楼房（图3-11a/b），

[1] 即今交通路，筑于1916年前后，东南起花楼街，西北至中山大道，长约198米，宽约10米；为长方形麻石人字路面；是以书店集中闻名的近代汉口文化街道。

这可能是汉口最早的“马路主义”[1]规划实践（李百浩等，2002），也即“双肌理街区”[2]格局的雏形形成时期（陈刚、谭刚毅，2015）。如今的交通路仅剩下其地名而已，原有的生成里与交通路两侧的街道界面早已随着佳丽广场王府井百货（1998）、地铁2号线的建设（2009）而拆除。整整一百年间的沧桑变化，让人感怀。

上述新马路（交通路）只是一条很短的马路，其实更能反映这个时期华界道路的是前花楼正街与后花楼正街，它们都直通连接歆生路（江汉路），故《汉口竹枝词》中有“前花楼后花楼，直通歆生大路头”的说法。这两条近乎平行于江的华区道路，演绎出近代汉口芸芸众生的故事，从一个侧面体现了汉口的城市文化特点。在前、后花楼街之间，分布着纷杂的曲巷空间，如：猪巷、小董家巷、张美之巷（今民生路）、贤乐巷、洪益巷、蔡家巷、大江家院、小江家院、萧家院、大郭家巷（今民权路）、港边巷等，反映出以姓氏血缘为纽带的住居地名特征。也有以业缘为特征的商住地名：皮业巷、百子巷、打铜街、白布街、花布街、棉花街、袜子街、梳子街、芦席街等，这些区域既是商业片区也是居住区。

北洋政府时期的汉口除繁华的前、后花楼街外，还值得一述的有统一街，这条街道是始成于清末时期，形成于北洋政府时期，发展于国民政府时期的又一重要商业街市。其位于今江汉区中山大道南侧，南北走向，北起民生路，中穿民权路，南至大兴路，全长约976米，宽约8米。清初原为长

图3-12 1910年代初的汉口后城马路初始景观 图片来源：人文武汉

[1] 所谓“马路主义”，是中国近代城市规划的突出特征，具体表现在“从街道到马路的城市改造，以及从马路到街区的新区开发模式”。

[2] 所谓“双肌理街区”模式，是指由于近代汉口城市化进程的不彻底而形成的住区新旧肌理并存的情形，其具体表现为：在原自组织肌理片区的基础上，拓宽原狭窄街巷为现代道路，形成底商上宅的临街界面，而背后仍为无序的空间组织。这在1930年代变得更为显著，甚至影响到1970—1980年代的城市建设实践。

堤（袁公堤）堤尾，堤北河沟交错，春夏水涨，可行小船；现民生路中山大道口及人民前巷、后巷等处，曾为泊船码头（图 3-12），南洋大楼处还建有河沟水闸；在 1864 年汉口城堡修筑后，长堤外开始干涸，始有人在此填土建屋，并日渐增多，以致沿堤一线逐渐形成狭长、弯曲的居民区，出现了街市，分段称为半边街、湾边、土垱街。1928 年后，此街三段合并，称为统一街。其街两侧多为老式砖木结构的二层楼房，居民稠密，虽交通不畅，但却是 1930—1940 年汉口传统商业的中心所在。

至于住居建设方面，在华区靠近后城马路的也有不同于传统类型的住居类型——里分住居，有生成里、方正里、厚生里、三分里、四成里等早期里分住宅。这些里分在原有的片区自然肌理中犹如“插入式”的存在，所以汉口也可被认为是一座“拼贴城市”。但是，1917—1925 年建设的“模范区”却是个例外，也是此时期最大的住居建设工程。

由于辛亥战火波及的是华界旧市区，汉口租界倒并没有受到影响，从而成为避风港，在民初后反而较早前有了更快的发展。期间主要里分住宅建设：英租界有汉润里、新昌里（后为金城里，现改为市美术馆）、智民里；俄租界有珞珈碑路高级住宅区；法租界有蔡锷路上的汉口八大家、长清里、三德里、泰兴里等；德租界有坤厚里；日租界有同守里、福润里、康祥里等。租界在住居建设方面较晚清时有了很大的发展。总之，北洋政府时期汉口的城市建设，无论华区还是租界均有了很大的变化，按学界的说法可视为平行发展的特征。

3.2.2 汉口旧市区空间拓展与街区形态的变化

北洋政府时期的华界旧市区，其空间拓展的显著变化莫过于跨越后城马路所进行的住区开发与建设，这就是 1917 年以刘歆生为代表的华商筹资开始兴建的“模范区”。模范区空间范围几乎是完全紧邻英租界而建，但在城市形态上已完全不同于旧城商住区的面貌。

模范区仿照汉口租界，采取的是街区制（Blocks System）模式，为“内向型街巷”的类型。既不同于华界旧市区，也稍有别于租界内的里分布局。可以说，模范区是北洋政府时期汉口旧市区空间拓展的产物，其所带来的心理感受不亚于现在城市中的新区给人带来的新奇感。

3.2.3 租界区变相拓展、住居建设与分布

北洋政府时期的汉口各国租界不仅完成了条约上的扩界（最晚的是于 1907 年完成扩界的日租界），而且还通过各宗主国洋行业务的开展，进行了实际上的变相拓展。比如英商怡和洋行所圈的土地，便在渣甸路西商跑马场附近开发建设了怡和村花园别墅住宅区（今解放公园路市委大院住区），成为事实上的“租界”；再比如，大智门旁京汉铁路外的三井牛皮厂、怡和洋行牛皮厂、礼和洋行（仓储）用地等。实际上，租界在 1912 年全部路网形成后，才开始了真正的街区规划与住居建设（图 3-13）。

图 3-13　英租界阜昌街（今南京路；江边到中山大道一段）上的英国水兵；照片中左侧建筑是 1915 年建成的中孚银行及中孚里

汉口五国租界都有住居的建设（包括德、俄、英租界收回后），区别仅在于住居数量以及分布的疏密程度而已。就住居本身而言，分布比较集中、质量较好的主要在英、俄、法三国租界，德、日租界相对较少，其住居规划分布各具特点（表 3-10）。

表 3-10　汉口各国租界功能分区及其住居分布

租界名	租界规划功能分区与街区住居分布	住宅分布特点
英租界	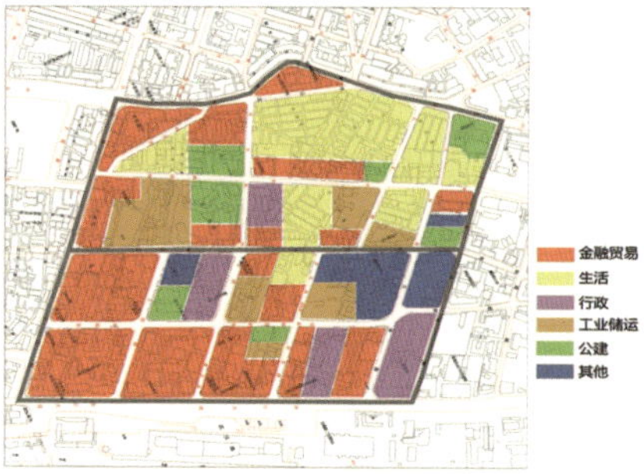	住宅大多集中在中山大道与鄱阳街之间（如汉润里、智民里、咸安坊），少部分位于鄱阳街与洞庭街之间（如洞庭村、江汉村）。滨江地段布置的是建筑体量大，能明显改善沿江景观的银行洋行和仓库（棉花打包厂），功能分区十分明显。这样的功能分区既有助于商业的发展，也有助于居住区内的安静。英租界位于五国租界的最南端，与华界毗邻，有助于商业的发展。居住区约占全面积的 26.9%。

续表

租界名	租界规划功能分区与街区住居分布	住宅分布特点
俄租界	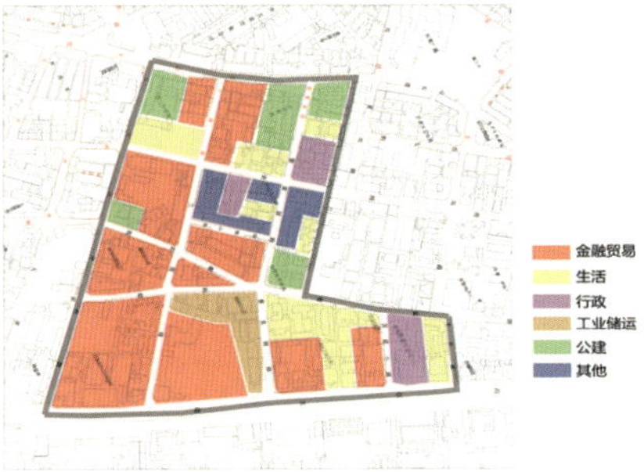	俄租界住居主要分布在铁路街（今黎黄陂路）两侧；除列尔宾街上（今兰陵路）三角地带的巴公房子（公寓）外，最主要的街区就是建成于 1919—1925 年的珞珈碑路高级住宅区（惠罗公司，今“八七会址”片区）；其余则为少量的独立式住居建筑类型，例如，胜利街上的唐生智公馆、洞庭街上的李凡诺夫住宅、那可伐申公馆、詹天佑故居以及与法领事馆一墙之隔的周仓柏公馆等，而里分住居多集中在亚历山大街（今中山大道一段）与胜利街之间，如楚善里（已拆除）、兰陵村、义品里等。俄租界住居数量虽不多，但类型丰富，建筑质量好。
法租界		法租界在五国租界中是最具生活气息的。在对照原法租界地图时，发现法租界中的石库门式里分住宅也是租界区中最多的，如三德里、长青里、辅堂里等。较高级里分有：八大家住宅、同兴里、泰兴里等。从图上可以看出，法租界的里分住居建筑大都集中在亚尔隆兰尼省街（今中山大道黄兴路口至一元路口段）西侧，其住居建筑密度较大，重要原因在于汉口大智门火车站与粤汉码头的出现，极大地带动了法租界的兴旺。其住居用地面积约占总面积的 33.5%。
德租界	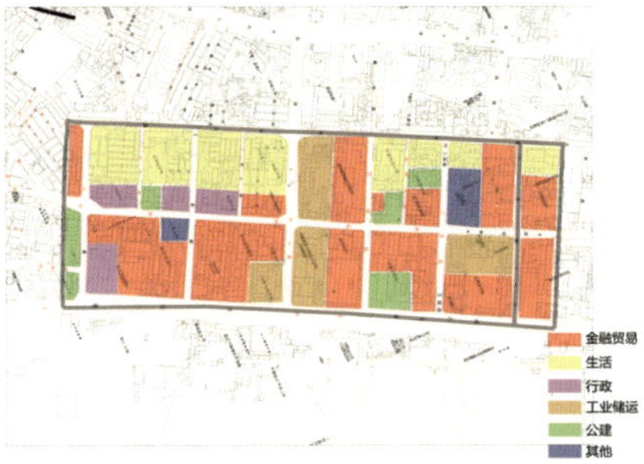	从图上可以看出，德国租界的规划比前三个租界更加规整，是典型的棋盘式道路，这也影响了德租界内的规划布局。租界区内所有的居住建筑都分布在胜利街西侧与汉景街（今中山大道）之间；加工工业、金融商贸和行政布置在沿江大道、一元路。住宅数量与类型在五国租界中都是最少的，反映出德租界在汉口的经营较短暂。典型住居如坤厚里、延庆里（1933）等。住居用地面积约占总面积 16.5%。

续表

租界名	租界规划功能分区与街区住居分布	住宅分布特点
日租界		日本租界位于五国租界的东北端。日领事馆、三菱洋行等公建主要有临河街（今沿江大道）布置，而居住区主要集中分布在中街与大和街（今胜利街一段）以西地段与平和街（今中山大道）之间地块上。另外，成忠街（张自忠路）、中街（胜利街一段）、昌小路（今郝梦龄路）与东小路所围合的地块上住宅最为密集。日租界内的主要住居建筑形式为日本和式联排式民居，以及少量石库门式的里分住宅。居住用地面积约占总面积的 14.8%。

资料来源：作者绘制；江汉大学 2010 级城规 白千慧 CAD 色块绘制

3.2.4 汉口模范区的建立

（1）时代背景

汉口大火过后的最初三年（1912—1914 年）为重建阶段。一般中小业主在自己原先的房基上重整店业、家业，规模不大，重建过后，就迅疾开启了新一轮的城市建设热潮。接壤租界的空地和废墟，则成为富商巨贾、军阀官僚的抢手地盘。例如 1914—1918 年，沪商蒋广昌和胡庆余堂，在歆生路（今江汉路）与伟雄路（今南京路）之间合资修建三分里（义城总里）；清末官僚袁海观修建了长乐里、长春里[1]、长怡里等，便是汉口模范区的最早雏形。

1918—1925 年，汉口出现了建房热。在这一空前的建房热潮中尤以私营民建的“汉口模范区”建设最为引人注目。其中，事业始于清末、成于民初的刘歆生[2]，不仅先后修建了百子里、保成里、生成里、义祥里等里分住居，还参与了诸多公共市政的建设。今天的江汉路最早就是以刘的名字命名的“歆生路”，

[1] 作者的二伯父（陈文秀，1931.12.26—2006.3.4）一家曾居住在该里分。1973—1974 年年底作者曾有一段时光在其楼下的里分幼儿园度过，偶尔也会跑上去玩耍一下蹭点吃喝。现在还依稀记得父亲和小孃陈杰来园接我并穿越长春里去江汉路上的中心百货商店的情形。

[2] 刘歆生（1857—1941），名祥，字人祥，湖北汉阳柏泉（今武汉东西湖）人。曾在太古洋行当练习生、写字兼上街，1899 年任新开办的法商立兴洋行买办，有“汉口地皮大王”之称。

伟雄路（今南京路）则是以他大儿子命名的。特别值得提及的是由他主导开发建设的“汉口模范区”，为华界城市面貌开了新颜。总之，刘歆生对于清末民初的汉口华界城市形态近代化来说，功不可没。正如他自己所做的评价：“都督造就了民国，而我却造就了汉口。”

然而，这股热潮背后却有着深刻的社会背景：① 1911 年 10 月 29 日，清军统领冯国璋的一把大火把汉口老地段置为一片焦土，但是也为新的城市改造的萌芽提供了契机。②民国初年汉口市镇经济与人口的迅速恢复与增长，客观上带来了对住房的现实需求。③民族自尊意识有了提高。例如，英租界不断扩界、越界，引起汉口华界商民的抵制。在新昌里（后金城银行，现市美术馆[1]）旁一段弧形碎石路面基础上，修筑了“保华街”（有保卫中国领土之意），从而开始了模范区的建设。在上述几点因素的作用下，由当时汉口的工商业巨擘刘歆生牵头，联合华商总会在 1917 年发起建设模范区，到 1925 年初步完工，共建 35 条巷弄、2,000 栋建筑。这便是日后“汉口市区街道之模范，以媲美租界区”之由来。

（2）模范区空间范围的确立

早在模范区建设之初（1918），京汉铁路（今京汉大道）以内、大智路到车站路之间的友益街一带还是水塘。著名的叶开泰药店于 1918 年将水塘填平后，兴建三层大楼（原武汉市文化局）。小军阀寇英杰和程汉卿（吴佩孚的军法处长）也各盖一座楼于附近。王占元督鄂时出任过湖北省省长的何佩瑢则修建了福德里、尚德里等，都在京汉线与后城马路之间。这为日后华界新市区空间拓展预备了基础。

因此“汉口模范区”空间便限定在今江汉路（中山大道至循礼门区间段）以北至大智路，中山大道以西（江汉路至大智路口的区间段，其中包括保华街）

[1] 武汉美术馆前身为庄俊先生设计的金城银行（1931 年落成）；该建筑正立面采用了西洋古典廊柱式样，柱高通达三层，在二层处开有圆形拱窗，使得从柱廊之外看整个建筑立面，既恢宏雄伟又富有一定的变化。1938 年日军入侵武汉强占其为总司令部，直至 1945 年抗战胜利后才被金城银行收回。新中国成立后，1952 年出租给了武汉图书馆至 1957 年又开设为武汉市少年儿童图书馆（作者少年时常去）。2003 年策划建立现在的武汉美术馆，2005 年进行改扩建（连同金城里），是比较成功的历史建筑保护与更新案例；由武汉市城市规划院建筑分院宋洁主持完成。

至京汉铁路为边界的范围内，总面积约 48.8 公顷（图 3–16），隔中山大道与英租界毗邻，其间共有街道围合街区 31 个。根据 2015 年实地考察，目前保存状况相对较好的仅 12 个（其余均已拆除）。模范区最初目的就是为与洋人租界相抗衡而建设的，模范区在规划功能上包括居住、商业、办公等各方面；住宅类型除大量联排式里分住宅外，还包括少数独立式集合住宅（如吴家花园）以及集合式公寓建筑的住居类型。

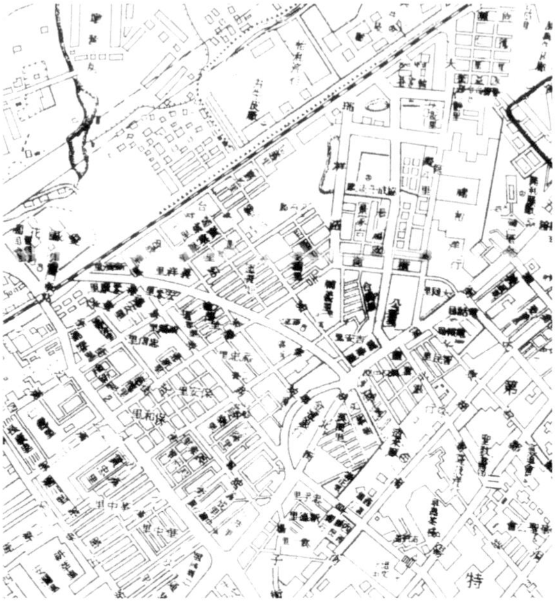

图 3–14　汉口原模范区地图（1938）

（3）模范区的空间形态与特征

因原汉口堡的基址（后城马路）边界走向的影响，模范区外廓形态并不是十分规则的，其内部空间形态以棋盘式格局插入斜向道路构成为主要特征。区内主要道路包括大致平行于中山大道的江汉一路、江汉二路、吉庆街、铭新街、泰宁街，以及大致垂直于中山大道的保成路、伟雄路（南京路）、汇通路、云樵路（黄石路），还有三条斜向的道路：崇善路、瑞祥路、交易街所构成的不太规则的区廓形态。

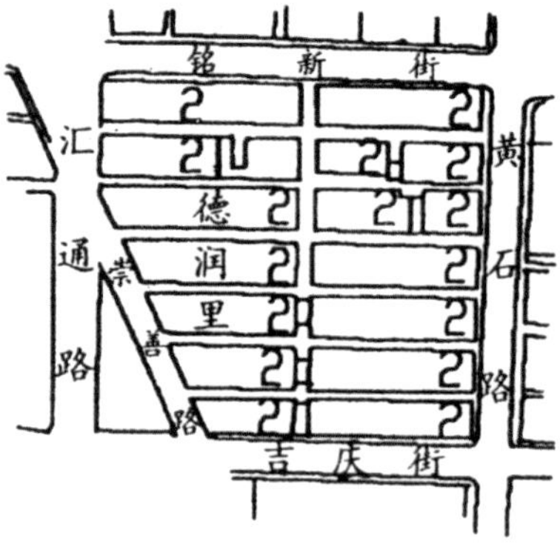

图 3–15　原模范区内的德润里

模范区内 31 个街区内部格局基本以“内向性街巷 + 街廓空间”模式为主，如福忠里、德润里（图 3–15；可惜该里分已无存，现在地块上为高层住宅建

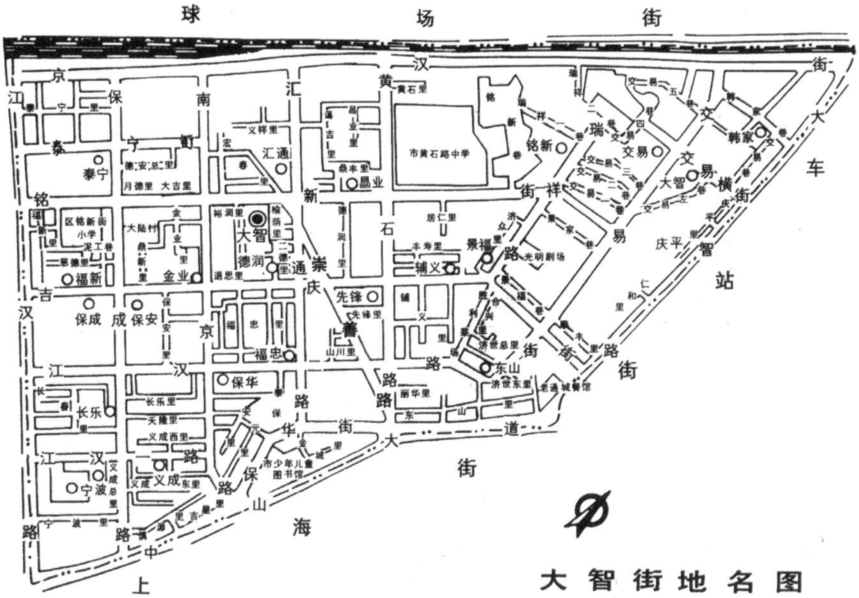

图 3-16　原模范区（今大智街街办的范围）

筑——德润大厦），但区内各街区还是存在较为明显的差异，反映在靠近江汉路的地块较为规则，而靠近大智路的地块则不太规则。在模范区的建设上也存在建设时序上的差异，基本上是由南（江汉路）向北（大智路）、由东（中山大道）向西（京汉铁路）逐步发展的规律。

原汉口模范区区域也即今江岸区大智街街办的范围（图 3-16），最能体现民国风情的里分也还尚存一些，如鼎新里、榆荫里、退思里、二德里[1]、云秀里（2012 年吉庆街改造时已拆除）等。尤其能体现“汉派民俗文化”的吉庆街就在区内，可是 2012 年后随着吉庆街的更新改造（包括东山里的拆除），似乎丢失了原有的生活场景形态，此现象值得研究。

3.3 北洋政府时期的汉口街区格局及城市意象

北洋政府时期汉口华界旧市区加快了城市中心的转移，即从沿河的汉正街片区向沿江的花楼街片区拓展。各国租界仍在持续发展进程中，特别是街区的建设力度大大超过晚清时段。与此同时，华界除商业中心转移至歆生路、花楼

[1] 作者在高中和大学期间的同学张嘉瑞的家就居住在二德里。

街一带外，还越过后城马路建设新区——模范区。总之，在这一时期逐步完成了构成近代汉口城市意象的基本格局。下面就旧市区、模范区和租界区这三区各自的街区景观意象，进行分区讨论。

3.3.1 旧市区传统街区的“消解”意象

首先，体现在市街景观变化上。以前、后花楼街为例，依据“1922 年武汉三镇市街图”（图 3–17）可获悉，靠近江边一侧的前花楼正街与黄陂街已基本连通起来，并止于汉水边的集家嘴附近，黄陂街再往西便是汉正街传统商业片区了。而靠近后城马路一侧为后花楼正街（从歆生路止于蔡家巷口），紧接其

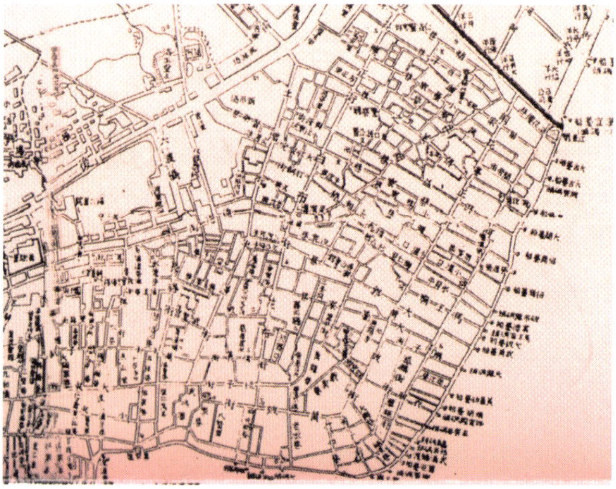

图 3–17　截取 1922 年武汉三镇市街图（前后花楼街片区）
图片来源：《武汉历史地图集》

图 3–18　汉口后花楼街（今花楼街）

后为白布街（止于大郭家巷口，今民权路），再接其后就是花布街（止于与黄陂街丁字口交会处）。1940 年代后，前花楼街统称为黄陂街，而后花楼正街、白布街、花布街合称为“花楼街”，其全长 1,100 米，宽约 6 米，原为条石路面。

关于这条始成于清末、兴旺于民初的“花楼”街名的由来，由于其街两侧的商住两用的店宅均为砖木结构，雕梁画栋，门窗廊柱间多饰以花鸟鱼虫等雕花图案，人称“花楼”，故此而得名。而此街的形成与发展得益于租界开埠后汉口市场的下移，商业畸形发展，加之紧邻租界区，富商名绅蜂拥于此建房置产。

图 3-19　民国初年太平路、歆生路（今江汉路）英租界与华界相邻区域，近前四层为位于花楼街口的汉口大旅馆“楼外楼”，其对面的一排房子就是后来所建的“上海村”，稍远还可见上海路天主教堂

图 3-20　清末民初汉口老城（沿江一带）

数年间，店铺林立，楼房栉比，甚为繁华（图 3–18）。正如《汉口竹枝词》中描绘的："前花楼后花楼，直通歆生大路头。车马如梭人似织，夜深歌吹未曾休。"其繁盛之状，窥见一斑。后花楼街分布两侧的店铺有"金银首饰、钱庄当铺、京广杂货、五金绸布、酒楼戏院……五光十色，无所不有，终日熙熙攘攘，灯红酒绿，直至解放前夕，熙攘之状不减"。（武汉地名志，1990）我们从该街景中能解读出的信息就是，此时的后花楼已是"底商上宅"的商居模式，比较汉正街传统商贸片区在景观上已呈"消解"[1]趋势。并且越接近租界区，这种变化越明显。如前面论述过的新马路至歆生路，其街景（临街界面）的形态渐西化。例如，歆生路花楼街口的"楼外楼"（图 3–19）。但是该区域的街巷与房舍之间仍呈犬牙交错、水凼散布其间的格局。从空间肌理来看，仍还保留片区的特征（图 3–20）。说明此时的华界老城意象还处于一种近代转型之中。

3.3.2 模范区的街廓格局及混合形态

形成于 1918—1925 年的汉口模范区给人最主要的意象，据笔者感受而言，就是其街廓制下的里分住居，以及区内弥漫的一种莫名的中西混合气息。首先，里分建筑本身所具有的中西混杂风格元素。例如，泰安里出江汉二路的通道（过街楼形制）檐口的巴洛克山花（图 3–21），福忠里临街住居外挑的阳台等。这些风格元素无疑是西式的，但住居内涵却还是中国传统的（如均带有天井院）。其次，在棋盘式街区（街廓空间）模式下的内向性里巷空间仍是传统的"里坊"（可设坊门）型制，其里分所围合形成的为"线型空间特征"（里分中的主巷、次巷），是不同于西式街区中的以点状、块状为主的住宅所形成的外部街道空间。

图 3–21　泰安里江汉二路出口处过街楼（摄于 2013 年 8 月）

[1] 作者在此用"消解"而没使用"解体、解构"，意为仍在先前的空间形态上所做的改变，也可反映出社会转型的某种局限性。

模范区在修建之初，除区内路网仿照租界，各地块上就是以里分住居为主的功能安排。例如，早期形成的风格上偏中式的里分：保和里、保安里、福忠里、长怡里（与长春里构成一个地块）、长乐里（与天隆里构成一个地块）、泰安里（与保元里构成一个地块）、义成总里（含有宁波里构成一个地块）等，都是沿歆生路以及与英租界相隔的后城马路西侧（官钱局地）最早开始开发的。因而早期的街区开发的不多，路网也尚未完善，这点可从1922年地图上得到印证。

晚期形成的模范区里分住居，其类型与结构较先前要丰富许多。在1930年代后形成的鼎新里（与金业里同一地块上），不仅有联排式集合住居（鼎新里是模范区中比较高级的偏西式风格的里分，其外墙水泥拉毛的饰面特征尤为突出），还有公寓性质的独立式集合住居的类型。例如，吉庆街39号集合住宅，也有风格中西合璧的独立式公馆吴家花园。

图3-22　只至1990年代中期前的黄石路铁路道口景观　来源：人文武汉，2022.4.10；照片系两位来华交流的联邦德国医生：巴茨基和汉斯·彼得于1977年9月间所摄。

从模范区整体来看，其功能区划分多集中在东南部分，而其北与西北部分，即云樵路（今黄石路）往京汉铁路线、瑞祥路、景福路（交易街）等西北方向为边缘地段，其城市意象最为弱化，表现为街区肌理致密向稀疏的变化。老汉口的居民都曾有过“铁路里与铁路外”场所意识的体验（图3-22）。[1] 1920—1930年代甚至还有空地作为刑场（余记里后坪，后为黄石路中学，今为警予中学），可见汉口模范区的发展也不是那么均衡的。

模范区在功能分区上也有体现。区内公共建筑较集中地分布在江汉二路、汇通路、铭新街、泰宁街一带，如华商夜总会、华商赛马公会、卫戍司令部军法处、

[1]　作者的大姑妈（陈文珍，1928.9.22—2011.5.17）生前曾居住在黄石路与原京汉铁路（今京汉大道）交会处不远的一处两层砖木结构、并非里分类型的屋子里寡居多年，很不容易；幼时随家人看望时的记忆中还有喜欢“看火车”的场景回忆（图3-22），现在是轻轨1号线路，旧貌变新颜了。

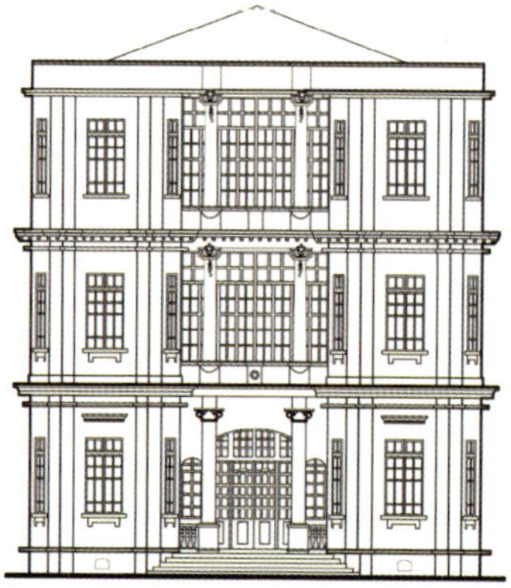

图 3-23　武汉卫戍司令部（裕润里）资料来源：2007.10 指导江大现艺学院环艺 2 班测绘．李月等

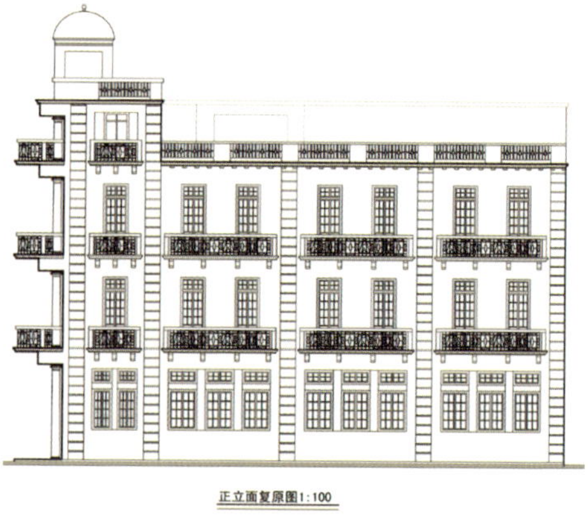

图 3-24　汉口国民新报大楼　资料来源：2007 年 11 月指导江大现艺学院环艺 3 班学生测绘 CAD 绘制：黄振瑜、刘雯、王亚琴

武汉卫戍司令部（图 3-23；今大智街街办范围）、国民新报大楼（图 3-24；江汉路泰宁街口范围）等。这些公共建筑混杂在里分街区格局中，并且其风格都是西式的，增强了模范区的中西混合意象的感受。

3.3.3 华洋并存的城市空间形态意象

若说北洋政府时期前半段以歆生路为界限的华洋城市空间形态意象还存在较大对比差异的话[1]（图 3-25），那么 1920 年后城马路为界的华商模范区与英租界差异就不甚明显了，在城市意象上开始呈现出"连绵一片"的景观（图 3-26），体现出此时汉口城市社会转型所带来的新变化。

3.3.4 租界的街区场所特征及其意象

在前面论述租界时谈及其滨水景观的意象（Bund Image），本节拟将重点放在租界街区内的场所意象上（其可能是一条街道，也可能是一座建筑）。在此，一张尤其珍贵的呈现 1911 年汉口租界（俄、法）景观的全景历史照片（图 3-27a/b/c/d），以期增加对民初北洋政府时期汉口租界的整体意象认知。首先围绕汉口五国租界的各自定位进行概述再到场景描述。

[1]　无论从黄陂街（前花楼）还是从花楼街（后花楼）出江汉路，进入胜利街、鄱阳街或洞庭街，便完全可感知华界与租界在街道空间上的显著区别：拥挤狭窄 vs 稀松宽阔。街道连续界面形态也完全不一样。

a. 英租界及其街区意象

图 3-25　民初的汉口交通路区域还残留水凼

图 3-26　民初的汉口；后城马路左是华商商绅初建的模范区，路右是租界区；此照片应是 1916 年前后从水塔向北所摄，可以看到江汉路口处浙江兴业银行屋顶及兴业里

由于地理区位上的优势，在汉口的五国租界中，英租界的经济最繁荣，贸易最发达，商业最活跃。这首先是因为它设置得最早、较早形成规模的缘故。从 1861 年开埠设界到 1895 年，这三十四年间，汉口仅有此唯一租界。其他国家侨民想来汉口经商贸易以及居住，都只能住在英租界里。这使得英租界不但人气旺，而且诸事也都占了先机。

在 1900—1910 年代初，由各国商人开设的 110 家银行、洋行、商店、工厂等，竟有 60% 开设在英租界内；著名的外国洋行中，大约有 80% 也都集中于英租界。其中一个重要原因，便是英国本身资金雄厚，财源丰富，有大量的资本涌向本国租界进行投资。这些都是使英租界兴盛远胜于其他租界的重要因素。还有一点就是英租界的居住环境（尤指社会环境），更强于其他几个租界。其原因在于英租界的市政管理水平及法治相比较而言要完备许多。

汉口英租界最能体现其城市意象的除外滩的码头、银行、洋行等金融建筑外，其街区内部意象也不容忽视。街区内的公共建筑与街道构成街区意象。如洞庭街上的汉口最早的外资银行——1865 年建成的麦加利银行、保安大厦、华昌街（今青岛路）上的“平和打包厂”[1] 等都在洞庭街与胜利街之间。它们与散

[1]　位于青岛路 10 号，其总建筑面积 32808 平方米，为早期重要的工业建筑。始建于 1905 年，由汉协盛营造厂负责主持施工；后分别多次扩建（1918 年、1933 年、1949 年），是英商在汉口旧租界内建立的最早的加工打包仓库。现今平和打包厂由 6 栋单体组成，是不同年代的产物，建筑风格各具特色，直至 2010 年代初仍为武汉商业储运公司仓库。从 1905 年至今，平和打包厂成为武汉现存最完整的早期工业建筑，也是最早的大型钢筋混凝土建筑，厂房规模庞大，内部结构保存完好。1993 年被定为武汉市优秀历史建筑；2011 年被列为武汉市文物保护单位，也被列为一级工业遗产。经过科学地保护更新后，现建为“汉口平和打包厂旧址——多牛世界时尚创意产业园”而成为网红打卡胜地。

图 3–27a　俄租界内的俄哈街（今洞庭街；从南向视角依稀可看到汉口水塔）

图 3–27b　俄租界景观（图左 *Nerpin Skaia* 即列尔宾街，现兰陵路与鄱阳街交会处；图右街道为现黎黄陂路；图中放置木材处为珞珈山街）

图 3–27c　俄租界望法租界的景观（洞庭街之一段东北向视角）

图 3–27d　俄租界内的砖茶厂（空地为现黎黄陂路口处的原长海大酒店）

落在街区地块上的券廊式独立住宅（图 3-28、图 3-29）构成了英租界街区宁静而雍容华贵的意象。

图 3-28　英租界洞庭街上的俯瞰景观（由南向北），街区间分布有券廊式住居；远处可见保安大厦，左侧远处高的房子是英文楚报馆　图片来源：《晚清民初武汉映像》

图 3-29　英租界鄱阳街上的景观（由南向北）；近处西式建筑应为英工部局（位于今南京路与鄱阳街交会处），远处可见景明洋行大楼　图片来源：《晚清民初武汉映像》

b. 俄租界及其街区意象

“世界茶叶主要靠中国，中国茶叶主要靠汉口。”俄租界在汉口的开辟与砖茶的输出无不关系，也可以说，汉口俄租界正是因茶叶贸易而存在的。因此，茶叶特别是砖茶对于俄租界来说是最重要的物产物资。清代原茶从湖北蒲圻的羊楼洞开始采集收购，在汉口加工后，一路北上经张家口出内蒙古到外蒙古乌兰巴托、恰克图、莫斯科直至终点俄国圣彼得堡，行程上万里的中俄茶道（图 3-30），而汉口就是最重要的起始点。正如武汉民俗专家董玉梅所说：“当时，中国出口的茶叶垄断了世界茶叶市场的 86%，而由汉口输出的茶叶就占了国内茶叶出口量的 60%，大量运茶船源源不断地出入汉口港。”（图 3-31）总之，汉口是因茶而兴，因茶而盛。而对于汉口俄租界来说，则是因茶道之兴而旺，因茶道之衰而败。[1]

因此，汉口俄租界街区的格局乃至住居建筑都与茶叶有着很大关系。比如，早期俄租界沿江的建筑不是金融建筑，而是砖茶厂。据文献资料记载：“汉口烟筒林立者，即俄商以机器制茶之屋也。”（图 3-32）其中顺丰、新泰、阜昌、源泰四家财势最大，被称汉口“四大俄商洋行”。而巴公房子的开发商就是新泰洋行茶厂的大班、沙俄皇亲巴诺夫兄弟俩。

[1]　俄国“十月革命”导致俄国消费需求发生变化，苏俄布尔什维克政府对茶叶贸易进行管制，以汉口为中心的对俄茶叶贸易走向衰退。

图 3-30　始于清代的中俄万里茶道示意图

图 3-31　江汉关前汉口港的运茶船

图 3-32　俄租界内的砖茶厂（右侧路为 *Vahovitch Skaia* 鄂哈街即今洞庭街，与其相交的是今兰陵路）

说起洞庭街上现在还保存较为完好的“李凡诺夫住宅”（1902—1919 年其一家曾居住于此），就不得不提及 1861 年来到汉口的俄国茶商李凡诺夫。1863 年他在羊楼洞开办顺丰砖茶厂，其后又将砖茶厂迁到汉口英租界下首的江滩边（今黎黄陂路口；当时还未划定俄租界），并于 1913 年开始建造很具俄国特色的独立式住宅供自用。1997 年，李凡诺夫的孙女从美国来中国，带着她的儿子和

图 3-33　那可伐申公馆洞庭街立面（摄于 2001 年 6 月）

图 3-34a　从胜利街看建成于 1902 年的俄租界巡捕房（已无存）

图 3-34b　从黎黄陂路上看该建筑（摄于 2013 年 6 月，武汉档案馆）

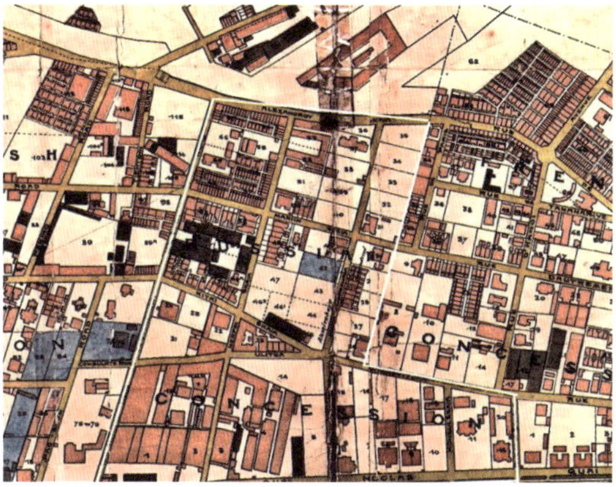

图 3-35a　1913 年的汉口俄租界地图（含部分法租界）图片来源：人文武汉，2021.12.30

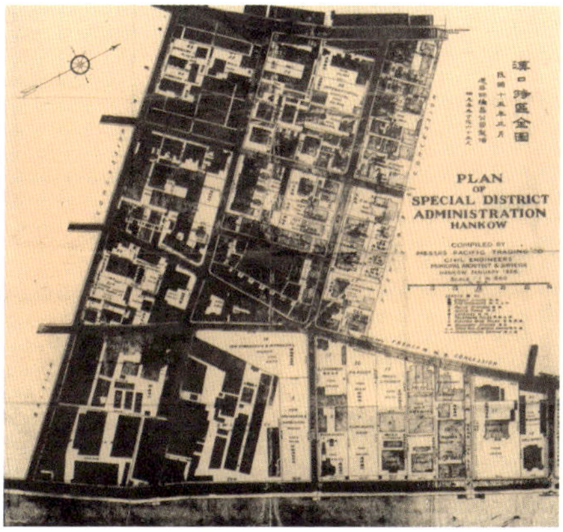

图 3-35b　汉口 1926 年原俄租界街道图《武汉历史地图集》

图 3-36　俄租界江边的原华俄道胜银行（今宋庆龄故居）（武汉档案馆 2013.6）

图 3-37　新泰大楼（今国家物资储备局设计院）

孙子，专程来武汉探访这幢她在这里出生并度过了童年的祖屋[1]。除此之外，还有那可伐申公馆（图 3-33），后续再述。

由于汉口各国租界开辟之初，其住居数量都很少，集中力量建设的多是公共建筑类型，因而体现俄租界早期街区意象的也多为一些公共建筑。除前面提及的巴公房子、李凡诺夫住宅、那可伐申公馆（俄国巡捕房附属建筑）等住居建筑以外，给人印象最深刻的便是建成于 1893 年的俄东正教小教堂（位于天津路上，属英租界内）、1902 年竣工的俄租界工部局巡捕房大楼[2]（图 3-34a/b），以及位于黎黄陂路口江边 1896 年建成的“华俄道胜银行”（图 3-36，今宋庆龄旧居），这些建筑都能让人感知到早期汉口俄租界的街区风情。

通过对比俄租界 1913 年和 1926 年的街区地图后发现，其大规模开始街区建设是在 1915—1925 年这十年间进行的（图 3-35a/b），例如，1915 年建成的美国海军青年会（American YMCA）和紧邻其旁 1923 年落成的信义公所大楼（Lutueran Missions Home & Agency）、1922 年建成的三北轮船公司大楼（San Pei S.N.Co.Ltd.）以及 1924 年建成的新泰洋行大楼（图 3-37）[3]。对于街区住居建设而言，其显著标志便是1919—1925年间所建成的珞珈碑路高级住宅区（图 3-38a/b），形成了至今保存较为完整的西式风貌街区。2016年9月27日黎黄陂路、珞珈山街被打造为武汉市首个历史风貌步行街。

c. 法租界及其街区意象

汉口法租界与俄租界仿佛是一对孪生兄弟般的存在。俄、法两国在汉口设立租界与中日甲午战争后“三国迫日还辽”[4]有关。1895 年德国设立汉口租界后，1896 年俄、法两国几乎同时设立了各自的租界。实际上，俄、法两国是“合租”

[1] 胡榴明 . 三镇风情：武汉 百年建筑经典 [M]. 北京：中国建筑工业出版社，2011.09:219.

[2] 原黎黄陂路小学（现在为鄱阳街小学分校），此建筑在 1990 年代初拆除后新建教学楼。值得提及的是，近代汉口租界中俄、法、德三国的巡捕房建筑最具特色，除德租界巡捕房尚存以外，其余都已无存，很是可惜。

[3] 即现在的国家粮食和物资储备局设计院。1991.12—1999.8 作者曾在此工作（1992.3—1992.10 期间短暂在湖北局咸宁官塘驿 775 基层处工作）；至今还记得有兄弟般情谊的陈冰、刘方，以及重情的刘素洁。1995 年 9 月以后，二刘也相继离开该院。

[4] 1894 年甲午战争中清北洋水师惨败于日本后，日贪欲膨胀，割走台湾、澎湖、辽东半岛，以致侵犯了欧洲列强在华利益，于是由俄牵头，法、德跟进，迫使日本放弃独吞辽东半岛的企图。

图 3-38a　珞珈山街尽端街景（黎黄陂路上的西式住宅；彩图见书后附图）　作者绘制

图 3-38b　黎黄陂路上的联排式高级住宅　图片来源：武汉市民用建筑设计研究院　李斌供稿

了英租界与德租界之间的空地。因为早在1861年英租界设立后，1865年法商就已开展了相关经贸活动，并且在英租界外设立了领事馆，只是因种种原因没有立约而已。而此期间（1865—1895）俄商却是实实在在地开设了砖茶厂，进行砖茶加工与贸易。这样一来，俄、法两国只有达成协议共同划分租界的范围，即俄租界约占共同用地的2/3，法租界约1/3（后来法租界扩界超过了俄租界，是另一回事），导致俄、法两国租界在空间上呈犬牙交错、相互咬合的状态。

汉口法租界设立后不久，1902年其又很快越过汉口旧城堡基址向西完成了扩界。其扩界与京汉铁路的开通以及大智门火车站的建成紧密相关，加之1914年新辟的粤汉专用码头，以致法租界在汉口各国租界中的交通区位优势显得极为明显，其影响力仅次于英租界。这样，外资与华商资本纷纷涌入到法租界各项公共事业中，因此文化娱乐服务业也最为发达。据《汉口租界志》记述：戏院、电影院、舞厅等共有七家[1]；旅馆、饭店有三家[2]。这些在当时汉口最为先进的影院和豪华饭店（图3-39），使得法租界的市民生活气息较其他租界更为鲜明一些。据笔者的体验认知来看，其街区意象以亚尔萨兰尼省街（今中山大道黄兴路至一元路之间的一段）为界较为明显。以东部分的街区形态，殖民色彩较为浓郁一些；以西部分的街区形态（靠近大智门车站）中国化一些，里分住居也多集中于此。特别是区内主要街道的商业属性与繁荣度在五国租界中是仅次于英租界的。比较有特色街区的，如玛领事街（今车站路一段）、福熙大将军街（今蔡锷路，图3-40）、亚尔萨兰尼省街两旁的底商上宅的临街界面均反映了“亦西亦中”的环境氛围（图3-41a/b）。当然，街区意象最深刻的还是几处三岔路路口的节点空间意象了（图2-21）。

笔者留意收集了一些宝贵的近代汉口城市、街区、建筑的照片。这些近百年前的城市景观与场景给人带来丰富的思绪与想象，在课题研究过程中，有意识地将其与现实场景进行比对，特别是找到历史照片中现在还依稀尚存的场

---

[1] 当时汉口法租界内文娱设施有：共舞台（1927年改名“大舞台”，专演京剧；今友益街上）、九重天大戏院、天声戏院、天仙戏院、百代电影院、明星电影院（今蔡锷路上解放电影院）、天星花园等。旅馆建筑：德明饭店、铁路饭店、华商饭店等。

[2] 胜利街上的德明饭店（今江汉饭店）在1980年代末期以前都是汉口高级涉外饭店。其名“德明饭店”为英文 Terminus Hotel 的中文谐音，意即京汉铁路终点站旅馆。1919年由法商投资建造。

图 3–39　法租界德托美领事街（今胜利街与蔡锷路交会处）上的景观；右侧为德明饭店（江汉饭店）　图片来源：《晚清民初武汉映像》2010

图 3–40　今蔡锷路上原法租界里某处民居（彩图见书后附图），作者绘制

图 3-41a　汉口法租界玛领事街（今车站路中山大道至原大智门车站路段）街景

图 3-41b　汉口法租界亚尔萨兰尼省街（今中山大道黄兴路至车站路弧形路段）街景

图 3-42a　今中山大道黄兴路至车站路段街景（原法租界亚尔萨兰尼省街）（2014 年 1 月）

图 3-42b　同一视角的历史 / 现实场景照片叠加处理与比对分析　图像处理：刘明

图 3-43　空袭过后毗邻日租界的汉口特一区；前面的横路是今沿江大道，后面的是胜利街；依稀可分辨原德租界的工部局与巡捕房

图 3-44　汉口德租界巡捕房　图片来源：辛亥革命博物馆明信片展

图 3-45　原德租界巡捕房建筑，现武汉警察博物馆（摄于 2014 年）

图 3-46　美军空袭后的汉口日租界街区

景或建筑（尤其是原貌已改动很大的情况下仍辨识出来时），很是一件开心的事。例如，通过与汉口法租界历史地图比对，竟找到图 3-41b 所展示的这段弧形街景就是今天的中山大道黄兴路至车站路段[1]。因长清里与德兴里均已拆除（1995），致使该历史照片中的临街界面形态消失，很难联想原场景意象。为此，特意在同样的视角（仍有一定的视觉角度差）拍了同一街景，利用照片叠加技术的方法将历史照与现实照进行“融合”，尝试还原其街景意象（图 3-42a/b）。

d. 德租界及其街区意象

德租界是第二个在汉口设立的外国租界，仅从街区层级上的意象很难说有特别之处。其因有三：一是，德租界原来就是单纯的棋盘式街区格局。这方

[1]　原明信片展示时名称仅介绍为汉口法租界某街景，并没注明其道路名称：法租界亚尔萨兰尼省街。

面远不如英、俄、法等租界的街道空间丰富，甚至也没有地处更偏僻的日租界小尺度街道景观来得亲切。街区功能分区上多以洋行货栈、加工厂居多。这从1917 年的德租界地图可以得到反映。二是，德租界收回最早，此前还没来得及进行大规模的街区建设。三是，由于紧邻日租界，在 1944—1945 年美空军对日租界的轰炸中（图 3-43）连带损毁也是一个原因。再有就是收回后的近百年间，不断置入的新建建筑将原可能还存留的街区意象消散殆尽（这也是其他租界街区景观共同的问题）。

德租界现在还能体现其意象存在的仅是少量的单体建筑，如德国领事馆（前章节已论述）、西门子洋行等。其中，建成于 1900 年，胜利街二曜路上的德国巡捕房（图 3-44）最能体现日耳曼“新罗马风建筑”（Die Neuromanik）。只是后来的改动较大，原有的建筑韵味丢失不少[1]（图 3-45）。

e. 日租界及其街区意象

日本租界在汉口五国租界中开辟最晚，其位置也最为偏僻。若暂将街区、住居建筑等专业话题讨论放置一边，若论汉口五国租界对于近代汉口社会发展

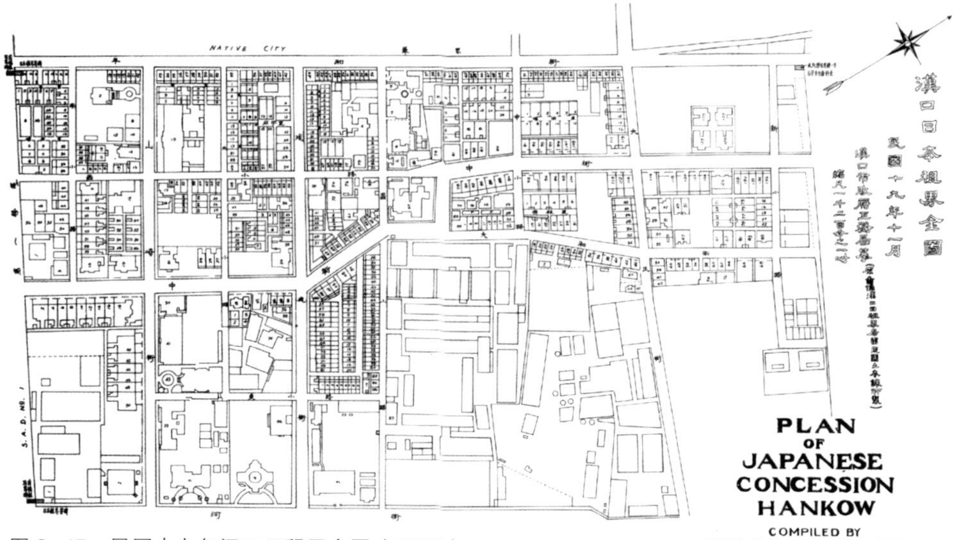

图 3-47 民国十九年汉口日租界全图（1930）
图片来源：《武汉历史地图集》，1998

[1] 该历史建筑现已得到原样恢复，现为武汉警察博物馆。

图 3-48a 汉口日租界成忠街（今张自忠路）上的住居

图 3-48b 汉口日租界大正街（今卢沟桥路）

图 3-48c 日租界内次街上的宅院住居。
图片来源：哲夫，余兰生，翟跃东．晚清民初武汉映像 [M]．上海三联书店，2010.

（或说“进步”示范意义）而言，日本租界可是乏善可陈。日本浪人依托租界庇护，大肆贩卖毒品、枪支，日租界可谓集“黄、赌、毒”于一身的特别区域。当时汉口盛行一句土话“下东洋租界去啊”，意思是去做坏事。因此老汉口市民对日租界是无甚好感的。至今原日租界的一些路名都是以抗日将士、民族英雄来命名，也算是一种地名文化的由来吧。

原日本租界街区意象今已基本无存，其因在前面德租界街区现状意象中也有表述。在“二战”中的 1944 年 12 月 18 日，美军的空袭将日租界街区基本摧毁（图 3-46），例如日领事馆建筑就没留存下来。在以后岁月的重构中，特别是近二十年的高速发展建设，原街区意象几乎完全丧失（街道空间 D/H 值改变巨大），但是其道路网格系统基本没有变化，其街区肌理意象多少还是依稀可感知一点的。下面结合历史地图、照片将日租界街区住居意象做一简单论述。

通过1930年汉口日本租界全图（图3-47），可知其租界街区并非完全棋盘式格局。区内街道网络构成自西向东的、大致平行于江的街道较少较宽（相对而言）的有平和街（今中山大道一段；与华界分界线）、中街与大和街（均为今胜利街一段）、西小路、中街（今长春街）、东小路（今无存）和河街（今沿江大道一段）；大致垂直于江的街道较多较窄，由南及北的街道有南小路（今陈怀民路）、山崎街（山海关路）、北小路（沈阳路）、成忠街（张自忠路）、燮昌小路（今郝梦龄路）、中小路（今大连路）、大正街（今卢沟桥路）等。由这些街道围合而成的，基本方正形态的街廓，其面积较其他租界要小一些（表2-6）。这可能与日本城镇街道尺度体系中“町”[1]的存在有关。日本街道尺度一般比较狭小，主街两侧住屋檐口至地面的高度约为7米左右，住屋宅前有小庭院（矮墙），并形成连续性界面，因而整个街区（包括内部组织类似“榻榻米”的房基划分）都蕴含“和风”色彩。尽管这些街区上的住居建筑呈现的是西式建筑风格，却透出“和式洋风”的格调（图3-48a/b/c）。

战后，原日租界大部分地方演变为贫民区。最能体现其街区意象的一些场所建筑如日本神社也早已随着战火与岁月的流逝了无踪迹，目前仅剩少量建筑遗存，如东京建物[2]（图3-49）等。2003年随着永清片旧城改造又有一些较好的历史建筑被拆除，例如紧邻日领事馆旁的三菱公司职员住宅（图3-50）。不过，长春街北端1号—4号的四栋西式公馆建筑被保留下来。目前列为保护文物或保护建筑的包括日租界军官宿舍（胜利街272号；图3-51a/b）以及1938年抗战初期与八路军、新四军有关的两幢建筑——八路军武汉办事处旧址（湖北省文物保护单位，长春街57号）、汉口新四军军部旧址（湖北省文物保护单位，胜利街332号—352号，旧地名大和街26号）。

---

[1] 町原指田界、田间小路、田地，亦可用作地名。“町”在日语中有多重含义，既可表示市集、街市、镇，也可表示行政区划，还可表达面积单位（1町=10反，约9,917平方米，约等于1公顷）和日本长度单位（1町=60间，约109.09米）。行政建制相当于中国城镇中街道或镇一级单位。

[2] 为武汉市第九批公布的优秀历史建筑（2014.12），即原日本东京建物株式会社。该会社是日本当时最大的建筑企业之一，1909年后为汉口日租界的主要建筑开发商。现在一半仍为住宅使用。

图 3–49　原日租界中街（今长春街）东京建物株式会社　（摄于 2016 年 1 月）

图 3–50　汉口日租界山崎街（今山海关路）与河街(今沿江大道)交会处的三菱公司住宅(2003 年拆除)　图片来源：摄于武汉市档案馆（2013 年 6 月）

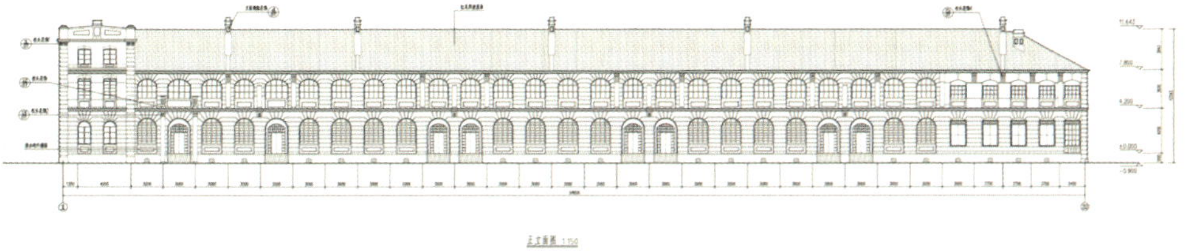

图 3–51a　汉口日租界中街（今胜利街）日本军官住宅立面　资料来源：武汉市民用建筑设计研究院李斌供稿

3.4 北洋政府时期汉口住居建设与形态发展（1912—1926）

北洋政府时期是汉口住居建设的主要阶段，也是住居类型定型化的关键时期，尤其是新式里分住居的出现，奠定了以后汉口城市形态与住居的基本格局。下面简述这个时期汉口各类住居的大致情况。

图 3–51b　汉口日租界中街（今胜利街）日本军官住宅　图片来源：哲夫，余兰生，翟耀东．晚清民初武汉映像 [M]. 上海三联书店，2010.

3.4.1 里分类型的住居

北洋政府时期城市住居已悄然不同于晚清时期的早期里分形态。院落天井式民居及其衍生的中式石库门住宅向新式里分转变的时间节点应是 1917—1926 年期间，伴随着汉口的重建完成了里分形态的转型。这点从图 3-26 中可以明显地感知出民国初年后城马路左侧的新式里分（兴业里）与路右侧尚保留有传统民居形态的生成里的区别。

租界内的里分住居稍有别于华界及其拓展新区的新式里分住居。由于早期租界的建筑（包含住居）建设有较为严格的要求，所以从开始中式石库门就没有在租界出现。这样一来，里分形态上偏西式的色彩就更为强烈一些。其差异主要在住宅建筑质量及配套设施的完善上，而外在的显著区别主要体现在住宅大门门楣、窗饰等构件上，如咸安坊、泰兴里等。

3.4.2 商住混合式住居

北洋政府时期商住混合式住屋，给人印象已完全不同于晚清民初的形态，即底商上宅式已初具西化雏形并具一定规模。例如，同样是图 3-26 中（路右侧）的生成里，在 1920 年代后城马路侧的住居就已是西式风格较为浓郁的临街界面意象了（图 3-52）。此时期底商上宅住屋主要分布在歆生路、新马路（今交通路）、后城马路（伟雄路至张美之巷口，即今中山大道南京路口至民生路口段）。可以说，北洋政府时期是商住混合建筑转型的重要时段。

图 3-52 1920 年前后汉口生成里临后城马路（今中山大道）的底商上宅住居；图中连续界面中断处的路口就是今交通路口　图片来源：人文武汉

3.4.3 独立式公馆住居

汉口开埠后，不同于中国传统合院式住居，独立式住屋便是近代西方舶来的建筑类型。在前面曾集中表述过领事馆类建筑，其实就是一种独立式住宅，而公馆作为一种兼具社交功能作用的较为特殊独立住宅类型存在，早在清末就已出现。就汉口来说，从北洋政府时期，至 1920 年后才是公馆住居大发展的阶段。尽管它们数量并不多，如涂堃山公馆、萧耀南公馆、唐生智公馆、夏斗寅公馆等这些以买办与军阀为背景的公馆。这些公馆住居建筑风格多为西方新古典样

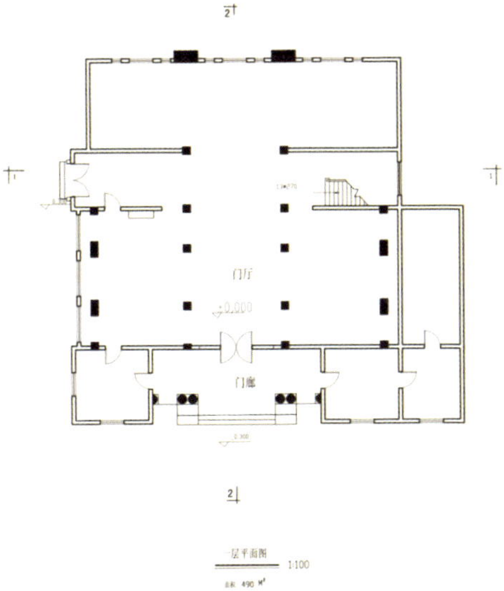

图 3-53　唐生智公馆一层平面　资料来源：指导江大现艺学生测绘（2007 年 10 月）

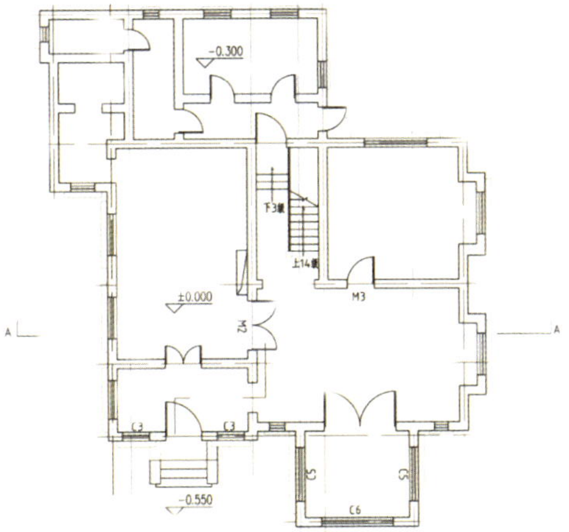

图 3-54　周苍柏公馆一层平面　资料来源：指导华中科大本科生测绘（2014 年 7 月）

图 3-55a　原法租界海寿街集合住宅历史照片（今中山大道 891—903 号）；公寓前的马路即今中山大道，与之丁字相交的是福熙将军街（今蔡锷路），前面空地是原武汉电影院位置

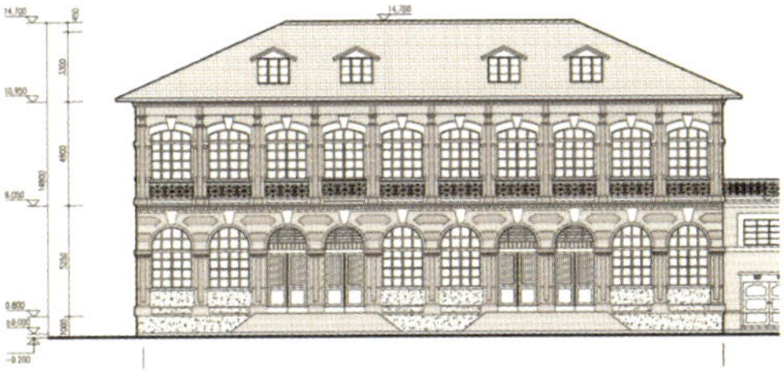

图 3-55b　临中山大道现状立面图　图片来源：指导武汉科技大学城市学院建筑学 07 级本科生毕业设计（陈晓绘制）

式，平面形式一般以对称为主，如唐生智公馆（图 3-53）。也有平面布局灵活，非对称式的、具有英国乡间生活气息的，如周苍柏公馆[1]（图 3-54）。独立式住居除公馆外，还有别墅类型的，如詹天佑故居、吴德施主教住宅等。关于公馆建筑的深入探讨拟在后面有关章节中展开。

[1]　作者认为与其说是公馆，不如说是独立式别墅更为合适，但已约定俗成地称其为公馆，故纳入公馆住居中讨论。

3.4.4 集合式公寓住宅

集合式住宅（公寓）相对于独立式公馆数量要略多一点，公寓住宅也是西方殖民者带来的一种住居形式。除了上一章节中所述汉口最早的公寓“巴公房子”外，早期集合式住宅仍带有外廊特征，如建于 1918 年的法租界海寿街券廊式两层集合住宅（图 3-55a/b），即是租界较早的集合公寓之一。

1920 年以后，集合式公寓住宅有了较大的发展，风格类型也逐渐多样起来。原因是“一战”后世界资本主义经济的迅速恢复，导致 1918—1927 年间外资资本（洋行）在汉口业务的快速增长，建设了一批当时主要供洋行高级职员居住的公寓（Apartment Houses），如法商立兴洋行公寓（图 3-4）、英商怡和洋行住宅、安利英洋行集合住宅、德林公寓等。其中最为突出的，也是规模最大的当属英商怡和洋行的珞珈碑路高级住宅区的建设了，反映租界区在民初的持续发展。建筑风格较为独特的怡和洋行集合住宅，其平面为非对称式，立面坡顶带转角的户外踏步（图 3-56）。

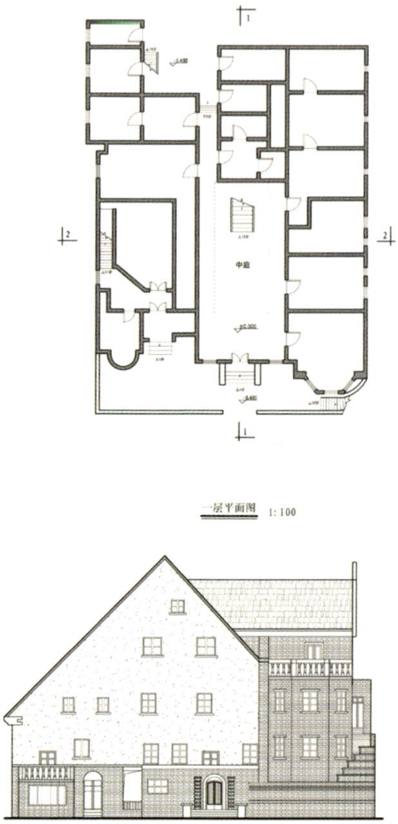

图 3-56 英商怡和洋行集合住宅一层平面、立面 图片来源：指导学生测绘（2007 年 10 月）

3.4.5 社会分层下的各类住居

1912—1926 年是汉口社会族群显著生长与分化的时期（表 3-3）。社会阶级、阶层比清末有更为细致的分类，而社会分层的群体住居都有其代表性，例如，以社会精英为背景的独立住宅，有位于黎黄陂路上的高氏医院（兼具住居功能；表 5-15）、洞庭街上的詹天佑故居（表 5-14）、鄱阳街上的吴德施主教住宅；以银行家为职业背景的如周苍柏花园别墅（表 5-13）；中高级职员的里分住居泰兴里等。除此之外，值得一说的还有教会修建的集合式住宅和普通里分，如属湖南教会房产的胜利街 270 号（表 5-10）和天隆里（表 3-11）等。

3.5 北洋政府时期汉口住居形态的适应性变化

中国是以农业立国的传统社会，社会关系上基本是二元结构的社会，并无真正意义上的中间阶层。汉口中产阶级产生于清末时期，快速形成于北洋政府时期，而大量近代里分住宅建设也在此期间展开是为适应社会族群（中产阶级）结构的变化，满足不同中产阶层的需求。里分住居的套型组合开始有所转变，体现了里分发展过程中对社会阶层与族群变化作出的回应。

3.5.1 里分“三间式”到“两间式”的转变

由于清末民初汉口城市社会近代转型加快，社会阶层分化日益明显，基于不同经济基础的群体差异化诉求日益增长，北洋政府时期里分开发有了明显根据受众需求来规划的举措。这种变化首先反映在里分套型的组合上，以显示出里分住居的差异性。下面就笔者幼年曾居住过的一种里分类型（原模范区天隆里）与差不多同一时期所建成的、位于英租界内的咸安坊做一比较研究，找出导致产生这种差异的内在社会因素，以及这些社会因素是如何体现在里分平面构成中的。

（1）天隆里[1]与咸安坊

天隆里，坐落在原模范区内，位于现江岸区保成路、南京路、江汉一路与江汉二路之间所围合的街廓内，与长乐里、义成西里等共处一地块上。天隆里（1967 年改名工农二里，1972 年复原名）为西南至东北走向，西南通保成路，东北出南京路，长约 110 米，宽 3 米，门牌 1 号—18 号（笔者童年居住在 1 号），系民国初年由天主教会投资建房成里，共 15 间。里内多二三层砖木楼房，居民稠密，

图 3-57　咸安坊位置图

[1] 1985 年因保成路综合改造，整个街区里分拆除；改造后的住居环境更糟糕一些，体现在容积率与建筑密度均超标，其规划设计水平远低于 1930 年代的《建筑暂行规则》所指定标准。

巷道狭窄。

咸安坊，位于汉口南京路（原阜昌街）、鄱阳街、胜利街（原湖南街）、北京路（原北京街）所围合的一处四边形地块中（图 3–57），系英租界内地块开发与地产投资高潮的产物。坊内有多条巷道，纵横交错。东南口通鄱阳街，西北口出胜利街，全长 320 米，宽 6 米，面积约 4.5 公顷，由原同仁里、德永里、启昌里、咸安坊合并而成（1967 年曾改名灭资里，1972 年恢复原名统称咸安坊）。里分房屋结构良好，咸安坊现共有里分式住宅 64 栋，规模较大，为汉口近代高档里分住宅区之一。

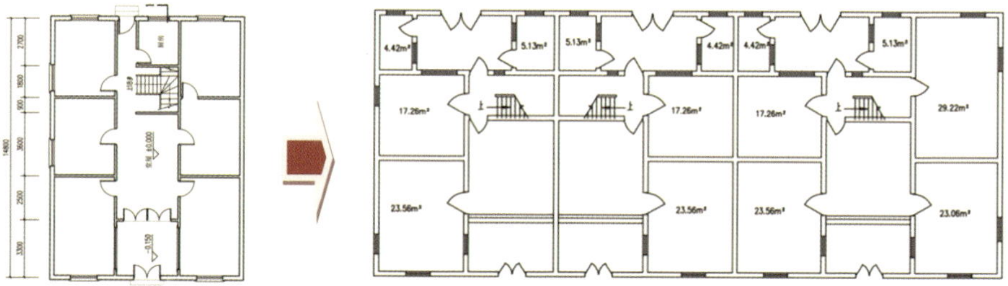

a. 天隆里 1 号平面　　b. 咸安坊 47 号平面

图 3–58　里分住宅套型组合变化的社会适应性示意图

（2）社会分层与平面上的变化

辛亥革命以后，汉口社会分层进一步加快，逐渐出现了中产阶级，并在此基础上进一步分化为中高阶层与中低阶层。在民国初期所建的里分中，受众大多以中低阶层为主，而咸安坊的主要居民却是洋行中上层职员、中小资本家以及社会名流等。显然，天隆里与咸安坊代表了不同的租户群体。以作者祖父[1]所居住的天隆里为例（表 3–11），可以看出这种社会分层的现象也必然反映在里分格局的变化上。以普通里分天隆里“三间式”向以高档里分咸安坊为代表的“两间式”转变（图 3–58a/b）。

[1] 陈纯凯（1903.7.18—1963.3.17），回族，生于武汉，籍贯河南怀庆（现无此地名。经考证后其范围为今河南省焦作市、济源市和新乡市原阳县所辖地域。民国二年废府存县，属豫北道。近代汉口的汉正街药帮巷曾与该地商旅有密切联系），其与祖母魏汉芝（1904.6.20—1976.12.16）共育有三子四女。作者虽没见到过祖父，但据上辈人叙述家史时，得知祖父曾在汉口永泰和烟草公司（系与英美烟草合办；该建筑至今仍还在南京路上）供过职，据说英文较好，能与洋人交流沟通。祖父后来又在德士古洋行工作过，1950 年后长期在上海工作和生活。

其实，无论中档或高档里分，它们的平面布局形式都大同小异，区别就在于套型组合，以及内外装修的档次上（一般里分的木楼层走起来“咯吱咯吱”作响，而高级里分则是“钢窗蜡板”[1]）。从图 3-58 中还可以看出两者的差异所在：天隆里的三间式，其堂屋（厅）基本上属于共用性质；而咸安坊的堂屋可以安排为独户所使用，并且厨房位置还设有后院出入，功能更为完善。“两间式”套型在咸安坊中占总户数的 73%，而“三间式”仅为 12.5%[2]，充分说明了咸安坊作为高级里分的性质。

表 3-11　联排式里分住宅——天隆里 1 号记忆性复原图

住居场景说明	图纸名称
根据记忆，原天隆里为三开间平面结构，通面阔为 10.8 米，通进深约为 14.8 米（为核实记忆中数据，曾现场以步距测算过，基本准确），砖木结构，进深方向的墙体承重（此图中即为横墙）。天隆里为大门入口，从天井进去即为一层的堂屋，两侧布置房间。儿时记忆中该堂屋为街道居委会办的纸盒厂（因其犄角旮旯甚多，便成为那个缺少娱乐的年代晚间孩童们玩“躲猫猫”游戏的好去处），楼下居者有张氏、盛氏两户，以及中南春餐馆的员工宿舍，楼下有一间共用厨房。	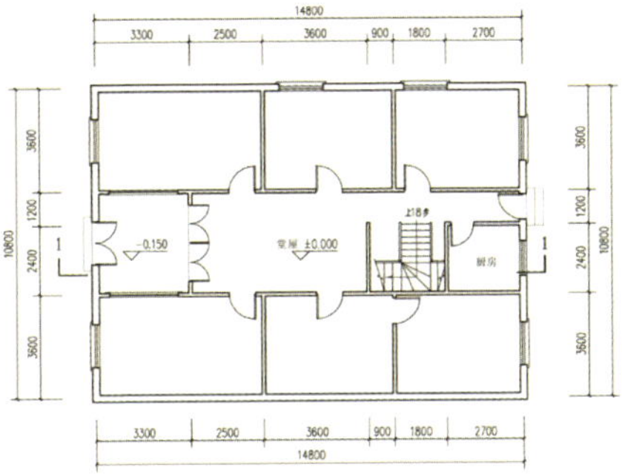 一层平面图 1:100
二层 L 形楼梯与梯间的采光主要通过露台上的栏杆间隙获取，故一般情况下光线比较暗淡。一层半处即为二层住户的合用厨房；二层有一小堂屋(厅)，折转后有一段直梯通往露台。二层住户有大伯父（陈伯年，1924.9.16—1993.1.13）一家六口人、祖母与作者父母共同生活为一家、湖南人闵氏与她儿子、江浙人陈姓两口子及其子女为一家（至今还记得幼时发小陈亮）、与其门户相对着的为毕姓一家。整个 1970 年代，物资匮乏的岁月，每当春节来临时，各家在堂屋内忙年的场景现已成为久远的记忆。	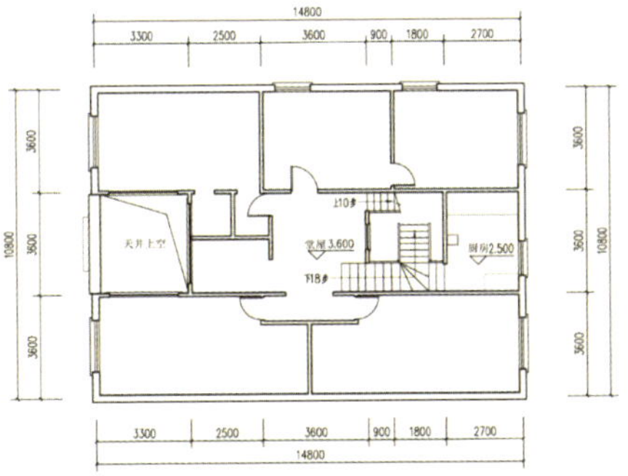

[1] 金属外窗格栅与室内打蜡的木地板。

[2] 余波，李百浩 . 汉口里分研究之七：咸安坊 [J]. 华中建筑，2009（01）:217—221.

续表

住居场景说明	图纸名称
近代汉口里分屋顶形式大多都是纵横两个方向的双坡顶构成的屋面，其中开间的屋脊线标高往往要高于进深方向的，因此从里分开间立面上看，会出现高低不一的现象。当一个单元的里分连接在一起成为联排式的住宅后，连绵的坡屋面成为勇敢者的“攀岩”之处，时常也有野猫行走在“群山沟壑”之中。这种里分住居的红色机制瓦坡屋面也构成了特定时代城市肌理的特征之一。	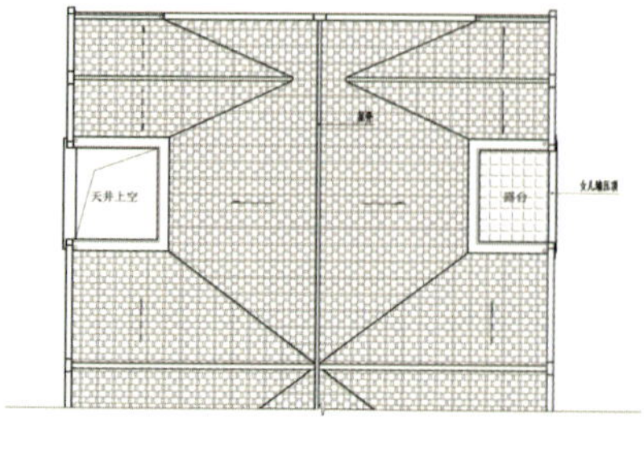 屋顶平面示意图 1:100
东立面，即沿天隆里一侧，为带天井大门入口的立面。记忆中是清水红砖墙（也可能是水泥砂浆饰面），有勒脚。外立面装饰简单，没有如高级里分的门饰与窗饰，属于近代汉口里分中占大多数类型的普通里分，主要以出租方式供人居住。天隆里、长乐里、义成西里以及附近其他里分的纵横巷道成为儿时游戏的快乐场所，也是居民的交往空间。	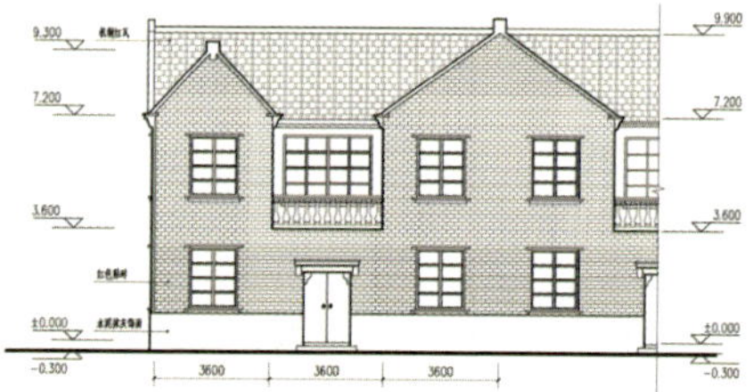
天隆里西立面（背立面），也即面朝长乐里一侧的立面，右上二层的窗即为我童年时的家。有意思的是，据学界的认识，汉口里分不同于上海的区别所在，汉口里分是大门对大门，后门对后门，而天隆里的后门却对长乐里主巷，对着的是大门。说明天隆里的确是早期里分(仿照上海早期的)。“丢啊丢，丢手绢，轻轻地放在小朋友的后面，大家不要告诉他／她”。这条不长的巷子成为儿时永恒的记忆。	 西立面图 1:100
从剖面中可以清楚看到一层的厨房与一层半的厨房，其面积很小，却要容纳 5 户人家共厨，也因此会时常产生一些琐事与纠纷，成为当时真实社会生活形态的写照。位于一层半的厨房屋面即为露台，是供夏季夜间纳凉仰望星空和日常晾晒等行为的空间。但有时也会将竹床搬至楼下长乐里或天隆里巷内的竹床阵中去纳凉。半夜一场骤雨袭来，整个里巷撤竹床声一片，喧哗过后很快又归于平静。这种生活体验，现在的年轻人是体会不到了。	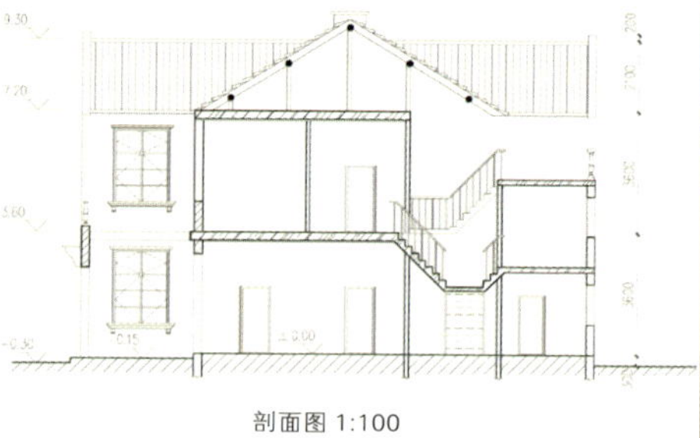 剖面图 1:100

续表

住居场景说明	图纸名称
有天井的大门面对天隆里主巷。左侧二层的窗即为作者大伯父一家，共计 6 口人居住。此 SU 模型比童年的住居美化了许多，实际上并没有壁炉烟囱等构件的，将草图交与学生绘制时，学生自添上去的。	 东南视向图（正立面）
并无小天井的后门正对的是长乐里主巷。SU 模型二层右上的窗（含侧面两扇）即为作者童年的家，与祖母共居生活。二层半处设有露台，为夏天露宿的场所。侧立面通常临支巷，小于次巷一级。就是在这样的汉口里巷空间中演绎出属于1970年代人的集体儿时玩耍记忆。当时有一首武汉儿歌[1]，乍一听有点粗，但却有趣并朗朗上口。比如，你去喊小伙伴出来玩，便有："一个伢额，出来玩额，莫在屋里打皮寒[2]嘞，你打了皮寒不怪我嘞，怪你自己不来玩嘞……。"至今仍还记得儿时的里巷小伙伴艾伟、王刃、肖勇、曾庆翌等。光阴如梭，四十多年过去了未曾再见过，如今他们都在哪里？真心祝愿他们人生幸福安康！	 西北视向图（背立面）
类似天隆里的普通里分是近代汉口里分住居形态的主体，现已所存不多。如何在满足现代生活的需要，适应社会发展的同时，保存好这类近代住宅，已是刻不容缓的课题。	

资料来源：作者依据记忆绘制复原草图；CAD 由张念、朱逢顺分别绘制完成；图中未注明的均由广州大学建筑与城市规划学院 2013 级研究生张念绘制；图片来源：Sketch-Up 建模由朱逢顺完成

[1] 所谓武汉儿歌，就是当时顺嘴说着玩的，但它也是"歌"，是武汉伢感觉韵律的早期启蒙。资讯来源：何祚欢：从前武汉热过天 .HANS 汉声，2022.6.21.

[2] 皮寒就是发冷发热，既疟疾；那个年代武汉的常见病，现在没有了。

3.5.2 独立式公馆的画风转换——唐生智公馆与吴家花园[1]

晚清以来，在西风东渐的影响下，特殊独立住宅类型的公馆在各近代城市中都有出现。北洋政府时期是中国社会变革风起云涌的大时代，汉口是这个时期社会事件发生的重要承载地之一。处于中与西、新与旧、变革与保守、变与不变之间的思想剧烈碰撞的时代社会背景下，公馆建筑风格一定程度上可反映社会的时代变迁。其中，胜利街上的唐生智公馆与南京路上的吴家花园（表 3-12、表 3-13），这两座几乎同一时期所建的公馆贴切地诠释了北洋政府时期的社会形态。

（1）规整的中轴对称式平面

两座公馆的共性是严格的中轴对称式布局，只是唐生智公馆规模要更大一些，为新古典主义风格的建筑。

图 3-59a　胜利街 183 号原唐生智公馆正立面（指导学生测绘　2007.10）

图 3-59b　吴家花园公馆正立面（武汉市民用建筑设计院李斌提供）

（2）立面的画风转换（图 3-59a/b）

由新古典式风格的唐生智公馆到亦中亦西的吴家花园，折射出 1920 年代民族意识的恢复与增长，系“中学为体，西学为用”思想的延续。吴家花园体现了居住者本人的意志，如吴佩孚坚持“不进租界”的民族意识，某种程度上可说是“中国固有形式”的早期实践。

---

[1]　《中国近代建筑总览 · 武汉篇》中记述该建筑为裕润里看守所，与现名称有出入。另外，据地方史学者的研究表明，尚不能完全确定吴佩孚曾居住过该住宅。

表 3-12　唐生智公馆测绘（胜利街 183 号）

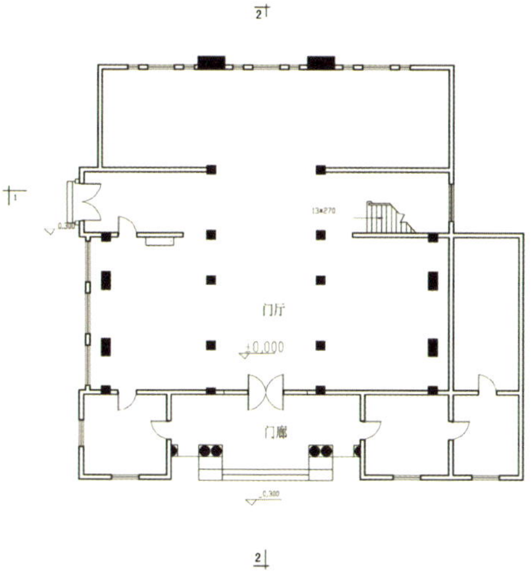

一层平面图

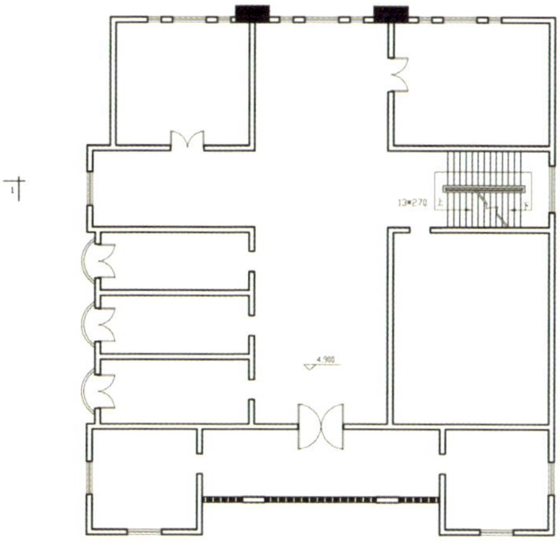

二层平面图

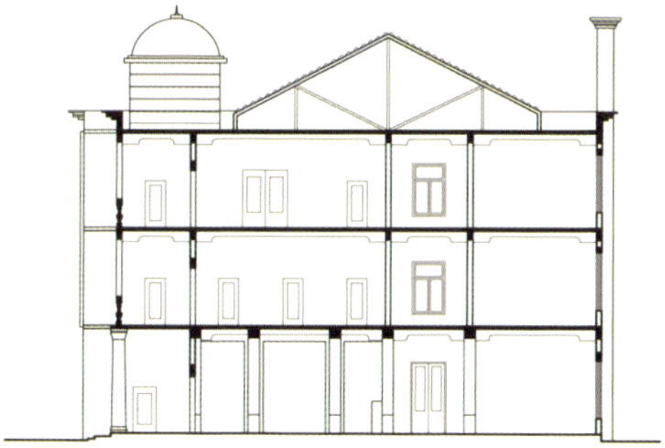

2-2 剖面图

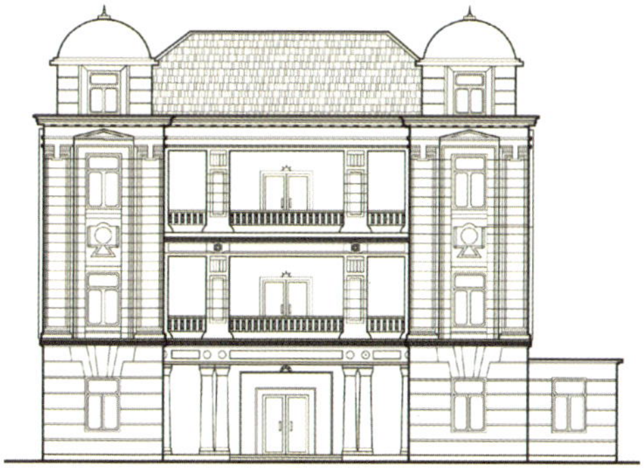

正立面图

1921 年前后建成，三层钢筋混凝土结构。现为武汉市二级优秀历史建筑。

公馆为新古典主义风格。平面规整，一层正中为主活动区，两侧为楼梯间通道。客厅地面铺“卍”花纹马赛克地砖。二三层为客卧、主卧、起居室、儿童房，正立面两柱三开间外廊，两端略有前凸，侧窗由窗套拉成整体。建筑出檐较大，梯间上部设有穹顶塔楼，内部装饰精致。

资料来源：指导学生测绘（江大现代艺术学院 2006 级环艺 1 班王文秀、姚瑶等；2007 年 10 月）

表 3-13　吴家花园测绘（南京路 124 号）

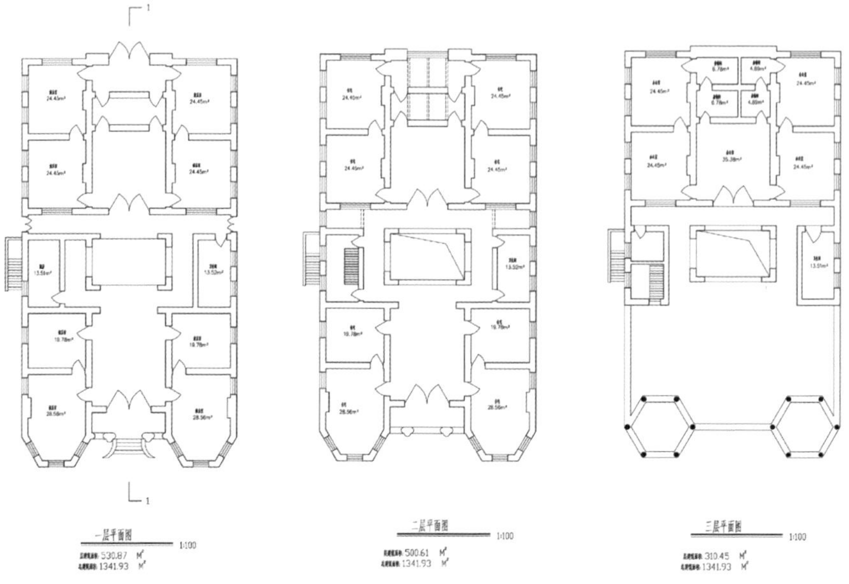

一层平面图　　二层平面图　　三层平面图

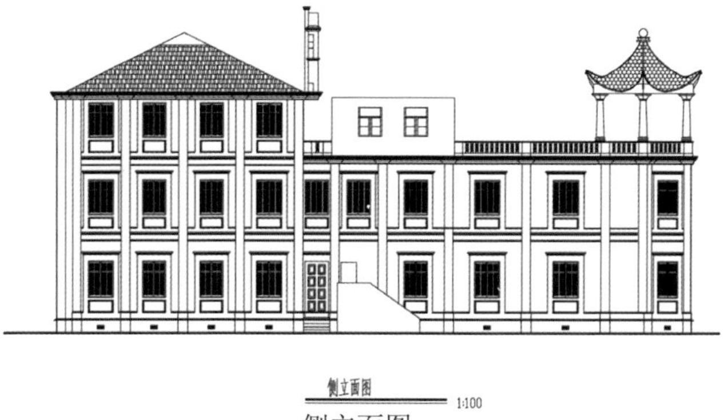

侧立面图

吴家花园，位于今汉口南京路 124 号，建于 1920 年代，为花园洋楼建筑，系军阀吴佩孚的私人公馆，是其在 1925 年 10 月担任十四省讨贼联军总司令时在武汉居住的地方，见证了吴佩孚一生中最辉煌的时代。后被意大利传教士买下，然后又赠与教会（现吴家花园左侧塔楼旁有一铁门，上悬该教会的门牌）。平面中轴严格对称，两边配房，进深中部有天井解决采光；从平面型制上看，都很近似中国传统民居的平面形式，立面风格为中西混合式，反映了北洋社会转型时期的某些特征。

资料来源：武汉市民用建筑设计院李斌提供[1]

---

[1]　李斌（1969.1.30—2017.9.4）曾任武汉市民用建筑设计研究院副总建筑师；1979 年其父与家父曾在〇一〇单位设计所（今国家发展与改革委员会国家粮食和物资储备局设计院前身）工作而成为同事。1982 年 2 月在搬至兰陵路上的新居前，两家分别住在原模范区的天隆里和福忠里，因相距很近，可谓之街坊发小关系。

3.6 本章小结

辛亥年武昌城头的一声枪响，划破了中国两千多年封建长河的黑暗夜空，照亮了社会历史发展的新进程，从此为中国打开了进步的闸门。而对于课题研究的意义而言，民初的汉口市镇形态业已突破了原有集镇“四坊两乡”的格局，住居开始呈现出多样性的统一。

本章论述了1912—1926年北洋政府时期汉口的社会形态、城市建设以及住居形态的相互关系。从中可以得出以下基本结论：第一，推翻封建君主专制，其历史意义深远，在这样宏大的历史背景下，以转口贸易为特征的资本主义市镇经济持续而快速地增长促使汉口开始加速城市化进程；第二，北洋政府时期汉口的经济规模及其形态有别于其他近代城市经济形态的特点，是导致汉口地域住宅风格形成的内在因素；第三，民初北洋政府时期的“小政府、大社会”格局实际上为民族资本的发展提供了空间，尽管在局部上还存有利益集团的利权之争的现象；第四，在思想文化上可谓“诸子百家”的时代，社会文化多元主体的构成，是一个难得的相对宽松的舆论环境时期，有利于城市经济持续发展。但是，主权的不完整、政治上的军阀混战、经济上国内市场的不统一，都为汉口城市化的进程带来制约影响。

依据上述因素再结合这个时期的汉口街区住居变化来说，从城市形态层级上看，在华界，从汉正街、长堤街向六渡桥、花楼街、歆生路一线发展，并越过后城马路靠近京汉线，尤其是1917—1925年期间“模范区”的初步建成，逐渐形成了华界新的市区；在租界，路网建成并完善后，也开始了较大规模的公共建筑与住宅建设，尤其是洋行（外资）在这个阶段对汉口租界的景观起到重要作用。因此就城市建设整体而言，北洋政府时期汉口市镇建设的大致特征是华界与租界平行发展。在街区层级的表征为初具现代城市道路网格的大量块状街廓形成，例如模范区“内向性街廓”的出现。在住居层面上则是大量集合式联排里分的出现，瓦解了以血缘为纽带的家族住居模式，住宅类型开始丰富多样起来。

总之，北洋政府时期的汉口不仅是社会形态，也是其从城市形态到住居形态“突变”的一个重要阶段。个人认为，北洋政府时期之于汉口来说，虽没有如张之洞那样的强势人物或由政府主导下的社会引领作用，但仍不亚于晚清张之洞主政时期所带来的变化。因此北洋政府时期可谓是一个“承前启后”的重要转型阶段。

4 国民政府时期的汉口社会发展与住居形态

对已成市面的建设，宜取放任主义，在放任中逐渐改良，积极施行；平面上的建设，应取创造主义，通盘计划，依次实行。可以两种主义，作为三镇工程计划的标准。

——《武汉市政公报》1929 年

4.1 汉口社会形态与住居综述（1927—1949）

1927—1949 年的二十二年间，汉口社会发展进程暨政权组织形式分别经历了武汉国民政府时期（1926—1927）、南京国民政府时期（桂系掌控的省辖市时段 1927—1929 年；行政院辖特别市时段 1929—1931 年；复改省辖市时段 1931—1938）、日伪时期（1938—1945）、南京国民政府光复时期（1945—1949；其间复改行政院辖特别市时段 1947—1949）等历史阶段。

1926 年 9 月 7 日，随着吴佩孚仓皇逃往孝感，国民革命北伐军攻克汉口。同年 11 月 26 日，国民党中央政治委员会[1]在广州作出迁都武汉的正式决议，并于 12 月 5 日起停止在广州的办公。至此，国民革命中心转移至武汉。汉口开启了短暂的武汉国民政府时期。

北伐后的武汉（汉口），经历了历史上从未有过的“国都”身份。尤其是成立武汉市政府，是武汉城市发展史上具有历史意义的重大事件，影响深远。首先，行政建制方面，夏口县改为汉口市[2]（1926.10.20），武昌县改为武昌市

[1] 1926 年 1 月 23 日，国民党二届一中全会通过《中央执行委员会政治委员会组织条例》，确定政治委员会隶属中央执行委员会，为中央执委会特设的政治指导机关。

[2] 1926 年 9 月 23 日湖北省政务委员会在汉口成立，决定划夏口县城区为汉口市（兼辖汉阳县城区，汉阳县政府仍驻城内），并公布《汉口市暂行条例》；夏口县并没裁撤。

（1926.12），汉阳县保存。1927年4月16日将三镇合并为一体，成立武汉市政府。但是，由于随后国内政局起伏不定，短暂的武汉市建制过后，还是分离析出形成了以汉口市（特别市）、武昌市（省城）两市区为主体的并存格局。

相对于之前晚清、北洋政府时期下的汉口，国民政府时期的汉口社会发展，可谓经历“纠结与多舛”的命运历程。一方面，开启于晚清的近代城市化效应仍在延续，1928—1937年使得汉口成为真正意义上的现代都市；另一方面，汉口的发展势头在某种程度上又受到遏制，原因有三：① 1931年长江全流域的洪水迟滞了汉口的城市发展。②国内外政治经济局势（1929—1936年世界范围内的资本主义经济危机、九一八事变），对汉口的发展产生重大掣肘影响，体现在对外贸易数据上开始快速下滑，以及工业增速明显放缓。汉口在全国近代城市中的位次下降。③ 战争因素。1938年10月25日武汉沦陷（日军从汉口岱家山方向攻入），从此汉口社会进入长达七年的停滞状态，打断了汉口本已艰难持续的现代化进程（这个时段新建成的建筑数量寥寥）；1945年抗战胜利后，汉口并未获得休养生息的发展机遇，反而延续抗战胜利前的停滞状态。

但是，某种现代意义上的城市化却在1927—1938年间的汉口发生，亦即“市政改革”对其产生重大影响。首先，军政方面，随着“二次北伐”顺利完成，“蒋桂战争”以蒋的胜出并赶走桂系在汉口的势力结束，以及张学良1928年12月29日“东北易帜”（“青天白日满地红”旗代替了“五色旗”），南京国民政府（蒋介石）在形式上完成了对中国的统一，至少表面上结束了北洋政府民初以来军阀混战、政局纷争的态势，为汉口社会经济的发展建立基础。行政建制方面，由北洋政府时期的夏口县升格为汉口市以至特别市，其意义在于中国长达两千余年来的传统行政架构——郡县制实现了现代转型，使得汉口成为继广州、青岛[1]等后当时为数不多的以市为建制单位的现代意义城市，为后续相应的城市改革提供了支撑。经济方面，由于地区经济的复苏、民族主义意识的不断增强，

---

[1] 1922年12月10日，中国收回青岛，设立胶澳商埠督办公署，直属北洋政府。1929年7月，设青岛特别市。1930年，改称青岛市。1938年1月，日本再次侵占青岛。1945年9月，国民党政府接收青岛，仍为特别市。1949年6月2日，青岛解放。1986年，青岛市在国家计划中实行单列，赋予相当省一级经济管理权限。1994年，被列为全国15个副省级城市之一。

以及南京国民政府实行（法币）宏观财经政策的统一，使得武汉经济迎来一个新的发展期，“出现了民国以来工业发展的最佳状态，生产重现生机与活力。”（《武汉通史》，2006:123）同时，也因世界资本主义经济危机，面临着民初以来对外贸易的严重衰退。城市建设方面，在刘文岛[1]（图4-1）、吴国桢等学者型官员以及市政专家董修甲等人倡导的“市政改革”影响下，使得汉口华界市区城市建设一改过往的内河集镇面貌，许多狭窄的街巷扩建为现代意义上的宽阔马路，沿街界面焕然一新。新式“底商住宅”混合住居至此全面形成，城市形态上的双肌理共存的拼贴城市格局已然成形。同样，在其影响下还有城市管理机制也悄然完成向现代管理模式的转型。因此在这个意义上说，1927—1938 年国民政府时期为汉口城市社会近代转型的完成阶段。

图 4-1　刘文岛（1893—1967）

4.1.1 动荡的政治生态与湖北政局

（1）汉口的政治生态

国民革命军北伐抵达长江流域后所建立的武汉国民政府是第一次国共合作的产物，其组织架构以国民党中左派与共产党等成员为主。但是，短暂的国共合作后便开始走向分裂。1927 年 7 月 15 日，汪精卫在武汉召开“分共”会议，标志着武汉国民政府的终结。随后，进入新桂系军阀（也即“胡宗铎、陶钧白色恐怖统治”）执掌下的湖北省辖市时期（1927.11—1929.4）。这是自民初以来汉口社会生态最为黑暗的时段。当时严峻的时局形势正如毛泽东在其诗词《菩萨蛮·黄鹤楼》中的心境描述：“茫茫九派流中国，沉沉一线穿南北。烟雨莽苍苍，龟蛇锁大江。黄鹤知何去，剩有游人处。把酒酹滔滔，心潮逐浪高。”

“蒋桂战争”以蒋介石为代表的黄埔系战胜包括桂系在内的各派系结束，标志着南京国民政府内各派势力博弈完成。1929 年 2—4 月，有着桂系背景的

[1] 刘文岛（1893—1967），国民党高级军政官员。湖北省广济县（今武穴市）人。

潘宜之[1]（图 4-2）短暂地出任武汉市市长（1929 年正式确立市长制），标志着桂系在汉口为期一年半的黑暗治理终结，开始了蒋介石南京国民政府“训政”治理时期。

图 4-2　潘宜之（1893—1945）

经过两年的时局动荡，汉口社会又趋于“稳定”。刘文岛作为留洋学者型官员，是深为蒋介石所倚重的亲信，首先代理武汉特别市市长一职：“蒋总司令因为武汉的秩序非常重要，就命兄弟暂时来维持市政府的事务”[2]，随即开始虽任职时间并不长，却很有建树的汉口特别市市长一职。而同样作为学者型的国民党高级官员、后续接任市长职务的吴国桢，在 1932—1938 年间对汉口城市社会发展与建设也是大有作为的。

（2）湖北的政局与政制

北洋政权结束以后，省制有所变化，省长改称为省主席。在短暂的武汉国民政府过后，张知本[3]出任湖北省主席（省长）一职，实际上却为桂系掌控下的“武人专政”。民国中期的湖北省主席从张知本、何成浚[4]到夏斗寅，均为鄂籍人士，除张知本外，何、夏均为地道的军人出身，对湖北政局乃至汉口政治生态都有很大的影响。

辛亥革命以后，地方行政建制的变化也从某个侧面体现了社会形态的变迁，即中央与地方的权属关系，究竟多大程度上体现地方“自治”。我们可以从民初以来有关省制变迁发现一些有趣的现象。其省制形式经历了北洋政府的省制、广州与武汉国民政府的省制、南京国民政府的省制等几个变化阶段。

民国期间历任汉口市长的官员中，有在市民口碑中颇佳、市政建设上有所建树的如刘文岛、吴国桢[5]（图 4-3）；有任职虽短暂、为人清廉正直的学者型

[1] 潘宜之（1893—1945），国民党军政官员。字祖义，祖籍湖北广济（今武穴）大金镇下周煜村，出生于南京。

[2] 武汉特别市市政月刊，第一卷第 1 号，“纪事”，1929 年 5 月。

[3] 张知本（1881—1976），号怀九，湖北江陵县人。

[4] 何成浚（1882—1961），字雪竹，又作雪舟，湖北随县（今随州）人。

[5] 吴国桢（1903—1984），字峙之，湖北建始人。

官员石瑛；还有复杂人生特质的潘宜之；更有外表装儒雅，实则残暴武夫型的“胡屠夫”“三蛋将军”胡宗铎（因其张口就骂“混蛋、王八蛋、滚蛋”，故街谈巷议讽称其为“三蛋将军”）；以及饱受诟病，任上无所建树、腐败无能的何葆华；更有令人不齿的汉奸伪市长……在整个国民政府对中国大陆统治的二十二年间，就汉口而言也就仅有 1929—1938 年这九年光景是在相对稳定的政局下发展（正好是刘文岛、吴国桢的任职时期），其余则皆在时局动荡纷争与战乱中度过。其中原因在于：①国共第一次合作便走向分裂，进入土地革命时期）；②国民党内部派系林立，蒋介石的中央政府权威实质是虚弱的，其表现在与“桂系”长达几十年的缠斗，汉口城市社会在一段时期内是受桂系影响下（包括 1947 年以后的两年）；③汉口城市化进程与发展受国内外多项因素掣肘，最主要的因素就是天灾与战乱，例如，1931 年的汉口大水导致城区被淹长达近 100 天，1938—1945 年日军占据七年，1945—1949 年抗战胜利后的国内战争四年等。这些都是导致汉口社会近代转型与城市化不够彻底的外部因素。

图 4-3 吴国桢（1903—1984）

围绕上述因素的外部表征亦即一个城市的政治生态格局，必然会反映在它的运行机制上。

4.1.2 行政建制的变化与运行机制

中国传统行政建制一直沿袭以县制为基本行政单位，即省、府（道）、县治所，而没有设“市”层级划分，直至广州国民政府建立后，才开始仿效欧美的市政管理制度，建立了市政委员会的市级建制。在整个民国时期，共设有 169 个市，其中汉口（武汉）是建市较早的城市，但也是行政建制最为更张多变的城市。突出表现在时而直辖市，时而省辖市，其建制几经变迁（表 4-1），个中原因十分复杂，而市制变迁又对城市发展有一定影响。

然而值得表述的是，1927 年 4 月 16 日，三镇统一合并建制设立武汉市，并且“确定国都，以武昌、汉口、汉阳三城为一大区域，作为‘京兆区’，定名武汉。又组织委员会，以财政、外交、交通诸部长，以汉口、武昌市长及防军司令等九人为委员，统治京兆区”，这一事件是武汉历史上首次以“国都”的身份出现在地方建制史上。

表 4-1　1926—1949 年汉口城市建制变迁一览表

建制时段	建制时间	行政建制变迁与治理模式	备　注
汉口市 1926 年 10 月—1927 年 4 月	1926 年 10 月 7 日	成立汉口市政府（委员制）	隶属于湖北省政府（湖北政务委员会）
武汉市 1927 年 4 月—1929 年 4 月	1927 年 4 月 16 日	成立武汉市政府（委员制）；12 月改组为武汉市政计划委员会	三镇首次合并建制，直辖于武汉国民政府；武、阳、夏三县仍存
	1928 年 5 月 27 日	设立武汉市工程委员会（武汉市市政委员会）	隶属湖北省辖市
	1929 年 2 月 1 日	改组为武汉市政府（市长制）	委员制结束；市长制正式确立
	1929 年 4 月 5 日	设立武汉特别市政府；6 月改为汉口特别市	7 月 31 日裁撤已有 16 年的夏口县，结束一个城市里政出市、县两级政权的局面
汉口特别市、汉口市 1929 年 4 月—1938 年 10 月	1929 年 7 月	正式设立汉口特别市	直属南京国民政府行政院
	1931 年 7 月	成立汉口市政府	1931 年 6 月 9 日行政院第二十五次国务会议决议改为省辖市，直隶于湖北省政府
	1932 年 4 月	复改为特别市建制；复归行政院院辖；7 月又复改为湖北省辖	10 月市政府改组，吴国桢接任汉口市市长一职
沦陷时期伪政权建制 1938 年 10 月—1945 年 8 月	1939 年 4 月 20 日	伪武汉特别市成立（驻汉口）	隶属伪维新政府；在武昌、汉阳分设办事处
	1940 年 9 月	改武汉特别市为汉口市	隶属伪国民政府行政院
	1941 年 3 月	改称为汉口特别市	10 月复改称汉口市；隶属湖北省
汉口市 1945 年 8 月—1949 年 5 月	1945 年 10 月 1 日	汉口市正式组成	隶湖北省
	1947 年 8 月	设立汉口直辖市	行政院二等直辖市（院辖）

资料来源：根据《武汉通史 · 民国卷（下）》相关内容作者整理绘制，党诗琪校核

汉口建市后，其行政管理机制经历两个阶段：1926—1929 年委员制行政架构下的运行机制；1929 年以后的市长制行政架构下的运行机制。无论委员制时期还是市长制时期，其下属行政机构皆为“一处八局”[1]的管理模式。汉口建市的模式几乎就是完全参照广州的市制（即 1921 年颁布的《广州市暂行条例》）翻版的。1926 年国民革命后湖北政务委员会旋即公布了《汉口市暂行条例》。所不同的是国民政府初期广州市长是由市民选举产生，而汉口则是由国民政府或省府任命的。在早期，汉口市行政运行机制参照欧美的市政委员会（市政厅）模式，也是孙科等人所极力主张的一种西式治理方式。因而市长也是下辖各局所组成的市政委员会主席，一直到 1929 年 2 月才正式确认市长制。

另外，从表 4-1 中可以看出汉口的建制变化频繁地发生变更（尤其是 1932 年 4 月至 7 月之间隶属关系的反复变更），这是汉口（武汉）建市以来一直存在的较为敏感的话题——省市利益博弈关系。对此，著名武汉近代史专家涂文学先生有其独特见解。1931 年汉口商民联合上书要求减少中央机构在汉口的设立，似在乎避免自身利益的减损，时任湖北省主席的何成浚打着“鄂人治鄂”、保护鄂人利益的旗号，促使南京国民政府行政院复改汉口为省辖市，然而其实质是因湖北省财政捉襟见肘，欲分得汉口的税收利益，而并不是真正为汉口城市发展考虑，当然其中也包含了他个人的政治利益考量。上述这些都从侧面反映了汉口近代社会转型的艰辛（与沿海开埠城市相比，现代转型不够彻底，内陆小农思维仍占主导意识，包容开放程度不够等）。其实，汉口城市地位实乃体现地方（省）与中央关系的博弈，围绕民初以来北洋政府时期所出现的“鄂人治鄂”与所谓“外人治鄂”种种纷争的本质，是所谓“地方自治”的意识[2]，其后也一直影响着汉口城市社会，在一定程度上束缚了汉口的城市发展。刘文岛与吴国桢虽皆系鄂人，但其都坚定地执行蒋介石的中央政府政令，因而对汉口而言，城市发展尚可得到中央的支持。从某种角度看，汉口城市社会发展、

[1] 汉口市建立后的行政机构分别为：秘书处、工务局、卫生局、统计局、教育局、公安局、财政局，以及第一、第二特别区管理局。

[2] 传统中国是建构在以农耕经济为基础的、以乡为建制的社会，并非近代资本主义城市经济以市制为基础建构的市民社会；构成“地方自治”力量的商人从来没有在社会生活中占据主导位置，因而地方自治往往容易导致形成狭隘的地方主义。而现代城市发展往往需要的是市民构成的多元化。

建设以至城市面貌等，的确关乎地方与中央利益的此消彼长，从而加快或延宕社会发展进程。

总之，湖北政局与汉口社会生态的相互关系的特征，即长期囿于湖北省辖或中央政府所辖的纷争，是导致汉口城市行政建制几番变迁的重要因素。

4.1.3 城市经济与工商业兴衰（1928—1937）

1927 年南京国民政府建立，基本结束了北洋政府时期各地军阀割据混战的局面，中国重归统一，为经济发展创造了一个较为有利的客观环境。然而，国内不安定因素依然很多（国共内斗、派阀相争、抵御外侮、天灾人祸），就民国中期的汉口而言，其工商业发展缺少必要的国内外稳定环境，城市化进程受到阻滞。

其一，从宏观层面上看受两个重大事件的影响。始于 1929 年的世界经济危机和 1931 年九一八事变致使中国经济发展受到严重抑制。1929—1936 年资本主义世界爆发了一次空前的经济危机。为了摆脱和转嫁危机，西方主要资本主义国家纷纷提高关税。1929—1931 年间有 24 个国家相继提高了进口关税，税率竟高达 90% 以上，导致以外贸为导向的汉口工商业出口受到沉重打击。“以蛋品出口为例，1929 年美国未曾提高蛋品进口税时，汉口蛋品输美数量尚有 2 万余担；1930 年美国提高进口税后，减至 1.5 万担；1932 年降为 5,890 担，比 1929 年约减少 71%；1934 年降至 1,729 担，比 1929 年约减少 91%。英国是汉口出口蛋品的最大顾主。1934 年 5 月 8 日英国提高蛋品进口税；1935 年春英国家禽协会散布谣言，谓华蛋不合卫生，请求禁止进口，给华蛋信誉以重大的打击。德、法两国也采取限额比例制，限制华蛋进口。日本则在 1934 年颁布法令，奖励本国鸡蛋贩卖，与华蛋外销相竞争。而美国资本家为了与我国争夺菲律宾、小吕宋市场，大肆造谣、中伤，说中国鸡蛋包装竹篓及篓用稻草有细菌，唆使菲律宾海关禁止中国蛋品输入。”[1] 不仅蛋品是这样，其他商品的出口也同样呈现这样的特点。

另据《汉口商业月刊》1935 年 8 月载：“我国国际贸易方面的数值，在

---

[1] 陶良虎 . 20 世纪 30 年代汉口对外贸易衰退原因辨析 [J]. 江汉论坛，1999（06）:88—91.

1929 年世界经济恐慌发生以后的期间两三年以内，尚无巨大的变动。到了 1932 年以后，才开始显出逐年锐减的趋势。民国二十三年度（1934）期间，我国对外贸易进出口的数值总额，合计仅 1,564,879,503 元左右，若以民国十五年度（1926）对外贸易的数值总额作为比较，约计减退 50%，较之民国二十二年度（1933）约减少 392,516,000 元左右。”[1] 上述文献与数据都说明，全国对外贸易量整体性衰退直接影响了汉口工商业的发展。

其二，天灾的影响（1931 年长江洪泛）。根据 1934 年对汉口工商业发展的调查显示：“汉市商业自二十年大水灾以来，中小商贩之营业已极度衰落。加以东北沦亡，对于汉市进出口业复给以重大之打击。而世界经济恐慌之高潮，亦逐渐波及汉口市场。二十三年度全国大旱，农产减少。入秋以来，更受银价提高影响，出口贸易一落千丈。至年终结账之时，大都亏多赢少，不堪言状。”同样另据民国二十三年（1934）对汉口 111 个行业 8,220 家企业的调查发现：“二十三年度营业结果，获有赢利者，仅四百七十家，不过占调查总家数 5.72%；而亏折家数则达五千一百二十家，约占 62.22%，超过半数以上。无盈亏者亦不过二千六百三十家，约占 32.6%。至于因亏折而歇业者，适当调查总家数百分之十。”[2]

其三，工业结构单一与增速趋缓。汉口近代城市经济是一种典型的二元结构，即传统的农业经济与现代工业经济并存，民族经济与外资经济并立，传统手工业作坊与现代机器工厂相伴。1928—1937 年这十年间，武汉工业总的发展趋势起伏不定，持续发展能力不足，汉口工业发展仍以轻工业为主(《武汉通史》，2006）。据民国二十二年（1933）汉口社会局调查，符合实业部工厂法规定的工厂有 300—400 家，工厂总数约 500 家，工人约为 5.7 万人，工业登记资本额为 3,000 万元；而到 1936 年的相同统计调查，工厂数为 516 家，工人 4.38 万人，资本额增至 5,148 万元。说明 1933—1936 年汉口工业投资是保持一定增长势头的。在 1936 年工业产值约为 1.9 亿—2 亿元，轻纺工业就占有 80% 的份额，轻

[1] 幼申：中国国际贸易之现态及其危机，汉口商业月刊，第 2 卷第 8 期，1935 年 8 月。

[2] 邹宗伊：二十三年度汉市百业赢亏调查，汉口商业月刊，第 2 卷第 8 期，1935 年 8 月。

工业企业则占全市企业数量的 80%，其资本总额占全市工业资本总额的 69%，轻工业年产值更是占据全市工业总产值的 90%[1]，反映了汉口近代工业结构的单一性。尽管这一时期汉口的工业相比前一阶段有一定的发展，但其规模与增速与全国其他工业城市相比已呈明显滞缓趋势。例如，依据 1934 年的经济统计，武汉、上海、天津、无锡、南京、青岛六城市部分工业指标比较，武汉综合指标仅处于第五位，武汉在全国工业城市的综合实力排名中呈急剧下滑的态势越发明显。某种意义上，近代汉口形成于 1890—1910 年代，发展于 1910—1920 年代，在全国仅次于上海的第二大工商业城市的地位已经丧失。因此至 1930 年代中期时，汉口工商业与城市经济实际上已呈现出萧条景象，以致汉口近代房地产业在 1920 年代的兴盛期高潮过后，不可避免地面临走向衰落。

4.1.4 近代房地产的延续发展与逐步停滞

1929 年到 1938 年这十年间，近代汉口房地产在前一阶段的惯性大发展后开始趋缓（就住宅建设而言），并逐渐走向停滞；房地产投资主体不及北洋政府时期多元化（表 3-5 至表 3-8）。受 1929—1936 年世界资本主义经济危机的影响，洋行、买办房地产投资大幅度减少，但是国内民族资本经济仍有所增长，银行资本家与民族资本家的房地产在这个阶段还有一定发展。另外，不同于北洋政府时期官僚房地产开发还占有一定比重，国民政府时期官僚置办的地产已很少，仅在 1920 年代末还零星开发，如湖南省督军汤芗铭在汉口济生一马路（1927 年后改为府东一路；今前进一路）兴建的多闻里等，只是其建设规模较北洋政府时期要逊色。

值得表述的是，在银行资本开发的里分住宅类型中，高级里分仍有发展。比如，1930 年由金城银行开发位于保华街上的金城里（现已改建为市美术馆），1931—1932 年由大陆银行开发兴建位于南京路与扬子街之间的大陆坊（临中山大道侧为底商上宅式），以及晚些时候大孚银行开发的宝润里（1936）等都是属于配套率较高、结构质量较好的高级公寓式里分住宅。规模较小的银行资本也有一定数量的房地产开发，如国货银行（最初系招商局投资建房成里，用

[1] 武汉指南，汉口广益书局，1936 年。

作员工宿舍）的吉星里（1930—1935），只是住宅等级稍次些。

图 4-4　汉口原英租界内的联怡里（2006 年时拆除）

通过对《武汉地名志》等文献资料的里弄研究发现，国民政府时期房地产开发商构成还有个新变化，就是由民间资本联合投资兴建增多。质量较好的里分住宅如 1931 年张伯勤、贺衡夫等兴建的联怡里[1]（图 4-4），以及同兴里（1928—1932）、江汉村[2]（1934—1938）、洞庭村[3]（1936）和住宅房屋质量等级稍次的二德里[4]（1930—1933）等。其实早在北洋政府时期就有一些民间资本联合开发的实例，如同丰里[5]等。上述里分住宅多建在收回后的租界内，使得汉口早期租界的殖民意象开始出现本土涵化现象，待后续详述。

---

[1]　位于汉口天津路与北京路之间，有二层砖木结构住宅 32 栋，1931 年由阮顺兴营造厂承建，造价 18 万元。

[2]　此村建于 1934—1938 年，位于江岸区鄱阳街南端与洞庭街之间；偏东西走向，东接洞庭街、西连鄱阳街，长 163 米，宽 5 米，水泥路面。先为盐业银行投资兴建西段，称江汉村；1935 年后，由王毕双、柴海楼等富商在东段建房成里，称六也村；两村相通，名称均沿用至解放后；1967 年合并统称江汉村。

[3]　位于江岸区南京路东北侧，洞庭街与鄱阳街之间；东西走向，东口通洞庭街，西北口通鄱阳街。长 180 米，宽 4 米；内多三层红砖楼房，式样相近，结构较好。此村西段于 1936 年由胡、宋、蒋三家投资合建，取名同福里；同年由张、季二姓合资在东段建房成巷，因临洞庭街取名洞庭村；1967 年合并统称洞庭村。

[4]　位于江岸区中山大道中段西侧吉庆街与汇通路交汇处西侧；有四条巷道，东北有两出入口出汇通路，东南口出吉庆街；长 50 米，宽 3 米。1930 年代初由第一纱厂董事彭少田、蔡田茂合资建房成里，称二德里；后由四明银行收购。里内均二层砖木结构房屋，巷道纵横、狭窄。作者在 1985—1991 年期间的同学张嘉瑞的家曾居住在该里分。

[5]　位于江岸区中山大道中段与黄石路交会处东南，西北同中山大道，东北同汉安村；内有 7 条支巷，主巷长 130 米，宽 6 米。1920 年代初，由陈、阮、王三家合资建房成里。由于陈等分别开设有太原钱庄、德丰钱庄，后合并经营，取名同丰公司，此里由此得名。

图 4–5　俯瞰联保里（摄于 2013 年 9 月）

这个时期所谓具有“民国范”的里分住居中，比较有特色的有：位于汉口江汉路水塔后面，由上海联保水火公司出资兴建的，建于 1930 年的联保里[1]（图 4–5）；位于江汉二路的东山里[2]，系浙江人谢有标在 1930 年所建，有大小房屋 8 栋；以及 1933 年钟恒记营造厂老板钟延生在汉口特一区所建的延庆里。民国中晚期住区规模普遍偏小，质量也不如从前。如 1929 年由永安公司林凡连修建的永安里（原为盐商胡庚堂产业；今民众乐园对面）、汉口商会会长贺衡夫 1940 年在中山大道与大智路交会处重建的怡隆里（已拆，今大智路数码港位置；此前该里巷内曾设有解放市场，连接中山大道与大智路），多为板皮房，住宅质量较差。

从 1938 年 10 月日军侵入到 1945 年抗战胜利，接着 1945—1949 年第二次国内战争（解放战争），汉口开始进入长达十一年之久的城建停滞期，直至 1949 年 5 月武汉迎来解放。至此，近代汉口城市建设（里分住居）结束了快速发展的历史进程，构建了近代汉口城市基本面貌，并保持至 1970 年代末以后，迎来新的巨变。

[1]　有二层砖木结构住宅 70 余栋，1930 年由康生记营造厂承建，造价纹银 22.8 万两。

[2]　全系砖木结构，1930 年钟恒记营造厂承建，造价纹银 3 万余两。

4.1.5 汉口 1920—1930 年代的市政改革与新生活运动

1920 年代末 1930 年代初的“市政改革”和始于 1934 年的“新生活运动”[1]为整个 1930 年代国民政府时期的汉口社会形态做了很好的注释。“新生活”成为当时最为显著的社会生态表征，而“市政改革”成为实践新生活运动的“抓手”，同时也给城市面貌带来直接的变化。“市政改革”产生的社会背景是在结束军阀混战之际，中国有了重归一统的可能局面，南京国民政府在民族觉醒与自尊意识影响下，潜意识仍沿袭“中体西用”的思想，希望在国民精神面貌和市镇建设方面追赶上欧美发达资本主义国家的同时，还能巩固“国本”（即传统文化）。因而当时在一批留学归来的市政学家如董修甲、吴国柄等学者的倡导下，在同为学者型的刘文岛、吴国桢等官员主导的汉口市政府积极推动下，形成了政界与学界互动、声势浩大的，旨在推动汉口城市现代化进程的社会实践。

1930 年代的“市政改革”绝非仅限于传统概念上的关乎城市硬件建设层面的改革，而是尝试从城市体制、运行机制等多方面进行综合性的转变。“市政改革”对 1930 年代初期的汉口社会的作用与影响意义，涂文学先生对此有非常详尽的论述与研究[2]。不谋而合的是，涂文学先生将“市政改革”的由来始末分为三次的观点同本论著将近代汉口社会形态转型分为三个阶段有某种相似性，正如其论述那样：

> 由于中国城市发展传统惯性使然，促使近代中国城市变革时转型最早和最直接的内部动力不是来自市民和企业家、商人，而是仍然来自官方开明的政治势力。19 世纪 70 年代开始的洋务运动，是中国人依靠自力与内力推进城市转型的首次尝试；20 世纪最初的几年

[1] 新生活运动（New Life Movement），简称“新运”，指 1934 年至 1949 年在国民政府第二首都南昌推出的国民教育运动，横跨八年全面抗战。新运以“礼义廉耻”（四维）为中心思想，并将其结合到日常生活的衣食住行各方面，使人民改头换面，具备“国民道德”和“国民知识”。新运最后因国民政府于 1949 年国共内战失利而最终“暂停办理”，无疾而终。1960 年后，新运在台湾得到延续和推广，被称为“中华文化复兴运动”。

[2] 涂文学 .“市政改革”与中国城市早期现代化——以 20 世纪二三十年代汉口为中心 [D]. 华中师范大学博士学位论文，2005.

清朝政府迫于各种压力所推行的新政，也在客观上促进了城市的变革。本世纪二三十年代所推行的“市政改革”，同样是出自政府行为。这几次改革对城市社会的进步都有不同侧面的推动，第一次更多地体现在经济方面，使中国城市从传统的单一政治军事功能向工商文教复合功能型城市转轨；第二次则体现在政治与社会领域，客观上促进了市民意识的觉醒，城市自治开始萌生；第三次则使城市从封建行政体系附庸转变为一种独立的政治经济社会实体。城市从传统到近代的转型至少在形式上至此完成。[1]

汉口“新生活运动”（简称“新运”）的开展要稍晚于“市政改革”的推行。对于“新运”这个名词，最早见之于 1934 年 2 月 17 日，蒋介石在南昌调查设计会所作的演说《新生活运动发凡》中指出：“所谓革命者，即依据一种进步的新思想（主义），以人力彻底改进各个人以至整个国家之生活形态之谓。简言之，革命即生活形态之改进也。吾国革命之所以迄今尚未成功，即在于全国国民之生活形态始终无所改进。”[2] 蒋公提出的“新生活”是“先求全国国民于食衣住行四项实际的基本生活能彻底改进之一种社会教育的运动，是使国民革命得以成功，中华民族得以复兴的手段”。两日后，即 2 月 19 日，蒋介石在南昌行营扩大总理纪念周以《新生活运动之要义》作演说，一般视之为新生活运动的正式开始（图 4-6）。

新生活运动内容概括起来即“四维（礼义廉耻）、三化（生活艺术化、生活生产化、生活军事化）”。其包括礼貌、健康、和平、整齐、清洁、守法和军事训练等涉及日常生活的方方面面。发起新生活运动初衷是良好的，但是学界对此的看法则不一。就最后无疾而终的结局来看，是一场形式大于实效的“不成功的全民精神教育”。

但对于 1930 年代的汉口而言，由于“新运”的推进，使得城市卫生事业，

---

[1] 涂文学 . 社会转型与中国城市文化的近代化（论纲）[J]. 城市史研究，1998（21）：62—77.

[2] 秦孝仪. 中华民国重要史料初编——对日抗战时期 [M]. 中国国民党中央委员会党史委员会，1981：71—74.

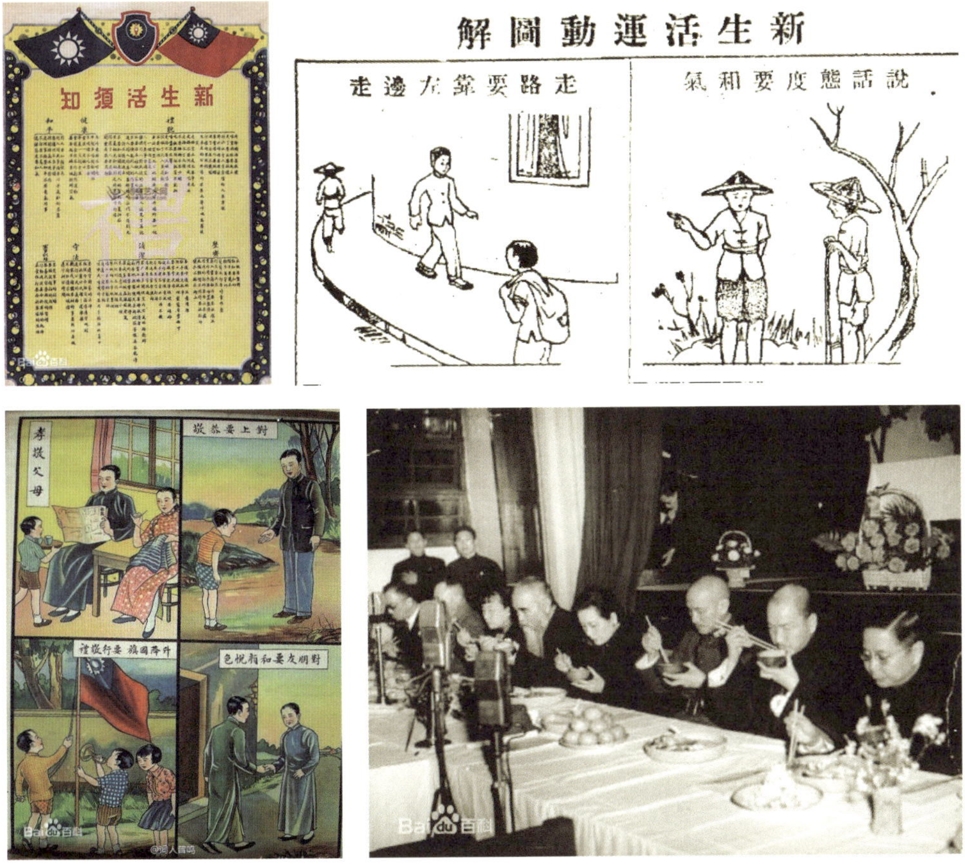

图 4-6　当时新生活运动的宣传海报、新闻照片

包括城市道路、给排水等市政工程都有一定的促进作用。例如这个时期旧市区的城市排水管网的完善建设、公园和绿化建设、市容卫生管理（街道沟渠、垃圾处理、公私厕所、菜场、夏天露宿管理）等。由“新运”引发的现代城市管理变革对当时的住居及生活方式都产生了不小的影响。

4.1.6 城市精英管理与市政法规建设

市政改革带来的直接变化就是不同以往的官僚衙门式管理作风改变为专业技术精英管理模式。市府下设各个职能部门（一处六局；特别区管理局单列，未纳入其中），仅以城市建设管理部门为例，1927 年汉口市政府成立后，下设工务局或工程处，其职能范围包括：规划建设街道、公园、市政、沟渠、水道、桥梁与码头等工程管理事宜，并且“还掌握建筑执照颁发和取缔商办各种公用事业之有碍公务事项”。即使抗战胜利后，工务局仍掌管公、私建筑的指导管理工作。

表 4-2 汉口特别市政府各局处职员教育程度统计表 （单位：人）

教育程度	秘书处	工务局	卫生局	社会局	教育局	公安局	财政局	合计	所占比例
国外大学毕业	7	12	4	—	2	—	3	28	3.1%
国内大学毕业	19	25	9	12	20	11	20	116	12.8%
国外专门毕业	—	13	6	3	1	2	5	30	3.3%
国内专门毕业	30	53	19	30	19	51	32	234	25.9%
军警学校毕业	16	7	6	9	10	65	26	139	15.4%
中等学校毕业	30	29	10	26	10	42	39	186	20.6%
职业学校毕业	5	21	8	2	3	16	29	84	9.3%
小学毕业	2	7	—	—	2	8	18	37	4.1%
其他	2	1	1	—	1	—	9	14	1.5%
未详	2	12	1	1	1	8	11	36	4.0%
总计	113	180	64	83	69	203	192	904	100%

资料来源：刘文岛：《汉市之现在与将来》，载《中国建设》1929 年第 2 卷第 5 期；另见《新汉口市政公报》1930 年第 2 卷第 2 期

民国时期对公务员的要求是很高的（表 4-2），大多要求大学以上学历，其中不乏海外留学背景（刘文岛、吴国桢等均有留洋获博士学位经历）。这可能与国民党一贯的执政理念有一定关系，即往往依靠少数精英来推动社会的发展。这种理念有利有弊。利的是，社会事业有专业技术来保障，能较快地吸收

先进思想、管理方法；弊的是，精英毕竟太少，很难深入到占大多数民众的社会底层，造成所采取的施政理念、措施与实际不大相符的窘境。这大概也是国民党在大陆失败的众多原因之一吧。从表 4-2 可以看出，市府机构中工务局的职员学历构成是最高的（职员数居第三位，仅次于公安局、财政局）。这从侧面反映了汉口市政府对市政建设的高度重视，也说明了为何 1927—1936 年短短数年间能连续出台一系列具有现代城市管理水平的行政法规，初步统计就有 33 项之多（表 4-3），并且这些市政法规分工之细之繁，从工程招投标、设计与施工的行业管理，到城市土地利用与管理、道路建设以至城市卫生、广告等都具有很高的专业水准。

表 4-3　汉口市市政建设管理法规一览表（部分）

序号	法规类型	法规名称	颁布部门	颁布时间
1	工程招标与投标管理	拓宽街道条例	汉口市政委员会	1927 年 3 月 5 日
2		武汉特别市工务局招工承包各项工程投标规则	工务局	1929
3		招工投标程序	—	—
4		包工通则	—	—
5	工程设计与施工行业管理	土木建筑工程师及技术员登记条例	—	—
6		营造厂及泥木作注册规则	—	—
7		汉口特别市取缔营造厂暂行规则	—	—
8		取缔土木技师执行业务规则	—	—
9	市政道路工程管理	掘路暂行规则	—	—
10		市街行道树保护规则	—	—
11		奖励捐助修筑道路公园暂行条例	—	—
12	城市土地管理利用	征收土地暂行章程	—	—
13		汉口市政府处理旧有街市余地暂行规则	—	—
14		汉口市政府办理土地给价征费规则	—	—
15		解决汉口市开辟各马路土地给价征费整个步骤	—	—
16		汉口市码头驳岸管理租赁规则	—	—
17		汉口市土地登记施行细则	—	—
18		发给土地执照规则	—	—
19		收管无主土地暂行办法	—	—

续表

序号	法规类型	法规名称	颁布部门	颁布时间
20	建筑法规	建筑暂行规则 [1]	—	1929
21	公用事业	武汉特别市工务局监理商办公用事业规则	工务局	1929
22	广告管理	汉口特别市广告管理暂行规则	—	1930
23		市立特种广告牌招登暂行规则	—	—
24		取缔张贴广告暂行办法	—	—
25	城市卫生管理	整理清洁章程	公安局	1927
26		汉口特别市取缔戏院卫生暂行规则	—	—
27		取缔饮食店卫生暂行规则	卫生局	—
28		取缔旅馆客栈卫生暂行规则	—	—
29		私有里巷清洁暂行办法	—	—
30		街市清洁暂行规则	—	—
31		取缔厕所粪窖暂行规则	—	—
32		管理公共厕所暂行规则	—	—
33		湖北省各市县实施整洁办法汉口实施细则	—	—

资料来源：依据《武汉通史 · 民国卷（下）》内容整理绘制

表 4-4　汉口城市规划法规简表（1929—1947）

序号	规划名称与内容简介	文献刊载来源、时间
1	**武汉市之工程计划议** “对已成市面的建设，宜取放任主义，在放任中逐渐改良，积极施行；平面上的建设，应取创造主义，通盘计划，依次实行。可以两种主义，作为三镇工程计划的标准。”主要内容：分区计划、水陆交通计划、公共建筑物、公共娱乐场所、公用事业工程、工务行政计划实施的程序等。	刊于民国十八年（1929. 4. 5）《武汉市政公报》第一卷第五号；武汉市政府秘书处
2	**武汉特别市之设计方针** “三镇虽号名都，然纯系自然发达，缺乏人为整理，以及街市窄隘，住居凌乱等情况出发，本三民之目的，为革命之建设。”主要内容：区位概述、武汉区域、城市人口规模、城市分区、公园系统、城市交通、上水排水、街道放宽及建筑限制、建筑平民住宅、本市设计的各项基本调查及测量、年度工程费用等。	由毕业于英国格拉斯哥大学、市政府总工程师张斐然撰写，并载于民国十八年六月（1929. 6）《武汉市政月刊》第一卷第 2 号上，较刊于该公报第一卷第十一期上的旧市区街道规划更为详尽。

[1]　由于建制不一，《建筑暂行规则》有武汉特别市（1929.6）、汉口特别市（1930.1）、汉口市（1933）等版本。

续表

序号	规划名称与内容简介	文献刊载来源、时间
3	**汉口旧市区街道改良计划** 主要针对汉口旧市区街道现状提出的修建改良计划，确定了主、次道路的幅宽，以及拟增道路的安排。规划内容：道路现状、道路规划、改良方法等。	刊于民国十九年（1930）《新汉口市政公报》第一卷第十二期上；由汉口市工务局编制。
4	**民国二十五年汉口市都市计划书** 全计划书共分为：都市计划之必要、本市都市计划区域。即分区、道路、公园及造林、桥梁及江底隧道、区段及宅地问题、市政府、中央车站及中央市场、下水及地下埋设物、结论等部分。其中，涉及有关住宅的部分有城市土地有规则划分成区段（分区）、土地区划及区段的关系、房屋基地的划分、本市区段的大小、基地内空地面积及建筑面积等内容。该计划书是整个国民政府时期汉口最为全面、详细的规划。	原刊载于《新汉口》第二卷第十期上；以工务局技正高凌美《汉口市都市计划概说》为蓝本，略微增补后，于民国二十五年（1936）五月十二日，经由湖北省政府主席杨永泰转呈内政部，并获行政院批复备案。
5	**武汉三镇土地使用交通系统计划纲要** 武汉：世界性都市、未来的人口、土地使用计划之目的、人口密度、工商业用地、住宅用地、三镇土地使用实施纲要、土地政策与土地重划、交通系统的水运、交通系统的铁路、交通系统的市内道路系统、飞机场、总结。	纲要系武汉区域规划委员会编制，于民国三十六年（1947）七月由湖北省主席万耀煌作序。
6	**新汉口市建设计划** 主要规划内容：城市性质、市区范围及人口、用地功能分区、铁路改线、新港埠码头、开辟运河、桥梁建设、整治下水道系统、机场，附新汉口市计划图。	内容基本同上；民国三十六系由市政府工务科拟定。

资料来源：依据《武汉市城市规划志》相关内容绘制

除市政建设法规外，1929—1947 年间（不含日伪时期的《大武汉市建设计划草案》）汉口国民党政府所颁布的具有现代城市规划性质的文件，直接或间接涉及汉口部分的共计六项（表 4-4）。其中，以《民国二十五年汉口市都市计划书》（1936）最为完整（经呈报行政院备案，具有法律约束性）。表 4-4 所列规划案均一定程度上促进了汉口 1930 年代初的城市建设，尤其是城市道路的发展。其中也有涉及平民住宅建设的，如 1929 年《武汉特别市之设计方针》所提出的建设“模范新村”的内容等。关于上述规划实施与否的情况将在后续汉口城市建设与空间重组中分解表述。

需要指出的是，1930 年代尽管有学者型市长、专业技术精英对汉口城市的某一时段的有效治理，但这种专家治市模式与当时国民党统治下的党国政治生态仍有很大间隙，受到来自多方面的掣肘（如独裁政治与民主政治的冲突、国内外诸多不安定因素等）。上述规划方案真正能落到实处的建设并不多，也即“专家治市与集权政治的二律背反”（涂文学，2005）。

4.1.7 走向式微的租界

“一战”（1914—1917）之后作为战胜国之一的中国在“巴黎和会”上没有受到公正对待，西方列强将原来德国在山东的权益转让给日本，激起全国人民义愤，导致 1919 年五四爱国运动爆发，民族独立意识日益高涨。北洋政府在 1917 年、1924 年分别收回了汉口德租界和俄租界（相应设立了汉口第一、第二特别区管理局）。

反帝、反封建是 1920 年代社会的主旋律，成为社会各阶层的共识。在这样的宏观背景下，孙中山提出以“联俄、联共、扶助农工”三大政策为内涵的“新三民主义”[1]，国共开展了第一次合作。国民革命北伐军于 1926 年胜利抵达长江流域后，引起汉口英殖民者极大恐慌，并试图扼杀汉口市民的反帝势头，终引发激烈冲突。英租界最终见势不妙，遂决定交还存续长达六十六年的汉口英租界。儿时记忆中曾看过的一部名曰《大浪淘沙》的黑白影片中就有收回英租界的情节片段。特别是其中影片歌曲旋律印象记忆深刻：“打倒列强，打倒列强，除军阀……”“工农兵联合起来向前进，万众一心……”。这些都是那个年代峥嵘岁月的真实写照。

收回英租界后，1927 年 3 月，武汉国民政府旋即成立汉口“第三特别区”。这里提及一下，在收回英租界的谈判过程中，我们需要铭记的一位“不会说中文的”历史人物——陈友仁。他据理力争地维护民族权益，为收回英租界作出了自己的贡献。至此，在汉口的五国租界就剩下法租界和日租界暂尚未收回。

---

[1] 关于新三民主义的提法学界存有不同认知，三大政策是否等同于新三民主义？两者在逻辑上有差异。《国民党第一次全国代表大会宣言》中并没有新、旧的界分与解释。http://mt.sohu.com/20150528/n413971585.shtml.

“革命不是请客吃饭，不是做文章，不是绘画绣花，不能那样雅致，那样从容不迫，文质彬彬，那样温良恭让。革命是暴动，是一个阶级推翻一个阶级的暴烈的行动。”在收回英租界的过程中，不可避免地伴随着暴力行为（图4-7），客观上给社会与经济的正常运行带来负面影响。随着汉口外国租界的收回，外侨、外资也陆续撤出汉口。尤其是1929年席卷全球的资本主义经济危机，使得在汉洋行业务几乎完全停滞，经济活动日益萎缩。汉口租界经过1908—1927年的发展高潮后，开始显现颓势，日渐式微，由此租界内住居形态也开始了涵化过程。

图4-7　捣毁后的汉口英租界（1926）

4.1.8 由盛到衰的转变

（1）洪灾的影响

学界一般认为1931年是汉口城市近代化发展过程中的一个转折点。1931年全国大部分地区气候较往年反常。南方雨季来得早，降水区域广（从珠江、长江到淮河流域），雨量强而持续，并不断出现暴雨和险情，入夏以后爆发了一场全国性的特大水灾，尤以长江中下游灾情为最甚，其中又以汉口的灾情最为严重。

1931年的这次水灾所造成的全局性损失有多大，国民政府救灾委员会报告[1]中曾这样描述：“此次被水灾区有湘、皖、鄂、豫、鲁、苏、赣、浙、闽、粤、川、冀、辽、吉、黑、热16省，灾民至少在5,000万人以上……灾民不死于水，即死于饥，其惨状实为近百年来所未见。”国民党中央宣传部在《为救济水灾告全国同胞书》中也哀叹道：“斯诚国家之不幸，民族之奇灾！”

[1]　国民政府水灾善后委员会编．国民政府救济水灾委员会报告书.1933.

处于两江交汇口地带的汉口在1931年洪泛中受灾尤为惨烈，受灾面积约79平方千米。据《国闻周报》的记载："汉口市区几乎全部被淹，灾区占全市面积99%，市内水深四五尺与两丈不等；除建筑坚固之房舍外，其余所有房屋，皆因水浸崩溃。武汉尽成一片瓦砾厂。"

另据《武汉堤防志》记录，"汉口受灾人数达566,864人，死亡3,515人；三镇淹水时间42天至100余天"之久。1931年洪泛给汉口带来的直接经济损失高达2,900万元[1]，间接损失更是无法统计。汉口是重商的城市，水灾过后其农业、手工业、工商业、金融业等全方位均遭到了重创，往日的繁华已近明日黄花，以致在全国的经济地位和影响力一去不返。[2]

（2）战争的影响

在近代东亚国际关系史上，中日可谓一对"冤家"。每当中国快要崛起的当口儿，这个近邻总要不失时机地打断中国迈向现代化的进程（第一次1895年甲午，打断了清末的洋务运动中兴；第二次从1931年开始算起，打断了自"一战"后中国资本主义快速发展的时期）。随着1937年7月7日"卢沟桥事变"爆发，拉开了为争取民族独立与解放、长达八年[3]的全面抗日战争的伟大序幕。

图4-8　1937年，蒋介石在国立武汉大学运动场上检阅部队

近代以来的汉口一直是座命运多舛的城市，战火与战乱总是如影随形般地伴随着她艰难的近代城市化进程。1937年11月12日，日军占领上海（12月13日南京沦陷），11月16日国民政府决定迁都重庆；在西迁过程中，武汉一度成为抗战初期的政治、军事、文化中心。在此期间，国民政府在正面战场组织了"武汉会战"，提出了响亮的"保卫

图4-9　废墟上的汉口市政府

[1]　金陵大学农学院农业经济系编．中华民国二十年水灾区域之经济调查．金陵学报．1931(2).

[2]　郑媛．水对于汉口城市形态的影响及其作用机制研究[D]. 华中科技大学硕士论文，2014.

[3]　现在国家已确定从1931年9月18日开始算起，抗日战争实际应为14年。

大武汉”的口号（图 4-8），使武汉这座城市再次深入到全国民众的心中。从1938 年 6 月至 10 月展开的“武汉会战”最终以失利告终。会战虽然失利，但有效地滞缓了日军的侵略步伐，打击了其嚣张气势。1938 年 10 月 24 日，汉口市长吴国桢带着其夫人和 4 个孩子最后撤离。1938 年 10 月 25 日至 27 日，日军先后占领了汉口（图 4-9）、武昌、汉阳。武汉从此进入长达七年的沦陷期，直至 1945 年 8 月 15 日日本投降。

战争对汉口住居的破坏性在于大量战前已建成的街区受到空袭的严重损坏，日本租界几乎夷为平地，其附近的原德租界也遭到很大破坏。

4.2 国民政府时期的汉口城市建设与空间重组（1927—1938）

1920 年代末 1930 年代中期的汉口城市建设不同以往。主要体现在：理论上，城市建设包括住宅都开始有了较为详尽的规划设想；实践中，初步完成了对汉口旧市区的空间重组。突出的表征就是城市道路建设所带来的市街与住居变化，形成了从六渡桥到江汉路一带的商圈与居住区，乃是这个时期的社会形态在城市街区与住居上的反映。

4.2.1 旧市区空间重组与城市道路建设

（1）道路规划与建设

“廿里长街八码头，陆多车轿水多舟”，“四坊为界市廛稠，生意都为获利谋”[1]，反映的正是清末汉口镇的特色。在第一次城市（社会）转型过程中，城市没有完成市镇的功能分区，前店后厂（宅）的生产经营与交易方式导致的“街名一半店名呼”现象至北洋政府时期仍普遍存在，如前面章节中所述的打铜街、剪子街、花布街、白布街等，以致呈现出混杂不堪的城市意象。在住居类型中与商业混合的，就占去很大比重（中国人喜欢住在商业区），因而汉口旧市区既是商业区又是手工业区，还兼居住区功能，故其人口构成异常混杂与稠密。还有一个特点就是华界住区没有明显的社会阶层区分（富人区与穷人区），这是否也是中国传统的“重农抑商”文化使然？最重要的是，清末民初即国民党政府主政之前的时期还没有完整的市镇规划规范性指导，市镇建设与管理多由

[1] 叶调元. 汉口竹枝词.

民间商会、地方保安会以及业主自发组织。此等情形即使到了北洋政府时期，旧市区的面貌仍没有大的改变，有如 1930 年《汉口市政府建设概况》所描述的那样：

汉口旧市区街道，大都狭窄潮湿，曲折异常，车马往来，肩摩毂击，稍有拥挤，交通即完全阻塞；其街道与江河平行者，稍为整齐，而路线较长，其与江河成垂直线者，则狭而短，路线曲折，又不能接连。而沿江沿河一带，则吊楼屋柱，栉比鳞次，参差凌乱，污秽不堪，上下码头之处尤多不便行旅，故水陆运输不能联络，前后市区不相贯注。

这种由街道所带来的市街景观，汉口租界与华界的情形迥然不同。德国记者王安娜在她的游记中写道：

进入 19 世纪以后，汉口被列强视为重要的商业中心而加以建设，现代化的大厦与银行，巨大的仓库，那些有美丽花园的别墅和高级旅馆，都是汉口有代表性的建筑物。不管什么时候看上去，汉口给人的印象与其说是中国的城市，不如说是国际性的都会。即使在中国人居住的地方，在一条条宽阔的街道上，现代化的建设和华丽的商店也是相连并立。[1]

这种评价也被英国人詹姆士 · 贝特兰所认同：

对汉口第一个印象很为良好……汉口像上海及天津一样——三个最受外国影响的城市——比较是有一种现代化的景象。沿着埠口，当海潮增涨的时候，列强的巡洋舰碇泊着，而各种西方建筑的银行、

---

[1] [德] 王安娜著，李良健、李布贤译 . 中国——我的第二故乡 [M]. 三联书店，1980:200.

写字间、仓库、别墅及领事馆等，无异是代表着最近一世纪来西方企业的纪念碑……这一个城市，的确非常配作中国战时的首都。[1]

正是由于汉口租界与华界所存在的这种反差，刺激了国民党的民族主义情绪，使得 1927 年 4 月武汉市政府建立不久，便成立了由政府机构和社会团体所组成的“汉口市开辟马路委员会”，其第一要务便是拓宽原有街巷，新建马路，尽快在市容市貌上赶上列强的租界。为此，还特发行了总值 300 万元的建设公债（分为两期发售）。1928—1937 年这十年间国民党汉口市政府陆续在旧市区原有窄巷基础上拓宽新建了民生路（原张美之巷）、民权路（原大郭家巷）、民族路（原长胜街）、三民路、满春路等。为与模范区道路相连接，又修筑了东西向的府北路（今自治街）、市府路、府南一路至府南三路（今民主街、民主一街至民主三街）等；以及南北向的路，以汉口市府为界，以东部分为府东

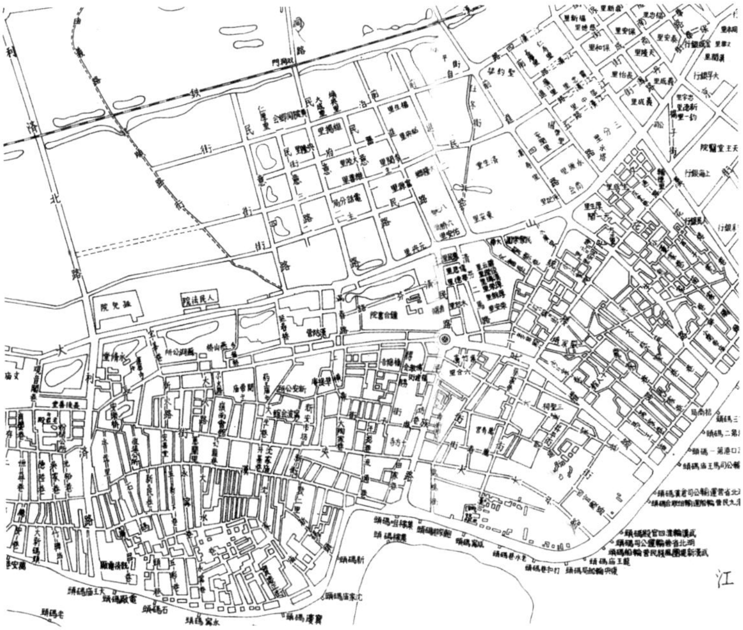

图 4-10　20 世纪 30 年代汉口旧市区空间重组后所形成的城市肌理
资料来源：截选取自“武汉市汉口区马路图（1951）”《武汉历史地图集》

[1] [英]詹姆斯·贝特兰著，林淡秋译.华北前线[M]. 新华出版社，1986:291.

一路至府东五路（今前进一路至五路），以西部分府西一路至府西四路（今民意一路、友谊路、民意三路、民意四路）。这些纵横交错的道路构建了与模范区相似的棋盘状路网（图 4-10）。与此同时，还改造完善了中山路（今中山大道）。至此，基本完成了对汉口旧市区的空间重组与拓展，形成了新的街区格局和住居形态。

促使汉口市政府修建道路的还有一个重要原因：日益增大的交通压力。1927 年武汉三镇的人力车已达 4,455 辆，还有一定数量的汽车、马车、脚踏车等；到 1930 年后，随着新式马路的新建，各种车辆的数量也在快速增长（表 4-5）。

表 4-5 汉口市主要车辆统计表 （单位：辆）

车辆种类		车辆数目			
		1930 年	1931 年	1933 年	1934 年
人力车	贸易人力车	3, 096	3, 096	8, 563	8, 588
	贸易包车	2, 183	2, 016	—	—
	自备包车	2, 262	2, 130	1, 584	1, 653
	合计	7, 541	7, 242	10, 147	10, 241
汽车	贸易乘人汽车（出租车）	111	107	55	54
	自备乘人汽车	150	218	434	459
	运货汽车	56	119	117	130
	合计（军用、公用除外）	317	444	602	643
贸易马车		200	200	181	155
脚踏车		—	1, 120	1, 854	2, 325
摩托脚踏车		—	—	10	12

资料来源：转引自《武汉通史·民国卷（下）》，2006:97.

汉口旧市区的道路建设首先是从拓宽旧有街巷开始的。早在 1927 年初汉口市政府建立不久，就制定了《拓宽街道办法》（表 4-3），相比北洋政府时期更为周详。其因如《汉口市政府建设概况》（1930）指出：

> 溯考吾国都市道路，政府多不注意，周时虽有各种规定，然亦不足以言科学化。厥后日就因循，疏略放任，人民建筑房屋，常有侵入公共路基，以致道路狭曲败坏。民国肇建，欧风东渐，时略注意及此，故本市于民国三年，始由警察厅饬令各署勘定各街等级，

召集业主会，详加讨论。乃决定街分三级，巷分五等办法。即大街宽度为汉尺26尺（9.3米），如前花楼正街直达黄陂街鲍家巷口等处。中街为汉尺22尺（7.88米），如后花楼街直达花布街口等处。小街为汉尺14尺（5.0米），如棉花街至堤街直达硚口处。至各巷街道概分五等，除私巷不计外，由汉尺6尺起至14尺止（2.15—5.0米）……此前时汉口拓宽街道办法。然详细研究，仅云略具此雏形，不足以言完善。

上述这段文献系北洋政府时期对汉口旧市区道路的拓宽规定。1927年简化规定道路宽度分别为9米、7米、6米、4米；而后在1929年武汉特别市政府组建后对道路拓宽做了新的规定：

以前定街道宽度太狭，办法亦不适当，殊不足应建设新汉口之需要……参考世界都市情形，将本市道路宽度，依照重要繁盛比例，分为五级。即如一等路宽定为40米以上；二等路宽定为30米以上；三等路宽定为20公尺以上；四等路宽定为15米以上；五等路宽定为10米以上。凡市民新建或改建房屋，均以上项规定宽度为标准，遵照退让。

尤其可贵的是，《汉口特别市建筑暂行规则》还对当时民宅、新建里分的间距作出明确要求（即现在规划中的退“道路红线”以及退“建筑红线”要求）。至于里分住宅退让宽度问题，对街区肌理作用影响很大，也直接关系着住居环境的质量。

（2）功能分区规划

国民政府时期汉口市镇开始有了现代意义上的、完整的城市规划，这是此前所没有的新事物。1929年武汉特别市政府工务局在《武汉特别市工务计划大纲》中对武汉作了分区规划，将三镇分为行政区、工业区、大小商业区、住宅区和大学区。现仅就涉及汉口的部分略为引述说明。

汉口方面：日、法租界及一二三特区应仍按其已形成的为商业或住宅区，从日租界至谌家矶、三道桥、藤子岗向西行，均定为工业区；自藤子岗至岱家山起至炼矿厂止为小商业区，至张公堤为住宅区；自第三特别区与模范区交界处起，沿中山路至硚口止，为汉口大商业区的重要街道，东面至沿江一带为大商业区，西面为小商业区，其中济生一、二、三、四、五马路等，环已有的武汉市市政府，定位行政区；小商业区北面为住宅区；沿川汉铁路两侧为工业区。

这种分区意义在于 1933 年国际建协通过的《雅典宪章》已在当时中国有了学界上的认同与实践，对汉口的近代城市化意义很大。某种程度上，可以看作是 20 世纪 30 年代社会转型在城市建设上的投影。它们体现在实践中就是市府新区及平民新村的建设。

4.2.2 模范区西向拓展与市府新区的住宅规划

北洋政府时期虽完成了“汉口模范区”的初步建设，但其以西区域的长墩子[1]（以江汉路为界的以西地段）到济生新马路（今民主一街）一带“多未开辟，且棚户林立，污秽遍地，火灾疫疠，危险堪虞”。在这样的情形下，国民党汉口市政府开始了模范区越过江汉路向西拓展建立市府新区的设想。首先，进行与模范区连通路网工程，将自治街与江汉四路衔接，并跨过江汉路与铭新街相连，府南三路（今民主三街）与江汉二路衔接，跨江汉路与江汉二路连通。这样一来，模范区西向拓展延伸至府西四路（今民意四路）一带，使得汉口市行政区的规划成为可能（图 4-11a）。

图 4-11a　大水中的汉口市政府（今民主街与前进一路交会处；已无存），其风格亦中亦西

[1] 今江汉区江汉四路至自治街一带。

有了较完善的路网系统后，住宅建设便提上议事日程。1928—1929 年间制定了居住对象为低收入户的“汉口新村”和居住对象为高收入户的“模范新村”两个建设规划：“汉口新村”为一般平房，“模范新村”则为西式别墅式楼房。汉口市府在建设“模范新村”的文告中称：

本市人口，日趋殷繁，住宅一项，渐感不足。而以近年来为尤甚，因而房租之昂贵，为国内所仅见。旧市区内房屋，栉比鳞次，无增筑之隙地，兼以建筑工程，未尽妥善，如建筑面积，对于基地面积之比例，室内光线面积之大小，楼梯之部位，厕所厨房之清洁，及污水排除之状态等，皆缺研究。致使居民出高价之租金，不能享安适之居住，以之与西人住宅相比较，不禁有天堂地狱之感。似此，而欲济吾国文化并驾于欧美，恶可得哉？本府有鉴于此，故有从速建筑模范村之决议案，以调剂现有住宅之不足，以批示改良住宅之提倡。其建筑地点，似择中山公园对面之旷地，该处空气清新，已早预定为住宅区域，且由此为发达后湖新市区之起点，若能逐次推行，则本市住宅问题，可迎刃而解矣。[1]

“模范新村”（图 4-11b）的选址位于中山公园南正对面的空旷地（今武汉国际会展中心位置）。住宅类型为独立式与联排式的别墅洋房。规划用地面积约 4.7 公顷（长 353 米，宽 133 米），拟共建甲、乙、丙三种结构形式的住宅共计 38 栋，形成高档住宅小区。在居住小区的入口处修建停车场，住宅之间种植花草树木，并在区内建篮球场和网球场各一个，均长 97 米，宽 50 米。另建一个儿童游乐场，内置秋千、滑梯、跷板等。

甲种住宅就是独立别墅，使用面积可容十口之家居住。一楼为餐厅和客厅，二楼系三室一厅，其间配置有储藏室、厕所、浴室、佣人居室等。二楼住室外为平台，可供眺望、休息、晒衣。甲种住宅的建筑费、预算每栋 6,500 元，共建 14 栋，总造价 9.1 万元（法币，下同）。

[1] 《新建模范新村设计概要》，载于《汉口特别市工务局业务报告》第一卷第 1 期，1929 年 7 月。

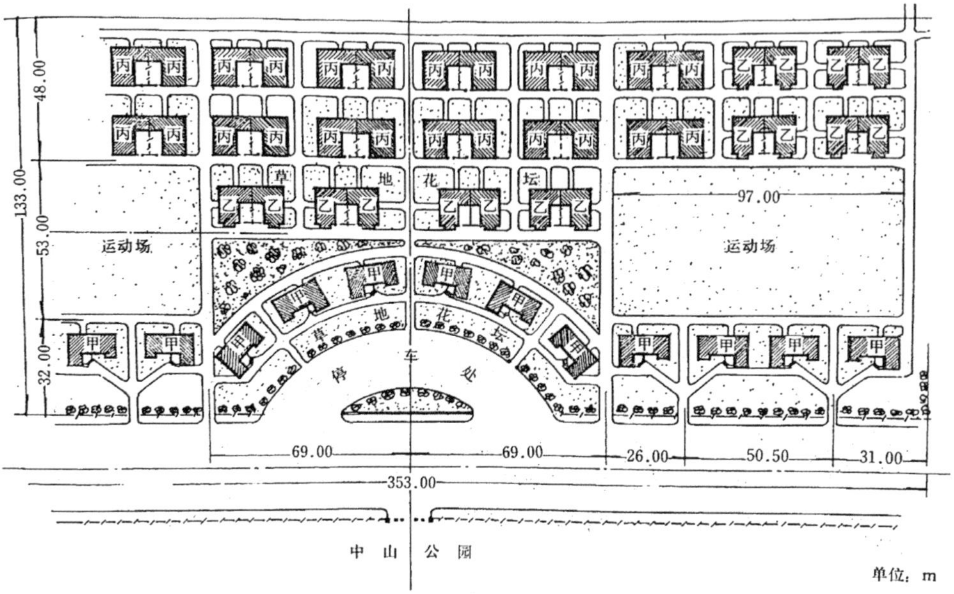

图 4-11b　模范新村总平面图　（图片来源：《中国近代城市与建筑》，1993:185；原图载于《汉口工务局业务报告》，1929 年）

乙种住宅一栋房住两户，每户可容八口之家，正门各一，互不相搅。每户楼下亦是餐室和客厅，楼上卧室四间，各配有储藏室、厕所、浴室、佣人居室及室外平台。乙种住宅的建筑费，预算为每栋 1.04 万元，共建 12 栋，总造价 12.48 万元。

丙种住宅一栋房住四户，每户约可容五口之家，除正门各一外，楼上住户则另由楼边楼梯上楼。类似如今的两室一厅。其厅较大，中间有活动门隔开为两个厅堂，必要时可以拉开活动门成为一个大厅。有卧室两间，以及厨房、浴室、厕所及杂房各一间。住楼上者亦各有平台一个。丙种住宅的建筑费，预算每栋 1.08 万元，共建 12 栋，总造价 12.96 万元。

其他附属工程如修围墙、平整道路、修建下水道及暗沟等，暂定预算为 2 万元。故此，“模范新村”的总造价预算为 36.54 万元。如何偿付这笔建筑费和利息？经过测算，如甲种住宅租金规定每户每月 90 元，乙种住宅每户每月租金 70 元，丙种住宅每户每月租金 36 元。约需 8 年可收取租金 145 万元。如此，可将本利及人工、管理费及其他杂项支出相抵，还略有结余，且产权归己，利润非常之大。

“平民新村”规划建设共计3个村，每村2,000栋“并已计划和勘定先就西园附近（今武汉国际会展中心一带）兴工建筑汉口第一新村”[1]。1929年4月蒋桂更替后，武汉特别市政府接续了这一计划。设计的平民新村住宅为“每栋建筑面积45平方米，内设寝室两间，储藏室一间及天井面积4平方米，约容纳五六人；住宅每24栋为一小组，成口字形，内设有公共食堂及厨房一大栋。每十二小组为一大组，亦成口字形，内计有厕所四栋及公园一个，其面积为9,216平方米；整个平民新村以住宅五大组及公众之小学校、俱乐部、合作社及商店、菜场等一大组为新村之组合，共计住宅1,420栋，约容6,000人，食堂60栋（每栋建筑面积171平方米），厕所20间（每栋建筑面积41平方米）及公园5个”[2]；与模范新村相比居住质量明显低许多。

然而因经费和1931年的水灾，这两个计划均未能落实。直到民国二十四年（1935）汉口平民新村都没能按计划如期动工，仅在玉带门铁路外原官钱局空地一带建了“占地总面积2,936平方米，可容贫民700人寄宿，并在贫民工厂原址的妇女救济院增建了一栋总面积318平方米的二层宿舍而已”[3]。即收容乞丐和贫民的宿舍。迟至1938年，才分别在硚口唐家巷以及球场路与万国马场路（今香港路）之间的英德球场苗圃旧址上建了平民住宅区，并且这两个平民新村施工都有偷工减料之嫌[4]。

4.2.3 刘文岛、董修甲、吴国桢、吴国柄的现代市政思想

1920年代末至1930年代中期，对汉口城市建设与发展起到重要影响作用

[1] 《武汉市社会局局务汇刊》第一期（下册），1929年2月15日。

[2] 《新建平民新村设计概要》，载于《汉口特别市工务局业务报告》第一卷第1期，1929年7月。

[3] 《汉口市政概况》（1934年度、1935年度）

[4] 湖北省档案馆藏历史档案，档号：LS31—15—371.

的要数刘文岛、董修甲[1]、吴国桢、吴国柄[2]这四位了。其中吴国柄系吴国桢的胞兄。他们共同之处是：皆为留学归来的学者型政府官员。刘文岛、吴国桢先后担任汉口市市长职务期间，积极支持董修甲、吴国柄等学者的倡议，开展了声势浩大的“市政改革”，推动了汉口市政建设发展。

他们的现代市政思想源于其负笈游学欧美的经历（主要在法律、政治学、经济学、市政学、工程学等领域）。虽无建筑学或城市规划的背景，但都对城市问题有着很深的认知。首先，他们从城市管理的机制入手进行改革，并在实践中以城市道路建设为“抓手”。虽然他们的市政建设实践对住居形态没有产生直接的作用，但是间接的影响是毋庸置疑的。例如，城市主道路的建设带动近代底商上宅住居的发展，改变了城市主要街道临街界面形态，奠定了汉口直至 1970 年代末的城市面貌。再如董修甲任工务局局长期间制定的《武汉特别市工务计划大纲》成为后续各项规划最初蓝本，对街区住居建设有较大影响。其次是城市公园与绿化建设，如吴国柄主持兴修的中山公园[3]，客观上对住居环境改善起到积极作用。这些都是现代市政思想的一种反映。

4.2.4 市政改革对街区住居形态的作用与影响

1930 年代初，汉口市政改革最为突显的成就是所谓“马路主义”建设，它是汉口近代城市规划实践中的突出特征，具体表现在“从街道到马路的城市改造，以及从马路到街区的新区开发模式”[4]。改变了自清末以来汉口旧市区的城市肌理与市街面貌，以致形成新的街区居住模式和生活方式。例如，随着民生路、民权路、民族路的建成，其所形成的三民路商住区住居内涵则有别于模范区的里分住居。

---

[1] 董修甲（1891—？），江苏六和人。清华学校毕业后曾留学美国，获市政经济学学士学位和市场硕士学位。

[2] 吴国柄（1898—1987），湖北省建始人，前国民党官员，著名市政建设专家、学者。

[3] 更多有关吴国柄和汉口中山公园的资讯信息可参见：童乔慧，卫薇．汉口城市化建设的先行者——忆吴国柄先生 [J]．新建筑，02/2011:134—137.

[4] 李百浩等．图析武汉市近代城市规划（1861—1949）[J]．城市规划汇刊，2002（06）:23—28.

图 4-12　汉口民生路口两侧的底商上宅住居；照片中左侧是今大洋百货位置，右为今工艺美术大楼处　图片来源：摄于辛亥革命博物馆明信片图展

4.3 国民政府时期的汉口街区格局及城市意象（1927—1938）

汉口自 1861 年对外开埠后，城市形态上就分别以华界旧市区的“自然肌理”与租界的“人工肌理”这二元结构形式并存，乃至其相对应的街区以至住居形态都存在明显的分野。1930 年代初随着“马路主义”的实践，汉口旧市区的自然肌理形态发生改变，即片区走向街区过程中形成双重街区肌理及拼贴城市的意象。

图 4-13　底商上宅临街界面背后的自组织混杂住居，图为民国时期的汉口平安旅馆

4.3.1 街区双重肌理与拼贴城市意象

所谓街区双肌理即指：民国中期汉口旧市区商住混合居区，其外部与内部的空间肌理组织的差异上。简单地说，其实就是在旧市区原来片区的自然肌理上，通过开辟现代马路以适应城市功能的需要，新建道路将原旧市区肌理进行了重组，但是内部的空间肌理并没有完全异动。突出的表征是在新建马路两侧建二—四层砖混结

构的底商上宅式混合住居，如民生路（图 4-12），但其背后仍隐藏分布着自组织状态下的天井院式、早期石库门式，以及各类混杂型住居（图 4-13），各个时期在内的住居建设几乎都“拼贴”在仍保持连绵一片的总体格局之中。

上述情形的存在恰好说明了近代汉口社会与经济转型的某种不彻底性。直白地说，就是因城市经济实力、拆迁困难等现实掣肘，而采取的不得已而为之的一种办法，当然也是实事求是的一种措施，体现在民国十八年（1929）的《武汉市之工程计划议》所提到的现实“……对已成市面的建设，宜取放任主义，在放任中逐渐改良，积极施行；平面上的建设，应取创造主义，通盘计划，依次实行。可以两种主义，作为三镇工程计划的标准”（武汉市政公报，1929）的说明中，这种根据实际情况出发、以渐进修正的思路来指导市政建设，从而形成前述的“控制—放任叠合型”街区肌理。以“里院并存型”街区统一街为例，整个街区以统一街为界来看，明显保留着“自组织”与“组织”两重街区肌理格局。统一街以西（临中山大道民众乐园）街巷明显为规划后的肌理，如积庆里、瑞庆里、南洋里等；而以东部分残存有“类天井院式”住居的肌理模式，如（大、小）江家院、童家巷、打铜街等自组织街巷肌理（图 4-14）。

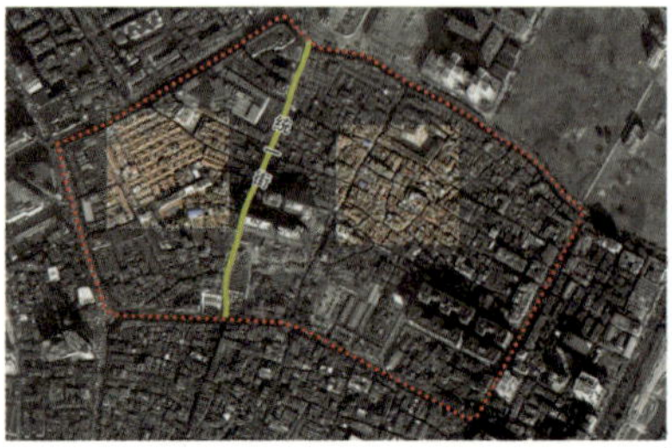

图 4-14　旧市区统一街街区双重肌理并存格局　图片来源：在 Goolge 卫星图上由陶亮改绘

总之，“马路主义”建设是 1930 年代的汉口区别于其他近代城市住居街区肌理重构外在重要因素[1]。

4.3.2 旧市区空间节点与商业区意象

在中国古代城市格局中没有欧洲城市中放射式布局的形态。中国近代城市中也仅有大连、哈尔滨、青岛等部分租借地型殖民城市有少许中心放射状的道路。即使近代汉口租界区也仅是棋盘状与三岔口结合的街区，没有中心放射状的街区。但是，随着 1930 年代中期汉口旧市区空间重组的完成，形成了以六渡桥、

[1] 陈刚，谭刚毅．近代汉口社会转型下的住居形态研究——以街区肌理与界面为例 [J]，南方建筑，2015（6）:24—29.

三民路、民权路与民族路三条马路交叉口为空间节点的中心放射状道路。其中心为一直径 60 米的大圆圈，中间屹立孙中山铜像[1]（俗称“铜人像”图 4-15a/b）；“放射状路网 + 节点”塑像，原本是欧洲新古典主义的城市设计手法，笔者对此很有兴趣地推测是否刘文岛曾负笈法国巴黎期间所受到的影响。其二，民族路通向汉水边的集家嘴码头，而民权路则通向长江边的王家巷码头，是否

图 4-15a　1930 年代的汉口三民路空间节“铜人像”及其街区意象

图 4-15b　三民路片区肌理图

隐含了近代汉口从“小河走向大江”的中西融会意涵？从城市功能来说，三民路和民生路、民权路、民族路这四条道路的建成给汉口传统商业区的市容面貌带来较大改观。尤其是加强了中山大道与长江、汉水沿岸港埠客货交通的直达与快速联系，成为汉口中心地段的繁华商业居住区，仍保持至今。

若说北洋政府时期汉口繁华商业地段还囿于黄陂街、前后花楼街至歆生路一带的话，那么 1930 年代以后汉口繁华商业街道便是全面形成后的中山路（即今中山大道）。根据 1940 年代日本人内田佐和吉的一段亲身记述：“……自日本大正八年（1919）起，中山路才渐次繁华起来。然而自昭和初年（1925）以后，中山路已不再是最繁华的路段，中山路像如今这样热闹，大约是自 1929 年、1930 年前后始。”至于中山大道的兴起，内田也给出了自己的见解：“为什么中山路能成为汉口第一条大道，大概有这样几个原因。模范区快速发展，撤去

[1]　塑像工程于 1929 年开始筹建，石基座由工务局包与李万和营造厂承建（期间因 1931 年水灾停顿，至 1933 年 4 月才建成），铜像由上海雕塑家江小鹣设计，在上海铸造，1933 年 6 月 1 日举行揭幕礼。

原来隔开模范区与英租界的铁栅栏；中山路以北的街道向北扩展，随着三民路和民生路开通，行人和交通工具由纵向道路向中山路会集；还有一个原因是统一街附近发展起来，出入花楼街的人流，都诱导到中山路一侧，致使中山路成为现今汉口最繁华的街道……笔者想起在辛亥革命后不久，走在后城马路上的感觉，与现今中山路的热闹氛围相比较，不禁感叹变化之大。”[1]（图 4-16a/b）

图 4-16a　中山大道大智路段（今天津路口电信营业厅）

图 4-16b　中山大道江汉路段　图片来源：武汉市档案馆

围绕汉口中山大道这条百年老街，其两侧也分布不少近代里分住居，构成一幅近代以来住居生活鲜活的画卷。从租界区一元路至华界六渡桥算起，有坤厚里、三德里、长清里、华新里、辅仁里、大同里、楚善里、兰陵村、智民里、同丰里、东山里、汉润里、保元里、金城里、大陆坊、义成里、生成里、兴业里、三分里、联保里、厚生里、永康里、东安里、积庆里等。2016 年底，中山大道迎来了她百年以来的华丽转身，以新的面貌再续历史辉煌。[2]

4.3.3 租界及其街区住居的涵化现象

所谓近代汉口租界街区涵化[3]，在此意指其早期住居形态的逐渐地域化的过程，即从客体（住居）到主体（居民）所发生的变化。其实这种变化早在 1917 年德租界收回后，设立了汉口第一特别区就开始了（如坤厚里）。1927 年

---

[1]　[日]内田佐和吉著，武德庆译．武汉巷史 [M]．武汉出版社，2014.9:116.

[2]　这条百年老街整治规划系由武汉市规划研究院、中山大道街区复兴规划总规划师黄焕主持完成。

[3]　涵化（Acculturation），是指异质的文化接触引起原有文化模式的变化。文化涵化作为文化变迁的一种主要形式，是指异质的文化接触引起原有文化模式的变化。当处于支配从属地位关系的不同群体，由于长期直接接触而使各自文化发生规模变迁，便是涵化。

随着英租界（第三特别区）的收回，涵化的进程明显加快，突出的表征就是大量中国人进入原租界内建房起居。例如，1934—1938 年间兴建的江汉村、1936 年建成的洞庭村等联排式里分等，都是在原租界地块上植入，改变了原街区内独立式住居所形成的斑块状肌理（图 4-17）；其内部空间组织也有别于模范区里分。这种转变可以被认为是 1930 年代社会形态发生变化后投射在原租界住居街区形态上的一种反映。

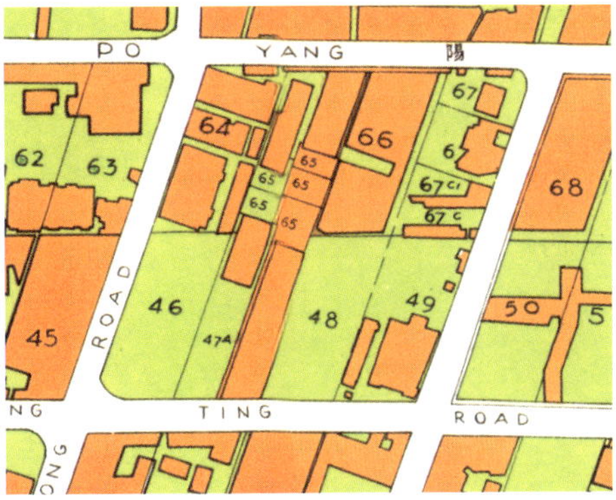

图 4-17　特三区里的洞庭村里分住居（1930 年代）　资料来源：《武汉历史地图集》截取编绘

4.4 国民政府时期的汉口住居形态与发展

1936 年由汉口市工务局所编制的《民国二十五年汉口市都市计划书》（高凌美，1936）是建国以前汉口最为完善详细的一部建设法规，甚至超过了建国后相当一段时期内的编制水平。其中，仅涉及住宅部分的就有对房屋基地的划分、基地内空地面积及建筑面积规定等方面的周详考虑。用现在的规划术语就是有关退道路红线、建筑红线、建筑密度、容积率等方面内容的体现。特别是《建筑暂行规则》的实施对 1930 年代后汉口新建里分住居、商住混合住居和其他公建建筑都有很大影响。

4.4.1 里分住居的发展与完善

虽然 1930 年代汉口里分住宅建设有所放缓，但部分新建里分质量却有了提高。首先，里分形态有了多样化的趋势，出现了有别以往里分类型的西式公寓型里分，如金城里与大陆坊等（后续详述）。其次，由于《建筑暂行规则》对里分住居作了详细规范，例如“……至里弄宽度，则以房屋数之多寡而分宽狭。如三层楼及上之房屋，两面前门里弄，至少须宽 5 米，一面前门或前后门相对者，至少须宽 4.5 米，后面里弄至少须宽 4 米，总里弄宽度不得小于 5 米；如内部支里弄，在四条以上者，总弄至少须宽 6 米。至二层楼房屋暨平房，则两面前门里弄至少须宽 4 米，一面门前或后门相对者，至少须宽 3.5 米，后门里弄至少须 3 米，总里弄宽度不得小于 4 米；如内部支里弄在四条以上者，总里弄至少须宽 5 米。独家房屋后门私巷之宽度减至 2.5 米。”以法规的形式改变了过去开发商一味追求利益最大化而尽量缩小住宅间距的做法，以致 1930 年代后的里分空间肌理及住居环境有了明显的改善（图 4–18）。

图 4–18　俯瞰 1930 年代江汉路与保成路之间整齐的宁波里；远处可见的国货中心即今中心百货大楼。图片来源：武汉市档案馆

另外，还需提及论述的是，建成于北洋政府时期的模范区在 1930 年代仍有发展。笔者 2013、2014 年曾两度带领学生对“模范区”街区部分住居进行了测绘考察。通过考察发现原模范区跨过吉庆街的部分地段的住居质量要优于北洋政府时期所建的里分。例如，鼎新里的住居仿泰兴里，里分内每户有一小前院[1]，其内部都是西式房间格局。就在同一地块上也有集合式住宅，如吉庆街 39 号（图 4–19a/b）[2] 及其邻近住宅，其特点是外墙仿麻石的水泥拉毛墙面，有外挑阳台、坡屋顶等一系列西式住宅的风格元素。

---

[1]　在作者记忆中，大约 1975 年前后，曾在该里分内一处带有院子的西式住居名曰“苗红”的幼儿园度过一小段儿时岁月。

[2]　从新近出版的《老照片上的武汉》上获悉该集合住宅曾在武汉沦陷期间被“日军笔部队”强行占用。资讯来源：候红志等编著 . 老照片上的武汉 [M]. 武汉出版社，2022:52

图 4-19a　原模范区吉庆街上某处集合式公寓住宅（今 39 号）

图 4-19b　吉庆街 39 号住宅的现状测绘（部分复原）指导学生测绘(2013.10) 测绘绘制:朱逢顺、晏东翰、郑解革、廖烨峰、刘明等

图 4-20　汉口民权路上某底商上宅住居（摄于 2014 年 3 月）

4.4.2 新式底商上宅住居类型

随着 1930 年代汉口旧市区空间重组以及旧有窄路拓宽新建的完成，市街上出现了新式底商上宅住居。所谓新式底商上宅住居是区别于早前的底商上宅混合住居形态。因为底商上宅这种住居模式早在清末民初就业已出现，所不同在于构成商业街道的截面尺度发生改变（如拓宽），导致 D/H 的值相应变化，产生了新的临街界面形式（图 4-20、图 5-4）。这种新式商住主要分布在民生路、民权路、民族路、三民路，以及中山大道等道路两侧（而今随着花楼街片区的大规模更新改造，致使民生路以北的街区肌理以及近代形成的沿街界面形态已

图 4-21　今胜利街 3 号某集合住宅

图 4-22　今黄兴路 4 号某集合住宅
（摄于 2014 年 1 月 30 日）

不复存在）。那么究竟是什么因素导致新式底商上宅这种变化的，又是如何回应这种变化呢？后续详述。

4.4.3 集合式住宅的简约风格

集合式住居是相对于以血缘为纽带的家族住居概念的一种居住方式，是近代西方文明强制置入后所产生的住宅类型，即非血缘居住者共同生活在同一住屋建筑内。集合式住居是一个比较宽泛的范畴，从联排式里分到公寓，都可以称之为集合式住居，但内涵上各有差异，这就需要对具体的住宅展开研究。在对近代汉口住居考察的过程中，笔者发现一些建筑风格已趋简的集合式住居；例如胜利街 3 号、黄兴路 4 号（图 4-21、图 4-22）等。尽管其数量很少，但作为一种历史存在，仍有必要在此一述。简约集合住居从功能上分析，仍属于公寓类型。从这两栋住宅外部风格来看，立面明显都有中轴对称，稳重大方，线条洗练。黄兴路 4 号的立面与胜利街 3 号相比较，还保留一些西式传统做法，如勒石包砌勒脚，不像胜利街 3 号的立面风格来得更简洁。通过比对 1930 年代汉口地图，推测胜利街 3 号集合住宅应是在 1933 年至 1938 年之间设计建成。当然，其是否受到当时国际上现代主义建筑思潮的影响，也未尝可知。遗憾的是，这类住宅目前还没有纳入优秀历史建筑保护目录，也无法从相关文献中获取其设计者、建造时间、业主等相关信息。

4.5 汉口住居形态适应性变化（1927—1938）

汉口社会进入到 1930 年代后悄然发生了一些变化。城市社会形态上较之前有了进一步的现代转变：城市中产阶级有了明显增长；城市管理机制日益现代化；民族经济发展也使得城市面貌快速更新。另外，由于民族意识的不断提高，租界带给这座城市的痕迹有所减少。1930 年代的住居为了适应这些变化，作出了相应的转变。

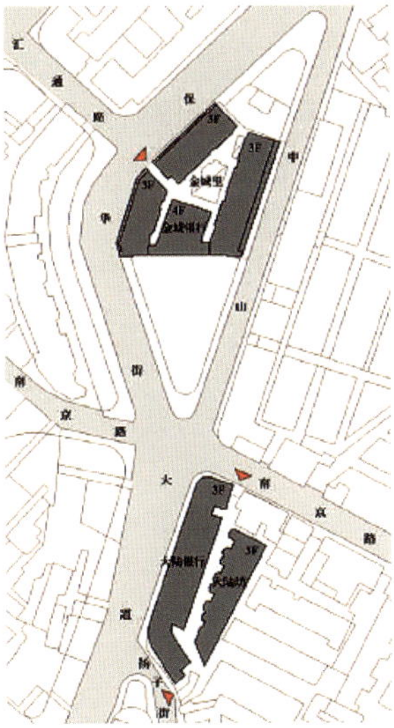

图 4–23　金城里与大陆坊的区位图

4.5.1 联排式里分向西式公寓型里分的转变

前面曾提到，1930 年代汉口房地产中其他几类开发主体（洋行、官僚）已日渐式微，唯国内银行地产仍有所发展，在 1930 年代房地产开发中占有很大比重。因汉口城市族群中高级职员比例相应增加不少，早期联排式里分住居也越来越不适应该群体的需求。另外一个重要的原因是 1930 年代汉口的城市用地日益趋紧。拿当下的话来说，就是城市土地供需关系紧张（尤其市区中心地段可开发用地）。这种情形下，银行所开发的高级住宅就需要有新的思路来适应社会的变化，由联排式里分转向公寓式里分。下面以两个具有代表性的案例简要说明一下。

（1）金城里与大陆坊

图 4–24　庄俊
（1888—1990）

这两个建成于 1930 年代初的西式公寓型里分都在汉口原英租界内（图 4–23）：金城里位于保华街原希昌里岛状地块的原址上；大陆坊则位于南京路与中山大道交会口处。均系我国早期第一代建筑大师庄俊 [1] 先生（图 4–24）在汉为数不多的作品。这两个里分的投资建设方都有着银行资本的背景，属于“北四行”麾下的金城银行与大陆银行。随着 1930 年代后租界式微，洋行资本撤出，民族银行资

[1]　庄俊（1888 年 6 月 6 日—1990 年 4 月 25 日）中国建筑师。庄俊原籍浙江宁波，生于上海市。是我国最早留学美国、学习建筑工程学的建筑师，毕业于西南交通大学，长期从事建筑设计工作。发起组织了中国第一个建筑师的组织“中国建筑师学会”，多次被推举为会长。晚年从事编写工作，编纂《英汉工程建筑名词》一书。

图 4-25 从保华街上望原金城里入口（摄于 2013 年 8 月）

本迎来了一个发展时期，纷纷在汉口开展业务。为满足银行高级职员的住居需求，高级里分的建设应运而生。再有一个就是当时国民政府所推行的“新生活运动”对其所产生的影响也不可忽视。我们可以通过两个高级里分住居平面解析来说明其适应性变化。

（2）住居平面上的变化

金城里（图 4-25）[1] 与大陆坊是集合联排式里分向集合公寓式里分转变。这是 1930 年代初次引入汉口的西式多层底商上宅集合住宅类型。在住区布局方式上金城里以周边式、大陆坊以沿街式为各自特点，均是因地制宜的设计策略。从内部平面功能看，取消了三间式所形成的前后天井，而将交通更紧凑地布置集中一起，形成“一梯两户”的住宅布局（图 4-26a/b）。这种“由分到合的竖向交通核心”到“两厅分立，厅室有别”的平面功能布局（图 4-27 a/b）[2]，改变了一般里分住宅中“厨房、堂屋、房；桌子、板凳、床”[3] 功能混杂的生活形态。这与当时国民政府所推行的“新生活运动”有较大关系。“西式的生活方式作为‘新生活’的重要参考标准，逐渐受到城市中产阶级的追捧，并成为社会身份的象征。”[4]

（3）住居立面上的特点

这两个西式公寓里分在立面上也很有特色，即将临街与背街分别做了处理，形成“内外有别”的设计手法。这种西式“底商上宅”住居明显不同于三民路片区的新式商住住居，很可能是建筑师充分考虑到了作为原英租界（此时已是第三特别区）的街区历史文脉。可以说，建国以后很长一段时间内的建筑，设

[1] 现已更新置换为武汉市美术馆，保留了原外观面貌。这可能是历史（住居）建筑最好的归宿方式。

[2] 孙震，徐可．近代本土建筑师庄俊在汉设计作品研究——汉口里分之金城里与大陆坊 [J]．华中建筑，2011（02）:61—64.

[3] 武汉方言之歇后语。

[4] 孙震，徐可．近代本土建筑师庄俊在汉设计作品研究——汉口里分之金城里与大陆坊 [J]．华中建筑，2011（02）:61—64.

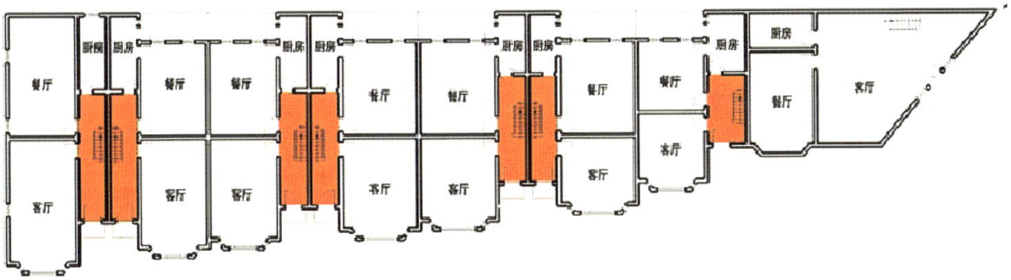

图 4-26a　大陆坊住居平面图　资料来源：孙震、徐可。近代本土建筑师庄俊在汉设计作品研究——汉口里分之全城里与大陆坊 [J]. 华中建筑 2011.02.

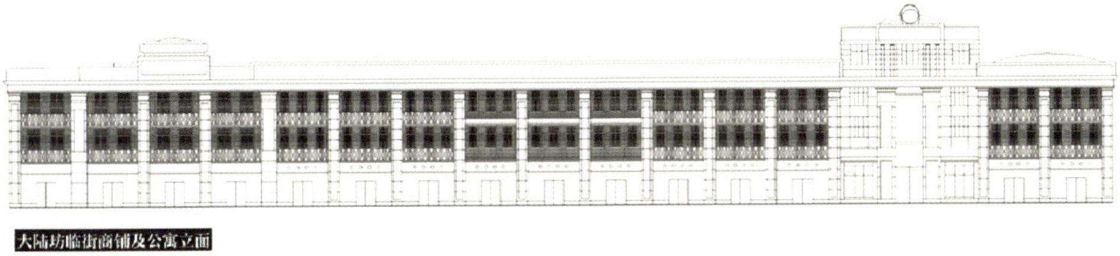

图 4-26b　大陆坊临街立面图　资料来源：孙震、徐可。近代本土建筑师庄俊在汉设计作品研究——汉口里分之全城里与大陆坊 [J]. 华中建筑 2011.02.

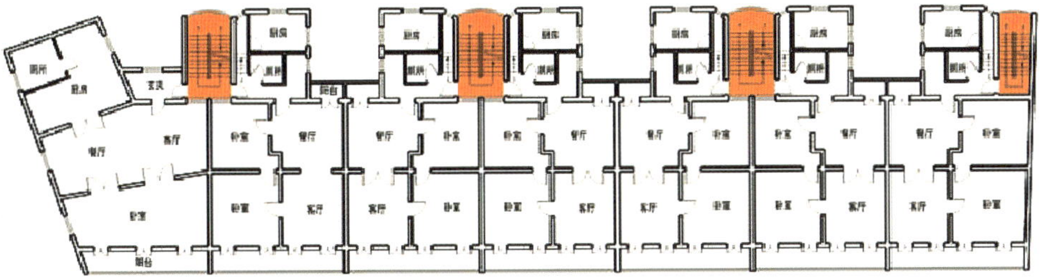

图 4-27a　金城里住居平面图　资料来源：孙震、徐可。近代本土建筑师庄俊在汉设计作品研究——汉口里分之全城里与大陆坊 [J]. 华中建筑 2011.02.

图 4-27b　金城里沿街立面展开图　资料来源：孙震、徐可。近代本土建筑师庄俊在汉设计作品研究——汉口里分之全城里与大陆坊 [J]. 华中建筑 2011.02.

计水平都不及这两座住宅，无论是套型组合，还是场所文脉传承上。

这类公寓式里分在汉口数量很少，远不及上海同类型住宅数量，从一个侧面也体现了汉口城市经济发展水平，即社会转型的完成度不足。

4.5.2 底商上宅混合住居的转变——三民路街区

（1）新式底商上宅住居与建筑法规

1930 年代汉口旧市区新建道路两旁的新式底商上宅住居明显有别于以往。主要分布在三民路区域、中山大道至江汉路一带（图 4-28）。

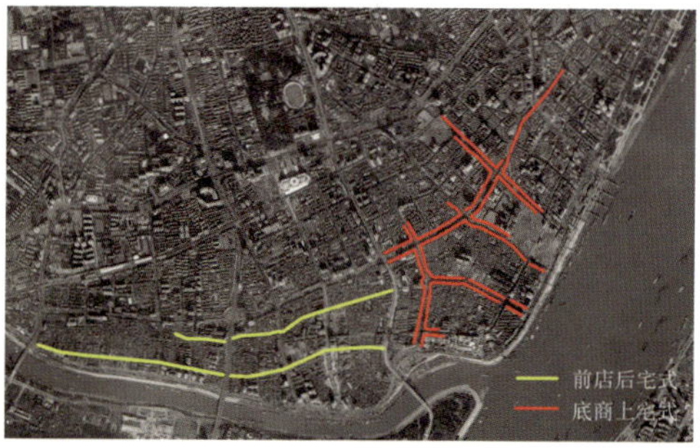

图 4-28 近代汉口“前店后宅”与“底商上宅”住居的区域分布 易敏绘制

此类商住混合住居形态的改变显然是对市府所作出的《建筑暂行规则》相关规定的回应。由于退让城市道路红线后，临街商住住宅一般为三层—四层，其开间与进深都较旧式底商上宅的要大。例如，针对房屋基地划分所作出的详细规定：“基地是构成区段的原子，基地划分为利用好区段的根本条件。决定区段的幅，须考虑下列三原则：一是幅宽，则其中发生不能利用土地而致地价低廉；二是幅狭，则其面积前面建筑线较大，内部土地均能有效利用，因之地价昂贵，但街路修筑面积增多，市民负担筑路费较大；再是按卫生、采光、通气等考虑，须留有相当的空地；此外，还须考察我国都市商店多兼住宅的实际情况，营业建筑与住宅多不完全分离。商店前面的幅[1]，一般由 4 米至 9 米，深[2]则小商店为 12 米，中等商店约为 20 米，大商店或有至 35 米—36 米的，使用钢筋混凝土作材料的百货商店，其基地更日趋增大。如按建筑规划应留有 20% 空地的规定，则基地深为 25 米时，其建筑用地深应为 20 米，空地深应为 5 米。本市规定商业区基地，每栋沿街铺面最窄单位为 5 米，如有其他特别情况可减至 4 米。建宏大建筑时，

[1] 幅在此文献中，意指建筑的面阔（即开间）。

[2] 深在此文献中，意指建筑的进深。

则使用此单位幅一个半、二个或三个以上。”

还有一个重要因素就是改变旧市区以往街区建筑过高密度，即基地内空地面积及建筑面积协调问题。为此，《建筑暂行规则》也作出了明确的规定。

按照92、93、94次市政会议通过的本市暂行建筑规则的规定如下：凡住宅区域内二层楼及二层楼以上房屋的建筑面积不得超过基地面积60%，平房不得超过70%，在住宅区域以外建筑住宅，亦按此规定；商业区域内建筑面积，不得超过80%；住宅及商业以外区域，其建筑面积不得超过基地面积70%，沿街道的商店基地，其沿路深入10米以内的部分除里弄外，得全部作为建筑面积；10米以外的地，须分别按照以上规定。此外，在公布的旧市区内，商店及其他的建筑面积可占基地面积90%以下，住宅在80%以下；在平汉铁路以南、东抵刘家庙江岸车站、西抵计划的中央商场、南抵旧市区及江河的地域内，商店及其他的建筑面积可占基地面积85%以下，住宅在70%以下。另基地内中庭后庭前庭均可作空地计算。[1]

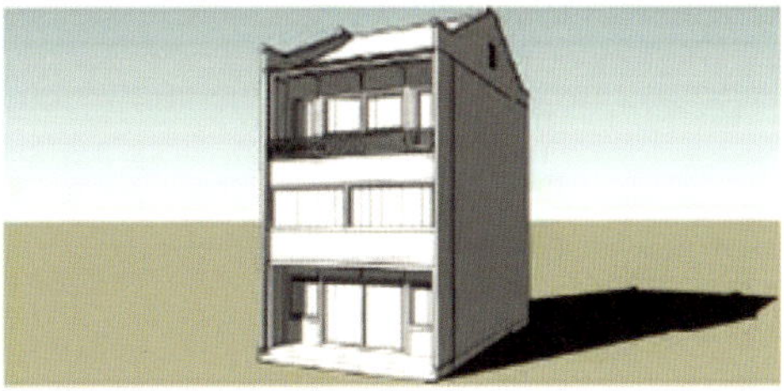

图4–29　近代汉口传统窄幅底商上宅住居SU模型示意图　桂宗瑜绘制

这样一来，就导致了与现在很相似的一个社会问题，新建住宅或商住混合住宅由于城市规划用地的控制，而导致地价成本上涨，出现沿线房价普遍上扬的现象，为此很多人使用不起，甚至有时还激起社会不满。例如1930年2月6日汉口《碰报》刊载了一篇题为《民生路民不聊生》的文章，抱怨因民生路新

[1]　《汉口市政府建设概况》，1930年9月；另见《汉口特别市建筑暂行规则》。

建后所带来的房价高昂的现象[1]。

（2）新式底商上宅住居沿街立面的变化

这种变化首先源于如前所述街道 D/H 的值的改变；其次，即商店的开间尺度的增大，由传统商业店面的 4 米扩至新式商业店面的 9 米甚至更多，导致建筑结构方式相应也有所变化，由木结构、砖木到钢筋混凝土的结构都有（大型商住混合住宅）。所有这些都会反映在其外部的立面上，其风格特征亦中亦西的混合式，不知这是否就是所谓的“民国风”呢。

4.5.3 租界住居形态的涵化转变——同兴里

如前面章节所述，汉口早期租界住居形态是为适应西方殖民者的心理需求，带来各自宗主国的住居风格形式，其最大共性就是以独立券廊式（亦称殖民地式风格）为特征的住宅。在街区肌理上的体现就是以斑块状散点分布存在，建筑密度相对较低。街区意象上散发出浓郁的异国情趣。但是，随着国际时局风云变化，尤其是中国民族意识的增长，汉口租界住居形态开始发生某种适应性改变。这种转变首先发生在 1917 年以后德租界收回，后又经过 1924 年、1927 年俄租界和英租界的相继收回，汉口租界加快了住居形态本土化的进程（图 4-30a/b）。这种涵化的内因取决于租界居住人口的构成，从 1928 年 12 月 6 日的“武汉市暨第一、第二、第三特别区及法、日租界中外户口统计表”（表 4-6）可以推断出中外人口构成与住居形态之间存在某种正相关性。

表 4-6 民国十七年（1928）汉口租界人口构成 **（单位：人）**

类别	中国人	外国人	合计
第一特别区（原德租界）	9,252	280	9,532
第二特别区（原俄租界）	4,705	399	5,104
第三特别区（原英租界）	5,726	614	6,340
法租界	11,899	570	12,469
日租界	985	1,910	2,895

资料来源：武汉地方志编纂委员会主编《汉口租界志》[M]．武汉出版社，2003: 45.

---

[1] 涂文学．武汉通史 · 中华民国卷（下）[M]．武汉：武汉出版社，2006:77.

下面以当时还尚未收回的法租界内的同兴里为例，作简要论述。

（1）同兴里概况

位于洞庭街与胜利街之间，砖木结构。建成于1932年，全长230米，宽约4米，原为大买办刘子敬的私人花园。1928年前后由徐、胡、刘等16家在此建有25栋房屋，形成居民区，以美好愿望称同兴里。

同兴里为直通式线性里巷空间结构（图4-31）。主巷两侧均为二层砖木结构的西式楼房，大门相对，砖混结构，粉刷外墙，红瓦屋顶，外观统一整齐。

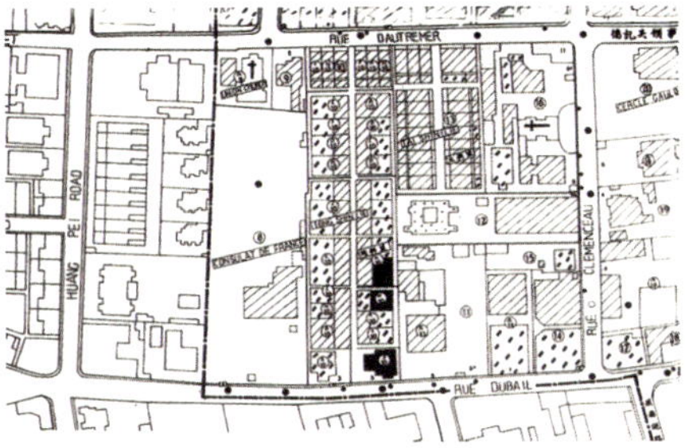

图4-30a　汉口法租界历史地图，可以看出里分置入后的肌理变化

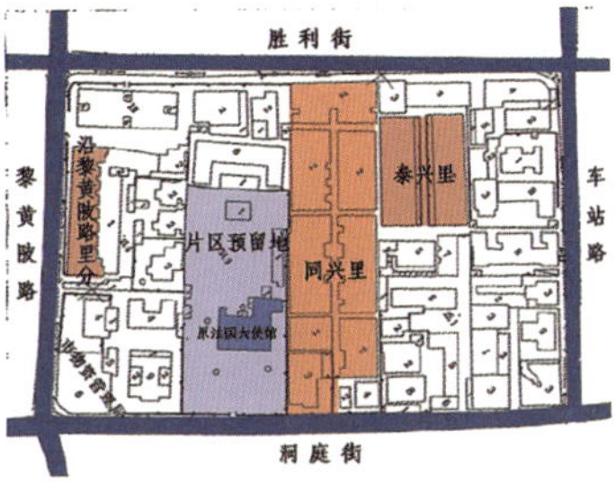

图4-30b　同兴里历史与现状的比较示意图

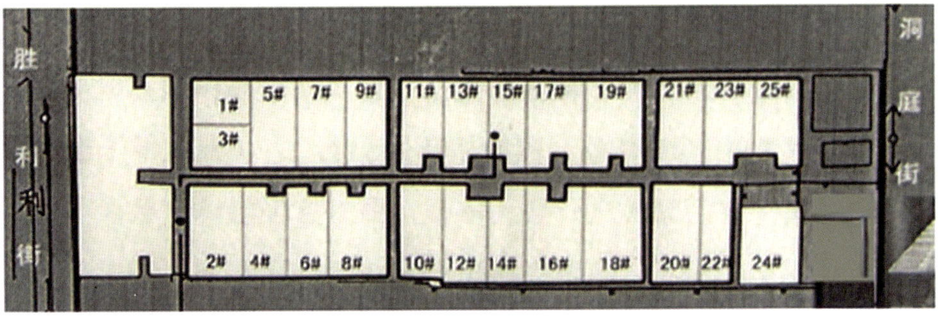

图4-31　汉口租界里大多数里分都是“直通式”的空间布局；图为同兴里巷道的布局

同兴里的立面非常简洁，门窗洞口均为拱券的形式，十分西化，但门头等细部装饰又透出中国的元素，值得细细体味。街巷空间布局采用主、支巷式，分门为过街楼式，栋门为石库门式，属于武汉后期优秀里分建筑的典型代表。

（2）平面形式

同兴里多为二层；中间有厅堂，侧面有正房，配备厨房和卫生设备，有的甚至有后院。住宅主要平面形式有三间式、两间半式和一间半式（表4-7）。

表 4-7　同兴里住宅平面的形式

平面形式	平面示意图	特点
三间式（同兴里 2#、8#、16#、17#、19#、24#）	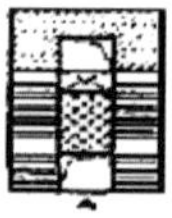	一般有前后两个天井，由前天井入户，中间为起居室，后为楼梯，起居室两侧为卧室，后天井两侧为附属房间。
两间半式（左为同兴里 21#、右为同兴里 18#、20#、1#3#，泰兴里 1 至 14#、16#）	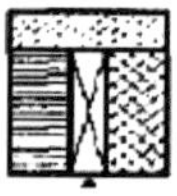 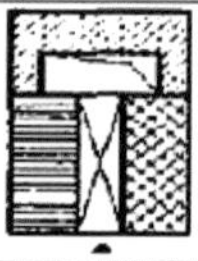	一般由中间半间入户，后为楼梯，两侧为卧室或起居室，后为辅助用房，有的设有后天井，有的无后天井。
两间式（同兴里 4 至 7 #、9 至 13#、15#、25#）		一般有前后两个天井，由前天井入户，其中一间为起居室，后为楼梯。另一间为卧室，后天井两侧为辅助用房。
一间半式（左为同兴里 22#，右为沿黄陂路 18#20#、22#、24#、26#、28#、30#、32#）	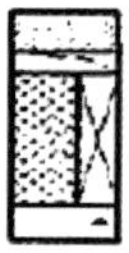 	由半间入户，后为楼梯，另一间为起居室和卧室。有的设有前院和后天井，布局紧凑，属于小户型住宅。沿黄陂路里分住宅主要采用右边的形式。
图例  卧室　起居室　辅助用房　前天井　后天井		

资料来源：李百浩、张燕镭．汉口里分研究之二：泰兴里与同兴里 [J]．华中建筑，2008.02.

平面布局可分为卧室、起居室等主要用房和辅助性用房（卫生间、厨房、储藏间）。这两部分不同功能的房间通常由后天井隔开，通过天井中的走廊连接。这两部分的层高通常是不同的，主要用房层高一般为 4 米，辅助用房层高一般为 3.6 米，一楼辅助性用房层高有的是 4.8 米。典型住宅一共三层。一楼车库和佣人房。旁边的楼梯上到二楼，还有一个户外区域，入口，客厅，起居室。三楼是卧室，书房。室内有管道，有卫生间和浴室，屋里有一个壁炉。

（3）门窗形式

"同兴里的住宅的门头装饰，其形状有三角形、半圆形、弧形、长方形或组合形，其上的浮雕更是各不相同，有地道的欧洲古典山花装饰，有巴洛克式的卷草、蛋饰和大卷涡，也有中国传统的吉祥图案，充满了设计者与建造者创造性的艺术发挥。同兴里统一使用一些文字书法标注来划分界限，不仅使每一座门都具有了明显的可识别性，更体现出建筑的文化内涵。以文字点景，怡情养性，陶冶情操，表现出中国居住文化的特征。同兴里内虽然每个入口的形式各异，但这些图案却表现出难得的统一性，使得里分住宅既具有可识别性又不失其整体性。泰兴里的立面非常简洁，门窗洞口均为拱券的形式，十分西化，但门头等细部装饰又透出中西方文化折中的痕迹。”[1]这种带有西式的门楣柱头的门饰风格的形成，反映了处于社会转型过程中，里分住居风格的“西化倾向”。在中后期出现的里分住宅的大门上，门在正立面上较为显见。门是构成西式住居街区连续界面的重要因素，体现出租界街区异国文化情调。

里分的细部装饰主要体现在门、窗、檐口等方面。同兴里的门和窗都采用红色砖砌结构，凸显出古典主义的整洁与简约。曲线柔性的拱券结构与墙体直线条形成强烈的对比。并且，拱券以罗马风格的放射性线条分隔开来。包括内空间的门廊也多为罗马式拱门。这些不同的构筑形式赋予整个空间轻盈及流动感。由于里分住居存在质量等级的差异，其窗的情况复杂一些，租界里分的窗样式多，装饰精美，通常带有百叶窗以及窗棂等构件。不同的里分会呈现各种不同的细部特征，同时也丰富了城市建筑的文脉。

4.6 本章小结

随着国民革命军北伐攻克武汉，结束了民初以来北洋政府时期军阀混战、政局动荡的局面，从形式上完成了中国的统一，国民政府进入“训政”时期。但是，中国社会反帝、反封建的主要任务还远未完成。近代汉口城市化进程在曲折中有所发展。

本章主要论述了1927—1938年国民政府时期的汉口社会经济概况、城市建设与空间形态、住居形态；概述了这个时期汉口城市经济起伏不定的客观背景，分析其城市化阻滞的原因；着重分析了这个时段汉口“市政改革”与“新生活运动”，即所谓“马路主义时期”给城市面貌（市街）带来的根本变化，以致汉口自晚清以来所开启的社会转型全面完成。明显地体现在城市道路两侧的外部表征上，即新建城市道路所形成的沿街商住混合界面的变化，以及底商上宅

---

[1] 李百浩，张燕镭．汉口“里分”研究之二：泰兴里和同兴里[J]. 华中建筑，2008（02）:176—179.

住居模式的全面形成。从中可以得出的基本结论是：其一，近代汉口社会形态经历了晚清、北洋政府等时期后，国家意志（政府行为）尝试介入与回归，尽管这个时期国民政府还并不是一个完全意义上的强势政权；另外一个层面，民族觉醒意识提高所带来的某种变化被以政府治理机制为导向的转变与利用，给汉口城市形态与住居都带来一定的影响。其二，正是由于市政专家董修甲等学者积极倡导，并在时任汉口市长刘文岛、吴国桢的积极支持与主导下的“市政改革”，汉口的城市建设开始有了真正意义上的发展规划，这是之前还未明显有过的变化。即在学习西方的市政管理经验的同时，积极探索汉口的居住区规划，其中对里分住居也有了更为完整的建设规范，体现在住居形态上就是里分住居类型的多样化、新式底商上宅混合住居的出现，以及租界住居的涵化。但是，这种由专家治市的“自上而下”的规划并未能在汉口真正实施开来(如模范新村)。其因诸多，除1931年洪水因素、1938年战争等客观因素外，也有政治动机与意愿等主观因素，如独裁政治与专家治市的矛盾等。其三，这个时期汉口城市住居建设量并没有如北洋政府时期的规模大，究其原因还是在于城市经济形态转型不够彻底、质量不够高、发展不够快等诸多问题没有得到实质性的转变；加之这个时段的租界已日渐式微，外资带给这座城市的活力日趋衰弱。特别是抗日战争的爆发，中断了汉口原本很脆弱的城市化进程。总之，近代汉口的住居形态是在变与不变的纠结中（亦中亦西）走向现代。因此，国民政府时期，汉口的城市住居的变化是有限的，也是汉口近代城市化进程的尾声。

5 近代汉口住居模式及其类型比较分析

自然地理空间环境和人文社会环境共同作用下所形成的生活方式或某种居住文化模式，与任何城市中的住居类型都存在密切的关系。本章拟就前述各章节出现的住居类型与对应的居住（文化）模式作进一步归纳综述，进而把近代汉口住居类型纳入城区尺度、街区尺度以及建筑（住宅）尺度，对城市住居街区的街巷 D/H、界面特征等要素进行深入的比较分析，并尝试将三个尺度层级的量化分析与社会转型做某种程度上的联系。

5.1 近代汉口市镇构成与居住文化模式分布

近代汉口市镇范围构成依发展时序为旧市区、租界区与模范区。从各区域地理环境分布来看，“汉口之盛，始于小河也”，临汉水（襄河、小河）的旧市区一直作为汉口传统商业区域而存在，故该区域的住居乃以商住文化模式为显现；租界区临长江（扬子江、大江）一线，为开埠后的近代商贸兼具殖民意涵的区域，因而是带有浓郁的异域文化色彩基础上的复合住居文化模式；而作为华界新市区的模范区范围则介于华洋分界的后城马路中段（今中山大道的江汉路至大智路的一段）与京汉铁路之间，属于不临水的“内陆”地段，是大体以“中体西用”思想产物下的近代里分文化为特征的居住区。通过对各区域现场考察后发现，不同区域住居不仅存在明显的类型差异，而且还体现在不同族群所选择的生活方式有明显差异。即使租界区与后续的华界模范区，在同一住屋类型上也仍存有生活模式的差别。近代汉口住居类型大致有商住混合型（前店后宅式、底商上宅式）、集合住居型（集合式公寓、联排式里分）、独立式住居（公馆、别墅），还有若干聚落住居型，如临水吊脚屋、墩台式民居、船居以及棚居等。这些住居类型往往都对应着相关的族群及生活方式。对住居类型与场所文化模式之间关系的比较研究（表 5-1），有助于拓展建筑类型学与社会学之间互动的视野联系。

表 5-1　汉口近代住宅与场所文化关联

时段	区域	街区肌理特征	住居类型	场所文化特征	对应群体	备注
1750—1911	早期旧市区	无序组织	前店后宅	码头市井文化	手工业者、小商业者、游民	包括从商士绅、乡绅
1912—1938	晚期旧市区	混合组织	底商上宅	商业市井文化		
1861—1911	早期租界区	有序组织	独立券廊式	殖民城市文化	侨民、买办、官僚实业家	包括中上阶层群体
1912—1945	晚期租界区	有序组织	联立集合式	趋混合型文化		
1915—1938	华界模范区	有序组织	里分住宅	城市职员文化	中小职员	部分官僚

5.1.1 旧市区商住混合住居文化模式

近代汉口所谓的“旧市区”系指在开埠以前就已形成的市廛，有别于民国初年因旧市区扩展而形成的新区域（如模范区以纯居住为功能的街区）。旧市区商住混合住居类型又分为前后两个变化时期：前店后宅式（1750—1911）与底商上宅式（1912—1938）。藉此可认为这是华界旧市区住居的一次近代转型。但上述时段划分并不是严格意义上的，其指向只具概念意义而已。其实，在清末 1900 年代，华界就已出现了底商上宅式的临街界面形式，如清末歆生路西段。华界早期的前店后宅式住居与上宅下店式住居不仅在住宅形态本身有很大的差别，在其居住文化内涵上也有本质的分野。

首先，前店后宅式住居多分布在以东西轴向为主街的汉正街、大夹街、长堤街，以及数目众多的南北轴向的街巷之间。此类住宅往往带有一个“天井式院落”或“四水归堂”的布局，前为临街商铺，后为就寝部分；多为东西向，布局紧凑。其次，前店后宅式的居住者多为附近县、乡到汉口经商而居的士绅。因此由此类型住居连绵成片而形成的整体区域散发着某些徽派民居风格，并夹杂着中国古代“街市制”下的传统商绅文化。[1] 也有学者认为：汉口旧市区早期

[1] 陈刚，李晓峰 . 近代汉口街区与住居形态的文化考察 [J]. 南方建筑，2016.5:110-115.

街巷融合了纷繁复杂的生态行为，滋生出了现在称之为“市井文化”的城市空间衍生物，它是市民生活在城市公共空间（街道）中不断积聚的结果。[1]

1912—1938 年是汉口社会近代转型的重要时期，也是汉口华界城市空间激剧变化的阶段。在近代汉口城市经济的推动下，商住混合的住居形态发生了重大变化。底商上宅式混合住屋主要分布于汉口华界旧市区新建城市道路两侧，以及收回后的租界区部分临街道路，如英、俄租界与华界分界的后城马路一段（歆生路至玛领事街）。随着汉口市镇的人口急剧膨胀，早期汉口华界的那种前店后宅式的住宅越来越不适应城市用地紧张的现实，尤其是汉口华界的重置过程中。由于汉口 1929—1938 年“市政运动”的影响，新辟的华界城市道路如民生路、民权路、民族路、三民路，以及扩建后城马路的中山马路（中山大道），沿其路两侧形成了全新的住屋样式。这种住屋俨然已不是早先前店后宅式为经商者自用，而是业主将上下楼层分隔经营出租，以致形成来自不同地域人群的现代商住文化。[2]

5.1.2 租界区集合住居文化模式

近代汉口租界的建立，使得汉口城市面貌与住居形态得到巨大改变，同时也使得来自异域的外来住居文化置入成为可能。“人造城市”形态下所对应的主要住屋形式是西式街区洋房住宅，主要分布于汉口租界区。

早期以券廊式的独立住宅和少量集合式公寓为主，中期以后则有大量集合联排式里分住居出现。尽管租界数量上，汉口是仅次于天津的租界城市，然而由于外国租界在汉口的存续期相对较短，1918—1945 年间伴随着租界的陆续收回，汉口的外来文化强势置入远不如其他近代城市如上海、天津、青岛、哈尔滨等来得鲜明。但是，各宗主国的文化必然会反映在住居上，特别是独立式住屋形式上。例如，俄租界的李凡诺夫住宅（图 5-1）、巴公房子，以及带有住居功能的各国领事馆（署）等建筑都独具风格。故汉口租界早期的住居文化体现更多的是一种宗主国的殖民文化。而到了晚期租界开始出现里分类型的住居，

---

[1] 段瑜．汉口原租界区街市空间的沿革与展望 [C]．中国近代建筑史国际研讨会论文集，1998.

[2] 陈刚，李晓峰．近代汉口街区与住居形态的文化考察 [J]．南方建筑，2016（5）:110-115.

图 5-1 景明洋行设计的李凡诺夫住宅（1914）

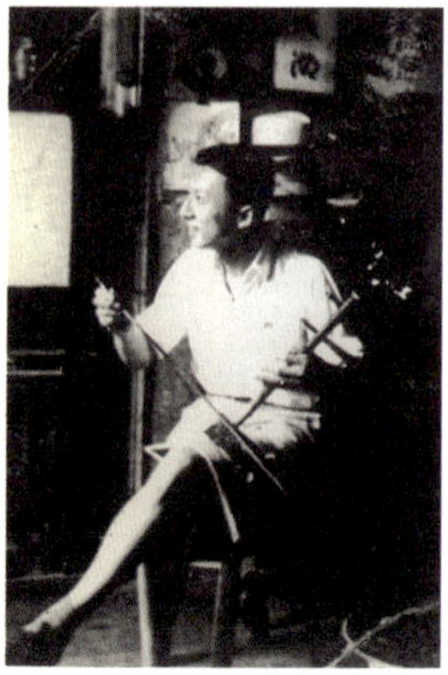
图 5-2 1944 年夏，巴公房子内的一位自娱自乐的操琴者 图片来源：《大武汉旧影》

上述殖民文化逐渐弱化，使得带有中西混杂的集合住居文化逐渐形成（图 5-2）。因此，也可以认为是外来文化本地涵化的过程。

5.1.3 模范区集合住居中的里分文化模式

近代汉口住居类型中数量最广泛也最具地域代表性的当属里分。[1] 其主要分布于模范区与租界区，在华界旧市区也有所分布。最早的里分确切时间无考，依据现有相关文献及历史照片资料，判断应在 1901 年前后，如刘歆生所建的生成里。在“汉口大火”之后的 1918—1937 年应为里分住居大发展的阶段。由于晚期里分住宅主要是供给城市中小职员群体，故而该住屋所对应的是一种更多基于近代职业特性的里分文化。集合式联排里分住宅在质量等级上有甲级、乙级的差别，因而使用族群也较为复杂，反映在文化上必然存有高阶与中阶之分，模范区里分住宅与租界区里分住宅就有诸多不同之处。

5.1.4 环境聚落型及其边缘住居文化模式

在第二章（2.4.3）中论述有关汉口流民聚落及其边缘住居时，曾提及的几种住居形态：干栏式吊脚楼、棚居、船居和墩台民居等。它们分别集中在沿河（汉

[1] 在武汉称之为“里分”；在上海称为“里弄、弄堂”，是一种联排式的集合住宅，是在部分中国近代城市中所独有的、兼具中西文化特征的住宅形式。

水)、沿线(京汉铁路)一带。沿河的住居类型与其所处环境密切相关,并均与“水”有所关联,是所谓“水环境聚落型”的住居模式,沿线的居住类型在住居文化上则显然属于城市边缘文化。这种“边缘”不仅是来自主流文化意识的界定,而且是来自真实的地理意识上的边缘体验,这其中棚居与墩台民居在汉口尤为显见。相比较沿京汉线的棚居而言,墩台住居更远离市镇中心,是真正的所谓“边缘聚落”。这些环境聚落型的住居所对应的住居文化模式,可以归纳为以下几种。

(1)临水吊脚楼、船居与码头文化

“十里帆樯依市立,万家灯火彻宵明”。近代汉口的勃兴得益于从河港型向海港型转口贸易模式的转型,因而从兴始之初便是一座“不夜港”的码头城市。而与之相伴随的是大量从事码头运输的劳力、苦力,以及与水运相关的种种营生的出现,这些显然属于社会底层的职业。底层民众的栖身之所——吊脚楼、船居等这些住屋形态,与其说它们是住宅,倒不如说是栖居场所更能反映其涵盖的生活形态。在这样物质的(临水住居类型)、非物质的(建构在农耕文化基础上)因素一道形成了“码头文化”。

这种码头文化与传统的自然经济、小商品经济相一致,因而难免衍生出文化上的粗俗性,如封闭单向的思维方式、急功近利的价值观、打码头的江湖习气等。从汉派语言中可略见一斑:划子(摆渡的小船)、扯舵(调头,转向之意)、拐子(江湖大哥之意)、搭白算数(非契约的君子协定)等等,都反映出汉口(武汉)这座城市的码头文化。

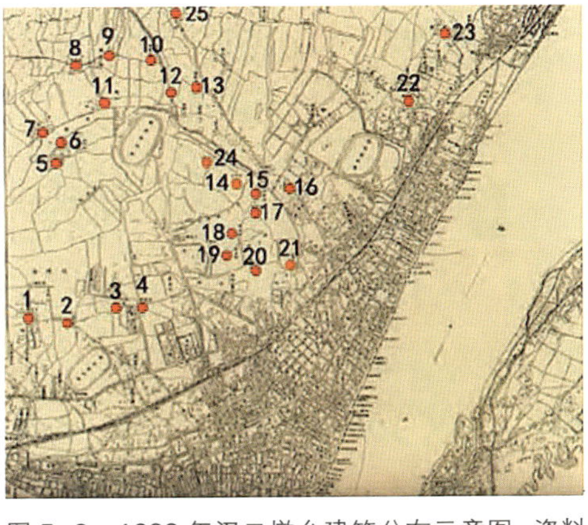

图 5-3　1933 年汉口墩台建筑分布示意图　资料来源:郑媛根据《武汉历史地图集》1933 年《武汉三镇地图》改绘

(2)棚户住居与流俗文化

棚居在第二章中已做过叙述,即为一种带有临时性的简陋栖居,没有任何抵御自然灾害的能力。当洪灾来临时,人们便弃屋而去,大水过后再重新搭建新的棚屋。火灾也常发生在棚户区内,一旦发生就导致成片芦棚被烧毁。正因为聚落人群的流动性强，这种住居对应的是五方杂处的流俗文化，甚至其中还包括拾荒文化。

（3）墩台住居与渔猎文化

汉口后湖区域的墩台聚落由于环水而居，故其居民多以渔猎为生，形成郊野渔猎文化（图 5–3）。关于墩台的名称由来，其本身就蕴含了一种文化因子。说起墩台的命名规律，主要有三种（表 5–2）。

①以姓氏命名。正如范锴所说：“筑室聚族而居，故诸墩皆以姓氏名。”[1] 早期墩台住居多以姓氏命名，如王家墩、唐家墩、易家墩、蔡家墩等，这一类型占绝大部分，反映了早期墩台住居以血缘为纽带的家族聚居模式。②以籍贯命名，如鄂城墩、天门墩等。③以环境特征命名，如石桥墩等。

表 5–2　1933 年汉口墩台地名统计简表

<table>
<tr><th>编号</th><th>名称</th><th>命名方式</th><th>编号</th><th>名称</th><th>命名方式</th><th>编号</th><th>名称</th><th>命名方式</th></tr>
<tr><td>1</td><td>王家墩</td><td rowspan="9">以姓氏命名</td><td>10</td><td>周家墩</td><td rowspan="9">以姓氏命名</td><td>19</td><td>杨家墩</td><td rowspan="5">以姓氏命名</td></tr>
<tr><td>2</td><td>胡家墩</td><td>11</td><td>邬家墩</td><td>20</td><td>蔡家墩</td></tr>
<tr><td>3</td><td>傅家墩</td><td>12</td><td>唐家墩</td><td>21</td><td>熊家台</td></tr>
<tr><td>4</td><td>张家墩</td><td>13</td><td>蔡家墩</td><td>22</td><td>万家墩</td></tr>
<tr><td>5</td><td>石家墩</td><td>14</td><td>高家台</td><td>23</td><td>黄家墩</td></tr>
<tr><td>6</td><td>钟家墩</td><td>15</td><td>陶家墩</td><td rowspan="2">24</td><td rowspan="2">天门台</td><td rowspan="2">以籍贯命名</td></tr>
<tr><td>7</td><td>贺家墩</td><td>16</td><td>大唐家墩</td></tr>
<tr><td>8</td><td>金家墩</td><td>17</td><td>傅家墩</td><td rowspan="2">25</td><td rowspan="2">石桥墩</td><td rowspan="2">以特征命名</td></tr>
<tr><td>9</td><td>陈家墩</td><td>18</td><td>傅家墩</td></tr>
</table>

资料来源：郑媛 . 水对于汉口城市形态的影响及其作用机制研究 [D]. 华中科技大学硕士学位论文，2014，党诗琪重新整理绘制表格。

5.2 近代汉口住居在三个区域中的分布特征

近代汉口住居存在以下几种主要类型，即商住混合式住居（前店后宅、底商上宅）、独立式住居（公馆、别墅）、集合住居（公寓、联排式里分）。它们在汉口各个区域中的分布并不是均匀的。商住混合式住宅主要分布在华界旧市区；联排式里分主要分布在华界模范区（租界里也有部分）；独立式住宅、集合式公寓大部分存在于租界（表 5–3）。

---

[1] 范锴 . 汉口丛谈校译 [M]. 湖北人民出版社，1999.

表 5-3　近代汉口主要住居类型的区域分布（部分）

区域	主要住居类型	分布地段	典型实例
旧市区	前店后宅	汉正街、大夹街、长堤街	—
	底商上宅	民生路、民权路、民族路、三民路、中山大道（六渡桥至江汉路段）、江汉路	中南旅社
	新式里分	统一街街办片区	积庆里
租界区	底商上宅	江汉路（太平街、歆生路）、车站路	上海村（临街部分）
	独立式住宅（别墅）	俄租界鄂哈街（今洞庭街 51 号）	詹天佑故居
		黎黄陂村（俄租界内；与法领事馆一墙之隔）	周苍柏住宅
		渣甸路[1]（今解放公园路）	英商怡和村
	独立式住宅（公馆）	英租界华昌街（青岛路）	叶蓬公馆
		俄租界内玛琳街（今胜利街一段）	唐生智公馆
		法租界柯勒满沙路（今车站路一段）	涂堃山公馆
		法租界德托美领事街（今胜利街一元路上首）	萧耀南公馆
	集合式公寓	英租界湖南街（胜利街一段）	德林公寓
		俄租界内列尔宾街（兰陵路）	巴公房子
		俄租界黎黄陂路、鄱阳街、珞珈山街	珞珈碑路房子
		法租界亚尔薩兰尼省街（中山大道）	海寿里集合住宅
	联排式里分	（英）胜利街与鄱阳街之间	咸安坊
	花园式里分	（法）胜利街与洞庭街之间	泰兴里
模范区	联排式里分	汇通路	保元里
		江汉二路	福忠里
	独立式公馆	伟雄路（南京路）	吴家花园
	集合式公寓	吉庆街	吉庆街 39 号集合住宅

但是，汉口的独立式住居（花园别墅、公馆）与集合式住居（联排里分、花园里分、高层公寓）同其他近代城市（上海、天津、青岛）相比而言，无论从类型多样性上还是数量上都很逊色。另外，近代汉口住居虽有住宅等级高低之分，但是在规划上并没有所谓富人区与贫民区的明显区别，特别是旧市区，基本上是混合杂处的格局。一般认为汉口租界为社会富裕阶层的选择住区。

[1]　为毗邻西商跑马场（今解放公园一部分）的一条石渣路；原不属于租界区所辖范围，系因租界洋行圈地，成为事实上的“越界”建筑。

5.3 近代汉口各区域住居形态的层级比较

在城市与建筑的研究领域中，建筑类型学和城市形态学相互关系的研究不可分割。城市形态与建筑类型互为因果的性质，意味着城市形态反过来决定城市中大量住宅类型的选择[1]。

表 5-4　近代汉口各区域住居形态的层级比较

层级	要素比较	旧市区	租界区	模范区
区域尺度	边缘标志	后城马路	扬子江	京汉铁路
	区域空间肌理	自组织肌理	有序肌理	有序肌理
	区域组织模式	控制—放任叠合型	整体受控型	整体受控型
	街巷与道路布局	主要街道平行于汉水（襄河）；次要街巷垂直汉水	主要道路平行于长江；次要道路垂直于长江	主次道路无明显差异，分别平行或垂直于长江；有斜向道路关系
街区尺度	片区 / 街区类型	鱼骨状街巷空间	网格状街廓空间	内向性街巷 + 街廓空间
	街巷的截面尺度（米）	3—6（5—10）	15—25	10—20
	街巷的节点空间形态	丁字 / 十字形	三岔 / 十字形	工字 / 十字形
	住居街区开放空间形态	无	有	有
建筑尺度	住居建筑类型	前店后宅 / 底商上宅	独立式集合式	联排式独立式
	住居建筑临街界面	中式传统转型为折衷式商住混合为主的连续性界面	西式临街集合住居为主的断续性与连续性界面	里分住居为主的连续性沿街界面
	住居建筑布局	对称布局	对称 / 非对称布局	对称布局

本节拟将近代汉口住居放在不同层级的空间尺度上去考察其类型是怎样决定所在区域的“城市形态”，反过来，“城市形态”又是如何制约与影响住居类型的更新。构成近代汉口城市的三个明显区域——旧市区、租界区、模范区，其空间形态与其各自的住居类型组合存在一定的对应关系（表 5-4）。在城市、街区、住宅三个不同层级尺度上进行归纳分析比较，有助于对近代汉口住居形

[1] 沈克宁 . 建筑类型学与城市形态学 [M]. 中国建筑工业出版社，2010.

态的深入认知。

5.3.1 住居范型在城市形态层面的空间比较分析

近代汉口城市是以沿河、沿江历时发展而形成的不规则带状之扫帚形态。住居在城市形态肌理宏观层级上的意义在于考察住居与城市道路之间的连通有效性，即社会要素的流动性。依据其宏观空间结构特性，将街道宽度、长度、道路交叉口间距、街廓规模等要素进行量化分析，这就需要缩小并界定取样范围。因此在具体研究方法上，通过采集三个区域中有一定代表性的 800 米 ×800 米区块的空间肌理数据（表 5-5），分析其道路连接率、道路交叉口密度、交叉口数量、街区数量，以及导致这些因素的原因，以进一步分析住居类型的成因。

表 5-5　800 米层级街区肌理片段比较

选定区域	旧市区（汉中街片区）	租界区（一元街片区）	模范区（大智街片区）
城区卫星图（局部截取）			
分辨率层级	800 米 ×800 米	800 米 ×800 米	800 米 ×800 米
交叉口密度（平方千米）	45	39	64
交叉口平均间距（米）	150	120	100
街道平均宽度（米）	8	15	12
街区数（平方千米）	20	33	52

备注：街区数为所选框 0.64 平方公里内的数值；汉中街片区、一元街片区、大智街片区均为现街办行政名称

（1）前店后宅式住居与旧市区传统市街空间形态

明清时期的汉口镇是以袁公堤（今长堤街）内的“正街”（汉正街）为主轴的，

由西向东蜿蜒拓展而形成的商业与住居混合型聚落，具有传统集镇的街市风采。街与巷均比较狭窄，但街比巷宽；南北向的巷道与东西向的主街连通不顺畅，反映出自发组织形态下混杂的商贸聚落的不规则性，强化了这类住居与无序肌理的场所共生关系。在城市形态学上此为一种沿主轴水平向延伸、垂直向两侧扩展，与主街连接率较低的“线型空间”[1]模式。

在此模式下的住居即定义为前述的华界老城厢的前店后宅式密集住屋（若临河靠近一些的话，这些住屋往往后面就直接临水）及其所处的密如蛛网般的狭窄巷子总也能七弯八拐地通向河岸。就在这样均质化的肌理其间，也分布着少许带有较大院落的会馆、衙署、戏馆等公共设施，但商业特征无疑最为显见。正如罗·威廉描述的那样：

> 尽管汉口房屋密集，市容仍是很平展的，因为只是在进入19世纪前后，超过一层楼以上的建筑才大量出现。在那以后，才偶尔有一些高层的行会公所耸立在市区之内，高出周围许多小平房的屋顶。在整个清代，主要的高层建筑正是这样一些同业公所、货栈和商场，而政府机关则依然是隐藏在后街的低矮、简陋的房子，这一点正反映汉口的商业特性。漂亮、宽阔的大街属于商业部门，特别是属于那些大批发货栈。这种明显的差别在建筑材料的选择方面反映出来：潘耒赞美的红漆椽、琉璃瓦屋顶和耀眼的瓷砖墙，几乎全部属于商业公馆。大多数的房屋，如衙门和居民住宅，用砖、土、竹、木等简单材料就足够了。[2]

从现代城市规划指标来看，这种居住模式显然不能满足现代生活流动性的需求。对表5-5中所选的汉中街片区南段（中山大道以南、汉水以北）进行分析，

---

[1] 以单一主街道（干道、过境公路）两侧旁形成铺面住宅的模式，仍是当今中国许多小城镇的空间形态。

[2] ［美］罗威廉著，江溶．鲁西奇译．汉口：一个中国城市的商业和社会（1796—1889）[M]．中国人民大学出版社，2005:30.

几个关键统计数据都低于租界区与模范区，说明该空间肌理下的住居是与所处的传统商业经济模式密切相关。

（2）底商上宅式住居与旧市区空间拓展

此类住居类型的出现与1920—1930年旧市区的街巷拓宽有很大关系。在城市空间尺度层面上，属于大尺度街廓形态下的一种临街住居形式[1]，受到来自西方城市规划及市政思想的较大影响。以修建于1929年的民生路[2]为例，此路全长约850米，宽约19米，街道宽敞，D/H为1:0.6，系在旧张美之巷的基础上拓宽兴建。其道路两侧为砖木结构二至三层的临街底商上宅住居。通常一层为商铺，二层以上为住宅，单体三个开间毗连而成（没有山墙），并以临街连续性界面形式展开呈现（图5-4a）。立面垂直三段式构图，受西式风格影响较大，形成一种中西混合模式。

图5-4a　1929年汉口民生路沿街底商上宅住居

图5-4b　中山大道黄兴路口的骑楼住宅（摄于2013年8月）

[1] 拓宽后的现代沿街界面背后，仍是自组织的街巷空间肌理，为1930年代汉口“拼贴城市”下双肌理格局。

[2] 位于江汉区中山大道以东，西起中山大道，东抵沿江大道，贯穿花楼街、黄陂街；为武汉第一条由中国人自己设计、施工的现代化的沥青马路，以“三民主义中的民生”命名。

另外，在近代汉口底商上宅住居还有一种较为特殊形式——“骑楼”[1]（Building Overhang）（图 5-4b）。这种类型住居在华南地区近代城市中较为常见，如香港、广州、福州、厦门、泉州、北海、海口等地，属于南洋风格。但在汉口此类住居并不多，主要分布在城市道路较为狭窄的地段，如中山大道局部一段（黄兴路口至车站路口）。此类住居特点在于，底层店面让出道路红线，人行道上方为住宅。这样，行人可以避雨遮阳。

图 5-5　汉口一元街片区 800 米 ×800 米肌理（租界区）

底商上宅住居模式，反映出对汉口华界原有城市肌理改造一种理想化的折中体现，即“对已成市面的建设，宜取放任主义，在放任中逐渐改良，积极施行；平面上的建设，应取创造主义，通盘计划，依次实行。可以两种主义，作为三镇工程计划的标准”[2]。说明该空间肌理下的住居既是传统商业向现代商业转变的经济客观需要，也是汉口城市近代转型的结果。

（3）住居地块形态与城市道路布局关联性耦合分析

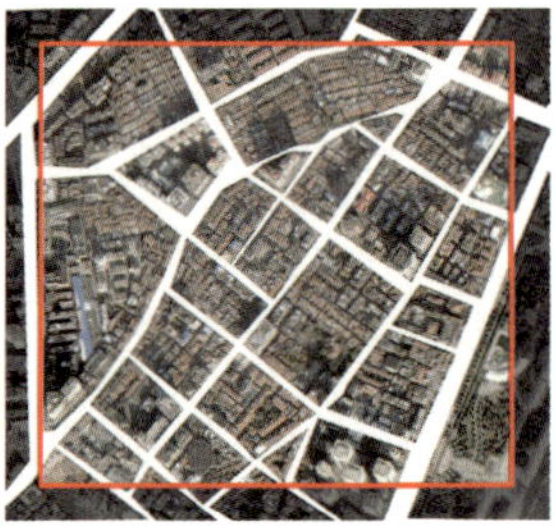

图 5-6　汉口大智街片区 800 米 ×800 米肌理（模范区）

由网格状街区形成的租界区与模范区在城市形态的宏观特性上相似。例如车站路片区与大智路片区的街区数量、道路交叉口的平均间距等都相差无几，但与旧市区（崇仁路片区）的数值相差较大（表 5-4）。在比较租界区与模范区 800 米 ×800 米层级样本的图底关系时（图 5-5、图 5-6），发现有一些共性之处，即三岔路口所形成的地块均有分布存在，这些地块及其周边成片住宅形成斜向

---

[1] 骑楼（Building Overhang），即楼层部分跨在人行道上的临街房屋，是一种近代商住建筑，在两广、福建、海南等地曾经是城镇的主要建筑形式。现代意义上的骑楼最早起源于印度的贝尼亚普库尔 (Beniapukur)，是英国殖民者首先建造的，称之为“廊房”。是一种典型的外廊式建筑物。这种欧陆建筑与东南亚地域特点相结合的建筑形式可以挡避风雨侵袭，遮挡炎阳照射，造成凉爽环境，因此在东南亚十分风靡，随后也传入华南地区。骑楼是我国广东、海南、广西、福建等沿海侨乡特有的南洋风情建筑，都是当年华侨从东南亚返乡所建。

[2] 民国十八年（1929）《武汉市政公报》第一卷第五号。

路网关系。地段归纳如下：①保华街与中山大道交会处形成的“新昌里”（武汉美术馆）地块；②黄石路与崇善路交会处的“汉港大厦”地块（原模范区）；③鄱阳街与洞庭街交会处的“巴公房子”（原俄租界内）地块；④中山大道与岳飞街交会处的“金源大厦”（武汉卫生防疫站，原法租界巡捕房）地块；⑤中山大道与胜利街交会处的“江岸区少儿图书馆”（原法租界内）地块。

为何出现这样的地块形态，一直是笔者颇为困惑之处，也饶有兴趣研究其成因。为此，查阅了历史地图、相关文献，推测判断原因有两种：① 受原汉口城垣基址的影响。比如，“保华街”就是在原城堡基址上与英租界反越界抗争的结果，在此地块上形成“新昌里”（今武汉美术馆）；俄租界内巴公房子地块是由于原本英租界三条平行于江的街道——洞庭街、鄱阳街、胜利街在受到汉口城垣边界的“挤压”下的结果，三教街（鄱阳街）止于黎黄陂路交叉口节点处，从而与洞庭街在黎黄陂路节点处合一；而法租界两处三岔口地块也同样是由于原城垣基址形态而形成的一段弧形路段——亚尔薩兰尼省街（今中山大道黄兴路口至一元路段）。② 政治经济对城市空间形态的扰动影响。其案例就是汉口模范区原较为规整的网格状中突插入一条斜向道路——崇善路（图3-15），导致德润里地块有斜边存在。原以为是师从西方城市布局的有意之为：华界模范区竟也有方格网 + 斜向道路的布局？后据 1922 年汉口地图以及相关文献考察得知，民初时英租界当局曾从循礼门处引入一段铁轨至英租界所致。说起来，还与保华街上汇通路[1]的形成有关。

5.3.2 住居范型在街区肌理层面的特征比较分析

住居在街区尺度层级上的考察更接近住居类型本身及其所构成的空间围合特征，其目的旨在探讨片区 / 街区内部与外部、内部与内部的关系。例如，街廓面积大小与城市密度、街区里分的路网结构、里分栋数量关系等。在 800 米 ×800 米层级的城区肌理卫星图的基础上，将分辨率缩小至 200 米 ×200 米层级的街区范围，以便更清晰地对各街区地块进行研究（表 5-6）。

---

[1] 位于今江岸区中山大道北侧；东南起于保华街，穿越江汉二路、吉庆街、铭新街，北抵京汉街；长约 450 米，宽约 12—14 米，沥青路面；1920 年前后，英商汇丰银行购地修铁路岔道至江边，此路同时开通，并与铁路岔道交汇相通；铁路岔道于 1926 年拆除，故名汇通路。

表 5-6 200 米层级街区肌理比较（局部）

选定区域	旧市区（崇仁路段）	租界区（黄兴路段）	模范区（南京路段）
街区卫星图（局部截取）			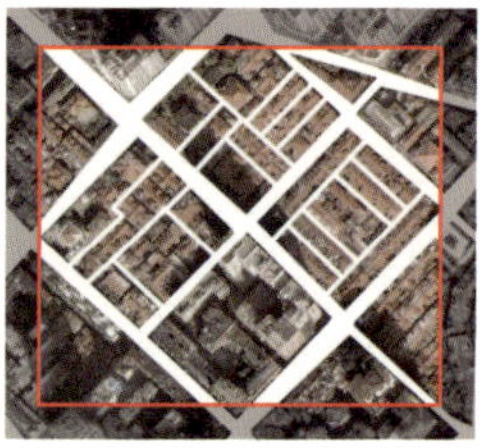
分辨率层级	200 米 ×200 米	200 米 ×200 米	200 米 ×200 米
建筑类型	稠密的低层建筑毗邻的房屋	独立与联排混合式建筑相间的房屋	稠密的低层建筑里分住居
功能	商住	住宅	住宅
占地率 / 选定区域（%）	91	76	79
建筑数量（/ 公顷）	43	20	21
城市密度之比	＞ 2	1—2	1—2

作者自绘；卫星图像处理：易敏

（1）旧市区住居街巷的线型空间形态与自组织特征

表 5-6 中所选的崇仁路段为硚口区汉中街街办所辖区域，即北至中山大道，南临汉水，东至武胜路汉水一桥，西至硚口路京汉大道与沿河大道交会处。域内多为砖木或砖混结构商住住居（犹如当下一些“城中村”内部组织一样，无序而混杂）；其中，汉正街为辖区内一段。从街区局部截取的卫星图上看出，无论是作为主街的汉正街，还是南北向的永宁巷等，均呈现自组织特征的线型空间结构。狭小地块上建筑密度过大，建筑覆盖率与选框的城市面积比值大于 2，容积率低；区域内道路狭窄且不规则，因而支巷与主街的交通联系性较差。对照租界区与模范区的数值，可以看出街区层级的空间肌理完全不一样。

尽管该片区的传统风貌早已无存，街巷空间肌理组织也历经变迁，但留下的肌理格局仍依稀可辨。因此该区域作为最早的汉口镇肇始之地，其商住混合形态乃是在沿河（汉水）、沿街（正街）随机线型方式自然发展而来，是长时期衍化的结果。

（2）租界区住居街区开放空间与几何形态特征

租界城市形态的菱形方格网和斜向道路所形成的几何街廓形态，是租界住区开放空间形成的外部因素。在第二章中的“1905年的汉口租界图”（图2–22）可知悉汉口租界区连片形成后的十年情景（1896—1905）。即仅完成路网规划，在各租界区内的街廓地块上实际建造与实施的建筑依然很少，仅有呈斑块状的零星建筑存在（英租界内的建筑覆盖率稍高一些）。从这点上看，可以得出一个基本判断，早期租界里的住居是以点式分布为特征的独立式住居（包括领事馆这类含有住居色彩功能的建筑）为主要形态，因而其街廓内部是非常开敞的。中晚期的租界街廓内部情形有了变化。集合联排式里分住居逐渐增多，导致其原来相对孤立的单体住屋所围合成的内部开放性空间减少，在街区地块上的建筑呈现出一个由“肌理稀松”到“肌理致密”的过程（图3–35a/b）。而作为西式里分住居的空间组织也体现了这种几何形态的特质，如英租界内的汉润里两条放射状的斜向里巷空间与咸安坊形成“之”字形的里坊布局等（图5–7），俨然是缩小版的西方城市形态了。

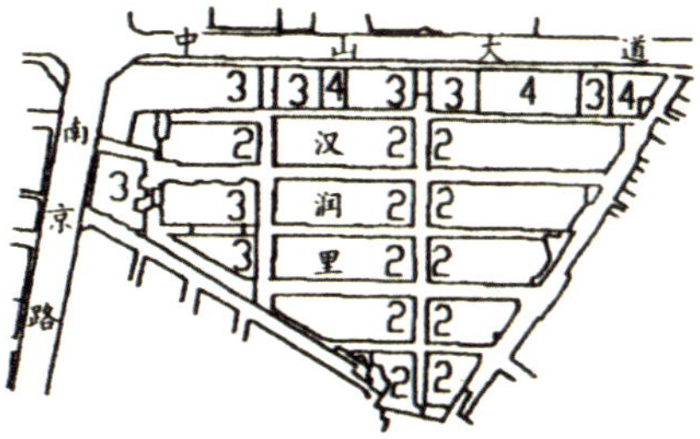

汉润里

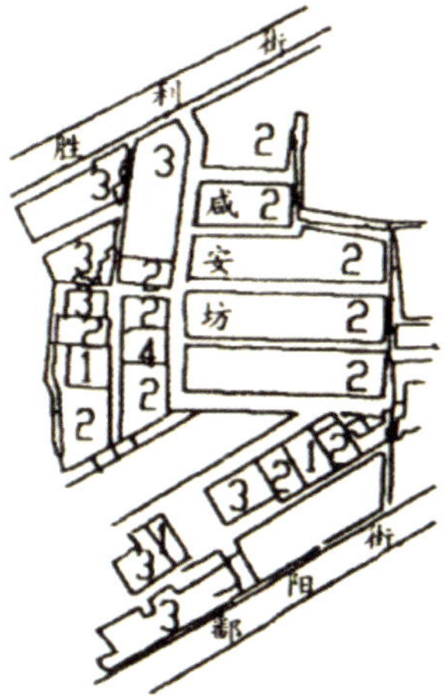

咸安坊

图5–7　原英租界内里分的西式布局

回到表5–6中200米×200米层级的住居空间相关性分析上，图5–8中所示的黄兴路段地块是原法租界中心所在，分布有法国安南兵营（后为法汉学校[1]，就在霞飞将军街上，今岳飞街）、工部局与巡捕房（今金源大厦）。从图中可看出街廓内部的通路并不十分通畅，甚至还有少许尽端巷道空间的存在，反映了前述从“稀松”到“加密”过程中的问题。从这点上看，连接率反倒不如模范区内向性里巷的布局。

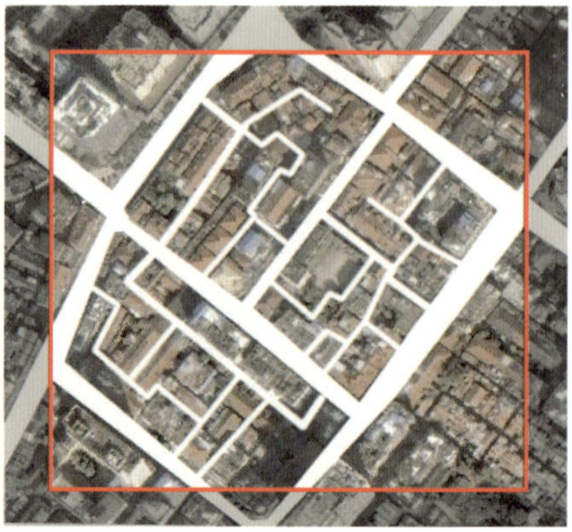

图 5-8 汉口黄兴路段 200 米 ×200 米街区（法租界） 图片来源：易敏绘制

（3）模范区里分住居与内向性里巷的线性空间

里分的线型空间组织无论在模范区还是在租界区均呈内向性的特点，即多沿城市街道周边布置，内部住宅整齐地行列式排列。早期兴建的里分主巷（总支弄）宽度较窄，如生成里；中晚期的里分巷道逐渐趋宽，如汉安里、咸安坊等。汉口里分主巷的宽度与房屋的间距，需按有关建筑管理法规来确定不同宽度间距值，如大门对大门、大门对后门或后门对后门的情形，都规定有不同的最小宽度。从街区肌理层级分析里分总体布局即里巷路网形式来看，主要有主巷型、主次巷型、综合型与网格型等四种类型（表 5-7）。

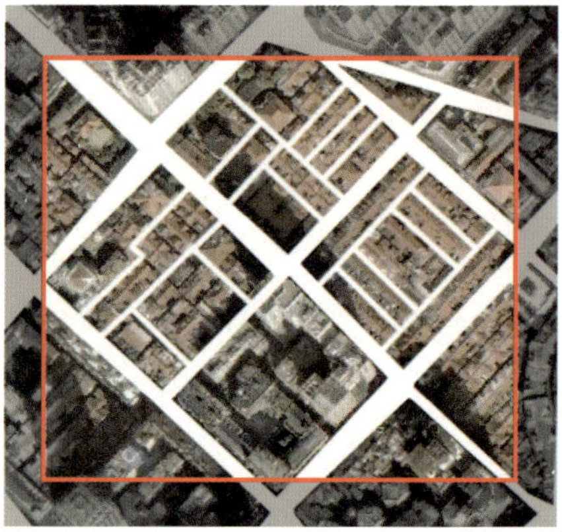

图 5-9 汉口南京路段 200 米 ×200 米街区（模范区） 图片来源：易敏绘制

a. 主巷型：其特点是仅有一条主巷与城市街道连接，这种形式较多见于规模较小的里分，即是“一巷到底”。住宅大门面对主巷，后门连接后巷，这种

[1] 位于汉口岳飞街 6 号，系汉口天主堂创管，原为法文专科学校，该校在 1902 年设在汉口车站路公德里处，1931 年在岳飞街建造新校舍，改名法汉中学，由陈茂盛营造厂承建。1982—1985 年系雷锋二中、武汉市第 82 中学；1985—2005 年为武汉美术学校；其规模很小，原校园空间分为两部分，布局呈 E 形。可惜 1990 年代末将原校园拆除重建新教学楼，原来的风貌不复存在。1982—1988 年间作者曾在此就学，至今还记得当年的数学老师陶宜英。

主巷式里分的总体布局，还可以分为两种类型：主巷一侧为住宅（大陆坊）和主巷两侧为住宅（洞庭村、江汉村）。

b. 主次巷型：其结构是只有一条主巷与城市街道连接，但是在里分内部又有较宽敞的巷子和较窄小的巷子，分别称为次巷或支巷，这种空间布局形式大多用于规模较大的里分。这些里分有分明的主巷、次巷和支巷，如德润里、辅堂里等。

c. 综合型：其特点是里分规模很大，是将以上两种形式融合。根据具体情况采取具体建造方法，进行灵活的道路网络布局，有生成里、咸安坊等里分。

d. 网格型：具有综合型里弄的一般特点，但是其各种主巷、次巷整齐划一，土地利用系数高，如华中里、三德里等。

例如江岸区大智街街办辖下的南京路段街区（图 5-9）。A 地块（福忠里）为四周临街布置，内部行列式排列的主次巷布局。主巷两头分别直通江汉二路与吉庆街。B 地块（二德里、榆荫里、退思里、裕润里）为几个较小里分的组合，分别只有一条主巷连接吉庆街与汇通路，不是“一通到底”的布局，此因该地块还有独立式住宅等块状建筑之故，姑且划为综合型。C 地块（金业里、鼎新里、大陆村）亦然。D 地块上原保安里已无存，现状呈“双高”格局（1980—1990 年后所建之多层、高层混合地块。现为鄂储小区，旁为高层建筑，其建筑密度与容积率均高）。

这 A、B、C 三个地块上的里分共性之处：相邻联排式里分住屋构成了主巷与次巷，主巷与城市道路相接；通路有效率高，属于内向性里巷的线型街廓空间。但 B 地块上除了里分住宅类型外，还有独立式公馆的类型（吴家花园）。与租界内的里分布局不一样的是，模范区内街廓地块从营建之初时就已明确定位为住居功能。正是由于模范区联排式里分住居强化了“内向性里巷 + 街廓空间”模式，从而形成具有汉派色彩的里分文化。

5.3.3 住居范型在建筑形态层面的比较分析

住居在建筑形态层面上的比较，将聚焦到不同类型住居的微观层面，从类型形态特征到住宅平、立、剖面的形式以及构造上的异同点等，有助于更好地了解近代汉口住居。

表 5-7　里分的总体布局和道路网形式分类

类　型		举　例	备　注
主巷型	两侧均为住宅	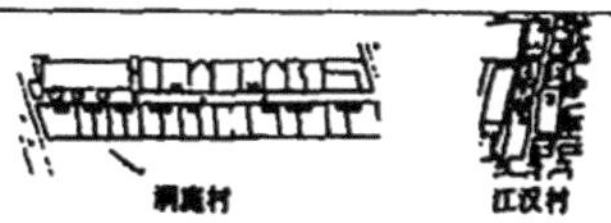	洞庭村： 1931 年建造 江汉村： 1936 年建造
	仅一侧为住宅	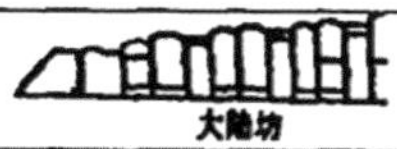	大陆坊： 1931 年建造
主次巷型		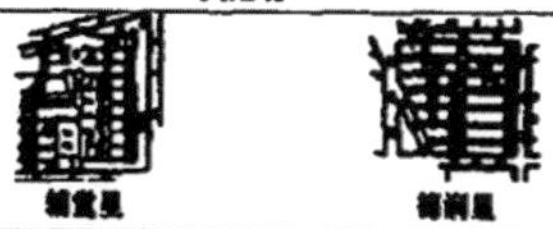	辅堂里： 1921 年建造 德润里： 1911 年建造
综合型			生成里： 1918 年建造 咸安坊： 1915 年建造
网格型		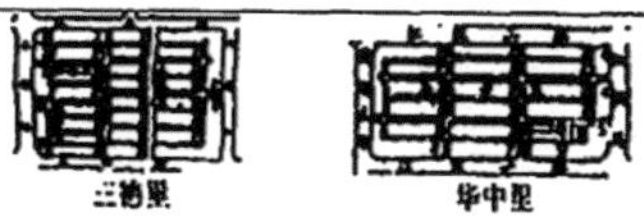	三德里： 1901 年建造 华中里： 1920 年建造

资料来源：李百浩，徐宇甦，吴凌．武汉近代住居里分研究 [J]．华中建筑，2000/3:09.

（1）主要住居建筑的类型解析

a. 商住混合住居。由于近代汉口商业城市的特性，商住混合住居占有较大的比重。按照先后时段区分为“前店后宅”与“底商上宅”两个时期，代表传统商居模式向近现代商居模式的转变。前店后宅商住混合住居占地率较底商上宅住居要大；各自的连续界面呈现方式也不尽相同，前店后宅为中式铺面形态；底商上宅为偏西式店面形态（图 5-10）。两者不同处还在于居者的构成不同。前者多以血缘为纽带的家族经营与居住；后者血缘纽带松弛，居者以多族群为主体，并且商业活动与起居生活是相对独立的。

前店后宅混合住居有以家庭 / 家族为经营特征的商号，常以“商铺”形式出现。由于紧邻隔壁的商铺（住宅），看起来像是联排式的布局，其实它的进深远大于开间，一般在 15 米以上。早期的“前店后宅”带有较大的院落，而晚期缩小至近乎天井，此类混合住居一般为一层—二层（夹层），多为木结构或砖木结构。

底商上宅住居逐渐改变了以家庭为经营特征的商号，通常以“商店”的形式出现。从居住形态上看，有几分集合住宅[1]的意味，即楼上的住户不一定仅为同一宗族的住户，而是若干不同背景的住户。底商上宅住居一般二层—四层。结构方式上由砖木结构发展到砖混结构，有的或有钢筋混凝土结构。从这点上看，体现的不仅是商业交易方式的转变，也是商住混合住居的现代形态转型。

图 5-10　汉口三民路上的商住混合住宅古今对比图（左为历史图照，右图摄于 2014 年 3 月）

b. 联排式里分住居。属集合住宅的一种特殊形式，是近代汉口住宅类型中最为广泛的一种主要居住形态，具有明显的地域色彩。近代汉口的里分建筑结构几乎全以砖木结构为主，一般为两层（少数租界里分也有三层的），层高多在 3.6 米—4.2 米之间；常带有一个露台，有些临街的里分还带有西式住屋中才有的阳台。联排式里分住宅有两类：中式联排式里分住居以汉口模范区（包括延伸区域）中最为突出；而偏西式的里分住居则在租界区较为典型，其里分住宅数量上要较模范区少。但是，租界里分住居的质量等级（均为甲级）却要较模范区高出许多，两个区域的里分无论从平面布局还是立面形式上，都存在许多差异。高等级里分的窗饰非常有特点（图 5-11）。以英租界内的咸安坊与模

[1]　集合住宅，是一个比较宽泛、笼统的概念。其最主要的特点体现在居住者的居住形态上。集合主要是描述了若干个不同宗族的家庭共同居住生活在一栋建筑内的居住形态，有别于中国传统社会普遍存在的家族聚居模式。广义的集合住宅是指在特定的土地上有规划地集合建造的住宅，包括低层、多层和高层。《中国大百科全书》中有“多户住宅”的概念，即“在一幢建筑内，有多个居住单元，供多户居住的住宅，多户住宅内住户一般使用公共走廊和楼梯、电梯”。集合住宅一词来源于日本，在不同的国家和地区有不同的名称，在香港有“公屋”这样类似的名词，在新加坡则有“组屋”一词。

范区的天隆里[1]里分立面比较为例，后者在立面要素上如石库门的门楣、窗饰、墙饰以及其他构件的标准上都是简化处理（图 5-12、5-13）。另外，模范区里分较少有临次巷的小天井以及厕所等套内配置。

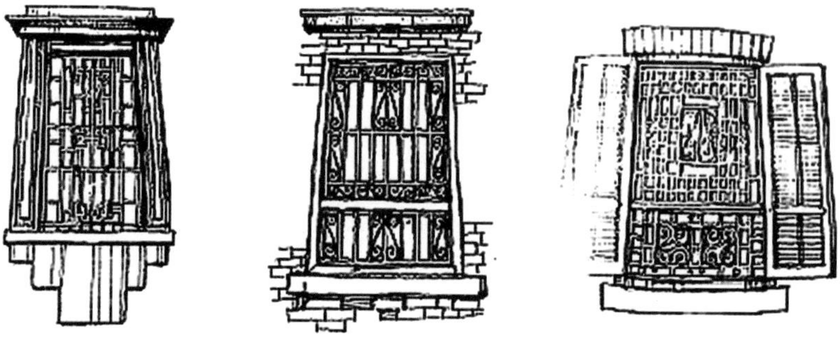

图 5-11　高级里分住居中的窗饰　资料来源：华虹，王晓鸣．武汉近代里弄住宅居住环境特色与保护 [J]．华中建筑，1998.03.

租界的里分往往有 1 户—2 户人家居住，有的甚至为独户居住，对应的群体是中高层群体；而模范区的里分大多都是 3 户—4 户甚至更多，满足的是以职员为主的中下层群体（作者的祖父曾在汉口英美烟草公司供职）的居住需求，有些类似现在的廉租房或公共组屋。说明了即使同一住居类型下，由于居住群体的社会阶层分野，导致上述差异的存在。而这些差异又体现在汉口里分等级上。里分住居按结构形式大体分为三种类型。

第一种是普通里分住宅（丙级）。这类里分的建筑年代相对久远，多以普通砖木瓦料建造，内墙多为木柱架嵌五寸砖墙、板壁或板条墙等，并且配有水电设备。如瑞祥里、余庆里、三德里、辅仁里等。

第二种为中档里分住宅（乙级）。这类住宅的结构较之普通里分要好一些。其建筑材料多为混合或甲种砖木结构，用料、施工和内部装修较简陋，但是水电设施较为齐全，并有卫生设备。如积庆里、联保里、汉润里等。

[1]　原天隆里（作者曾居住过）与长乐里、义成西里共同构成一个街区地块；1985 年因保成路的旧城改造而拆除。改造后的建筑密度与容积率均超出规划指标，街区环境倒不如改造前，是一个非常失败的案例。

图 5-12　咸安坊 A 区联排式立面（英租界）　资料来源：武汉市民用建筑设计院李斌供稿

图 5-13　汉口保成路原天隆里 1 号东立面回忆性复原图（模范区）　CAD 绘制：广州大学建筑与城市规划学院建筑学 2013 级研究生 张念

第三种为高档里分住宅（甲级）。一般都为新式住宅。多为甲种砖木与钢筋混合结构，机制红砖和水泥缝外墙，或粉假麻石面的外墙、平瓦屋顶。而且为了防潮、防水、保温、隔热，第一层地面多半有低空层，且高于街巷路面，内部装修精致，卫生水电设备齐全。如汉安村、上海村、江汉村、咸安坊、同兴里、泰兴里等，这些都属于高档里分住宅。

图 5-14　胜利街上某集合住宅

c. 集合式住宅（公寓）[1]，是近代汉口租界里的一种现代意义上的集合住宅类型，居住容积率较高，住居套型也比较齐全，内部生活设施齐全，可满足现代生活起居的需求，因而平面布局形式上灵活多样。汉口的公寓数量比较少，风格却相对丰富，其主要分布在租界区（表 5-11），主要供洋行职员居住，如可惜在 1993 年遭拆除的洞庭街 107 号原英国福利公司职员住宅（即现在怡东大厦位置），也有教会修建供教士、修女居住的集合住宅，如胜利街 207 号集合住宅（表 5-10）；还有已拆除的胜利街上未名集合住宅[2]（图 5-14）；模范区也有极少量的分布，如吉庆街 39 号。

公寓的出现与城市的近代化水平程度密切相关，某种程度上可视作一个城市经济形态与活力的一种折射。公寓一般是多层、高层为主的形式，如上海毕卡地公寓就为高层形式；而汉口几乎全是多层的，没有高层公寓的类型，说明汉口与上海的经济形态存在很大差异。汉口公寓典型实例如：法商立兴洋行公寓、巴公房子、德林公寓、英商怡和洋行住宅（图 5-15）、鄱阳街 9 号等。

d. 公馆建筑，是中国近代城市中一种特殊的独立式住宅类型。早期公馆的范型是以租界内领事官邸为典范，一般都带有独立的绿化庭院，是最早传入内地的一种西式住宅形式。辛亥革命后，开始出现公馆这类较为特殊的住宅形式，其内涵还是有别于独院式庭院的官邸，所谓“公馆者，公宫与公所为也”。

公馆建筑在中国近代城市中绝非仅有住居功能，实际上是集住居、交际、

[1] 公寓式住宅为最早舶来品，相对于独院独户的别墅，更为经济实用。早期大城市的公寓式住宅都是高层大楼，每一层内有若干单户独用的套房，包括卧室、起居室、客厅、浴室、厕所、厨房等等，主要供当时中等收入的高级职员、政府公务员居住；还有一部分附设于旅馆、酒店之内，供一些常常往来的中外客商及其家眷短期租用。

[2] 此集合式公寓位于胜利街原北京路小学旁，现已无存。关于该集合公寓，作者曾遍寻过许多资料，但均未找到该建筑相关信息。为此，曾向作者慈祥的三姑母陈文娟（1936.12.11—2017.7.16）求证该建筑历史图照，因为她曾在该小学短暂工作过。1960 年代初，三姑母随其丈夫郭德华前往宜昌工作和生活，育有二女。

图 5-15　胜利街上的原英商怡和洋行住宅（俄租界）（摄于 2016 年 1 月）

图 5-16　中山大道 1367 号原萧耀南公馆（法租界）　资料来源：指导江汉大学现代艺术学院 2006 级环境艺术设计 1 班历史建筑测绘（2007.09）；立面图 CAD 绘制：肖一凡

办公于一体的多功能复合性质的“独立式住宅”。近代汉口公馆建筑多为军政要员、洋行资本家等所有，其中大多分布在租界内（表 5-12），是当时社会形态的一种反映。虽然数量不多，但是风格类型较为丰富，有俄罗斯风格特征的那可伐申公馆（表 5-9），有中西合璧的“吴家花园”，有西式古典风格的“唐生智[1]公馆”（表 3-12）、“涂堃山、傅绍庭公馆”“萧耀南公馆”[2]（图 5-16），也有偏简约风格的“叶蓬[3]公馆”“涂坤山公馆”等。这些公馆建筑平面多是对称式的布局，少量也有非对称的形式。

[1] 唐生智（1890.10.12—1970.4.6），字孟潇，号曼德，湖南省永州市东安县人。

[2] 该公馆建筑后被置换为办公建筑，为江岸区车站街街办；经过加层改造，已失原建筑风貌。

[3] 叶蓬（1901—1947），黄陂南丰蔄山下叶家湾人，民国陆军师长，汪伪武汉绥靖公署主任、湖北省长，参谋总长、陆军部长。1947 年以汉奸罪被枪决。

表 5-8　李凡诺夫住宅测绘（洞庭街 60 号）

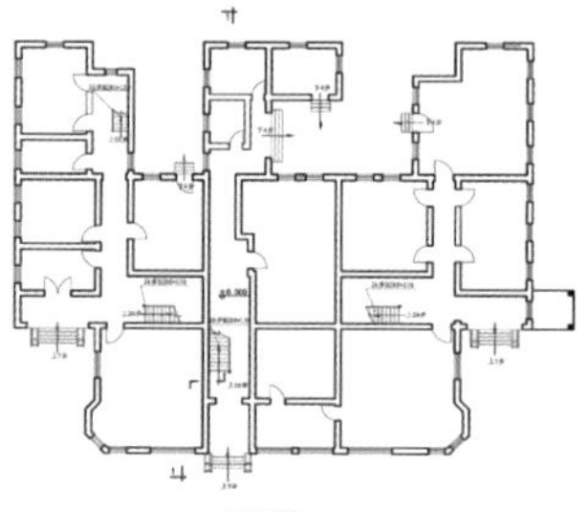

一层平面图 1:100

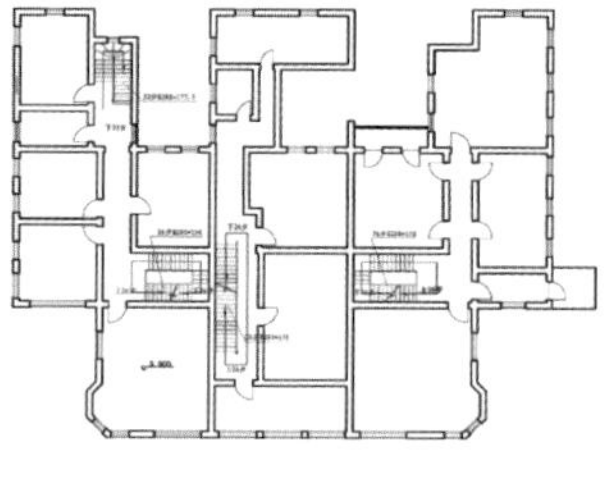

二层平面图 1:100

俄商李凡诺夫住宅——1913—1914 年建成，为三层砖木结构。现地址：武汉市江岸区洞庭街 60 号。一层为别克·乔治酒吧、警察学会；二层及以上部分为住宅，现为武汉市一级优秀历史建筑。

李凡诺夫（Litvinoff），俄国茶商。1863 年在汉口开设顺丰砖茶厂。此建筑为他的寓所（有部分公馆的意味，但仍偏住居），后成为官僚王耀武的产业。该住宅建筑具有典型的俄式民居特色；底层设有俄罗斯民族崇尚的拜占庭式砖石拱券，中部收进，从历史图照上看，其二层、三层皆为外廊（图 5-1）；三层左右各有一八角形和方形的出二层坡屋面的居室空间；所谓三层封闭式阳台，其实应为后来所增设。李凡诺夫住宅反映了俄罗斯严寒地区的建筑特点。此住宅为清水红砖外墙，屋顶高低错落有致，一端有八角红瓦尖塔耸立，立面构图在非对称中取得和谐，其内部木装饰精美，装修较好。

资料来源：指导学生测绘（江大现艺学院 2006 级环艺 3 班黄明、邓云超等；2007.12）；外观速写作者绘制；部分文字来源于《湖北近代建筑》

表 5-9　原俄租界那可伐申公馆测绘（现江岸区水务局）

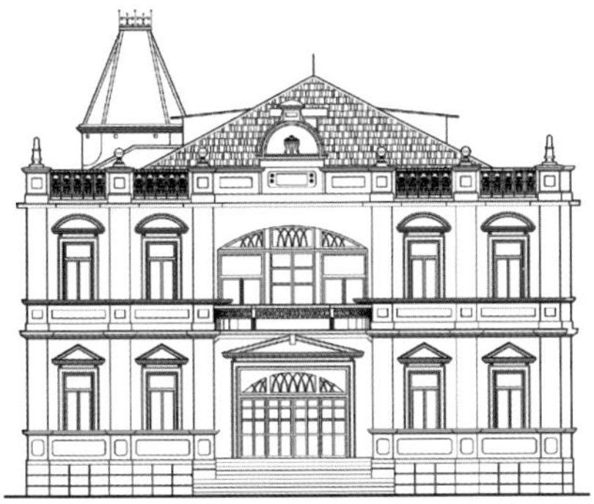

正立面图

侧立面图

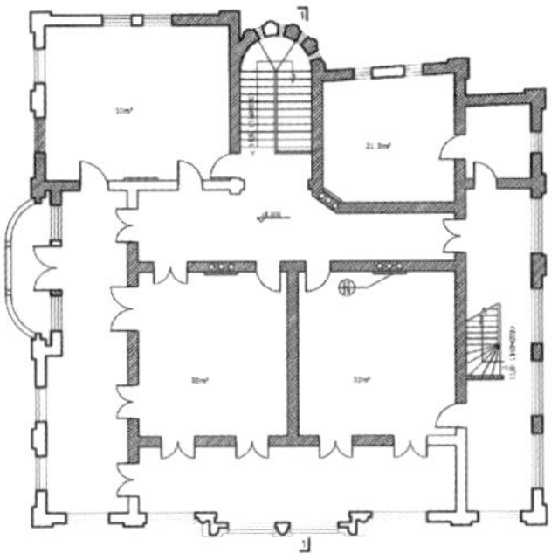

二层平面图

外观透视图

源泰洋行是汉口四大洋行之一，老板那克伐申（D.J Nakvasin）在汉口俄租界建有公馆，即那克伐申公馆（今洞庭街 82 号）。位于俄租界铁路街（今黎黄陂路）与鄂哈街（今洞庭街一段）交会处的西南角上。建于 1902 年，属古典主义建筑，为两层砖木结构，红瓦屋面。

建筑正面临靠黎黄陂路，采用不完全对称手法，临洞庭街一侧的八坡面高耸塔楼与建筑主体形成鲜明对比，从而又以非对称平衡中取得均衡与统一。勒脚部分条石砌筑上部粉刷。勒脚线、腰线、窗分线、檐口线共五道水平纵向分割线，在光的映照下给建筑立面添上了比例优雅的阴影。就建筑本身风格而言，其巴洛克式的三角形和圆弧形的窗楣，透露出文艺复兴时期的意境，而拔高的塔楼又体现出俄国建筑的韵味；是具有较高建筑艺术价值之历史优秀建筑。

资料来源：指导学生测绘（2007.11）　测绘绘图：曹景福、徐芬；作者完成外观速写

表 5-10　原望德堂附属公寓住宅测绘（胜利街 207 号）

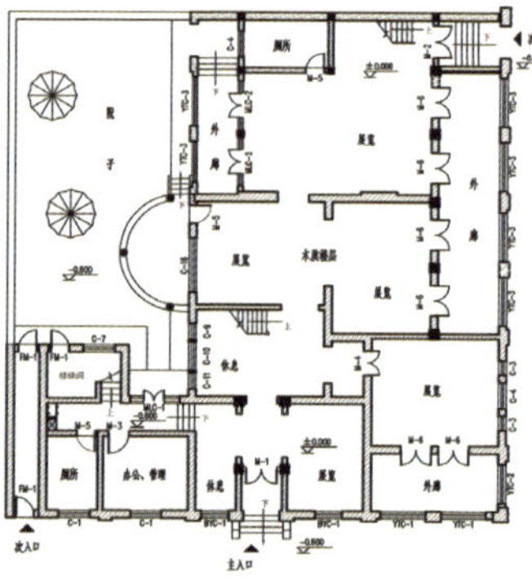

原望德堂附属住宅建筑
地址：江岸区胜利街 205、207 号
房产隶属：湖南教会
使用单位：个人
用途：居住（36 户）
建造年代：1906—1911 年
建筑层数：地上两层，局部三层
结构形式：砖木混合结构
建筑面积：（现在）867.35m^2

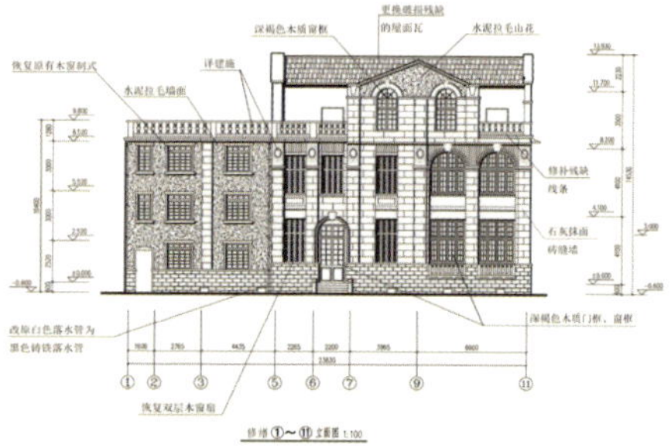

该公寓位于原汉口法租界内德托美领事街（RUE DE DAUTREMER 今胜利街）和巴黎街（RUE DE PARIS 今黄兴路）交会处。公寓住宅平面为非对称式，布局十分灵活；立面高低错落有致（胜利街立面上有错层）；其外墙装饰为拉毛墙面与水泥砂浆粉饰混合形式，材质对比分明。立面上圆形拱与室内局部存在的哥特式尖拱，体现了该公寓产权的天主教会属性（1930 年出版的汉口法租界地图上明显可看到其对面的 Union Church 即联合教堂）。据此推测该公寓原为教士和修女等神职人员居住。该建筑总体上偏向于文艺复兴府邸风格，具有折衷主义特征。现为武汉市第十批优秀历史建筑中唯一带有院落的公寓式住宅。

2007 年 10 月作者曾带领江汉大学现代艺术学院 2006 级环艺二班学生陈凡、齐丽平、夏威夷、沈丹、凌涵对当时处于危房状态下的该历史住宅进行了较为全面的建筑测绘，取得了第一手宝贵资料。2012 年 11 月江岸区政府开始腾退原住户后进行了修缮性保护与更新，其修复技术与施工科学合理，是近年历史建筑保护较为成功的实例。现在被辟为三家网红店（UP TEA 茶尖尖、梦游少女、IN TIME SALON）深受年轻人青睐。

资料来源：原图系指导学生测绘（2007.10）作者完成外观速写；修复后测绘资料由武汉市民用建筑设计院李斌提供

表 5-11 近代汉口租界公寓建筑一览表（部分）

名称	分布地段	公寓图照	建筑风格特征
安利英洋行住宅	今鄱阳街9号（英租界）		此集合住宅从文献中无从考据，但依据现存历史影像，判断应建于1911年以前的清末时期，为租界早期集合式公寓类型，有较高的建筑艺术价值。具体介绍参见表2-8。
德林公寓	今胜利街183号（英租界）		建于1925年的德林公寓位于胜利街78号—88号，由华侨王光投资兴建；钢筋混凝土结构，有五个单元，底层为商店，上层为公寓。在当时英租界内，它是最豪华气派的高档公寓之一。现已腾退楼内居民，开启更新保护。
巴公房子	鄱阳街46—56号（俄租界）		1910年建成，广大昌营造厂施工；地上四层，地下一层；砖木结构；为汉口最早出现的多层公寓，具有俄罗斯文艺复兴风格的住宅建筑。公寓临近三路交会的中部，平面呈近似锐角三角形，有大小天井（内院）；平面单元式布局；现为武汉市一级优秀历史建筑，目前该历史建筑正在更新保护中。左图中左侧楼房即为笔者1982—2008年间的住居地。现面临拆迁，正好40年的记忆即将又被“格式化”。

续表

名称	分布地段	公寓图照	建筑风格特征
怡和洋行住宅	今胜利街187号—191号（俄租界）		建于1919—1923年间，有较高的建筑艺术价值。怡和洋行住宅为英商怡和洋行高级职员住宅。外墙饰面两种：正立面与侧立面两侧为拉毛墙面，转角处为清水砖墙；坡屋顶高低错落，后为两坡，造型别致。
立兴洋行公寓	洞庭街116号—120号（法租界）		建于1922—1924年间；位于洞庭街116号—120号，由法商立兴地产公司投资兴建，四层混合结构；三义洋行设计，广州和隆营造厂施工；公寓大楼内配套设施完备，装修质量较高。
海寿街住宅	中山大道891号—903号（法租界）		1917年建成，罗万顺营造厂施工；二层砖木结构；是法租界内早期所建的临街集合券廊式住居，现状保存较好（历史照片见图3-51）。
日本军官住宅	胜利街258号—272号（日租界）		1910年建成，二层（拐角处局部三层）砖混结构，是目前日租界保存较完整的建筑之一；属文艺复兴式建筑，现为武汉市一级优秀历史建筑；平面条形，立面不对称式构图；清水红砖外墙，砖券仿隅石做法；门窗均用弧形拱券，做工精细。角部建有一瞭望塔，红瓦坡屋顶。

备注：表格中照片除注明来源外，其余均为作者拍摄

表 5-12　近代汉口公馆建筑一览表（部分）

名称	分布地段	公寓图照	建筑风格特征
叶蓬公馆	今青岛路15号（英租界）		建于1937年以前，有较高的建筑艺术价值和城市景观价值，属历史人物建筑。 公馆略有仿西班牙风格，底层设方砖柱，起半圆形拱券廊，入口处有凸出门楼，门楼顶部为上层阳台。清水红砖外墙，楼板和柱头等构件白色粉刷；红白相间，搭配和谐。内部生活设施齐全，装饰豪华。院内设有花园。
唐生智公馆	胜利街183号（俄租界）		1921年前后建成，三层钢筋混凝土结构；现为武汉市二级优秀历史建筑。 公馆为新古典主义风格；平面规整，一层正中为主活动区，两侧为楼梯间通道；客厅地面铺黑白“万”字花纹马赛克地砖；二三层为客卧、主卧、起居室、儿童房。正立面两柱三开间外廊，两端略有前凸；侧窗由窗套拉成整体。建筑出檐较大，梯间上部设有穹顶塔楼；内部装饰精致。
萧耀南公馆	中山大道1367号（法租界）		1925年建成，罗万顺营造厂施工；二层砖木结构。 萧耀南公馆为法国式风格建筑，沿街而建；正面设两层券廊，两侧耳房突出，呈多边形。外墙勒脚砂岩垒筑，上部假麻石饰面，红瓦坡屋面；檐口砖砌椽头粉白色，上托混凝土现浇天沟；内部装饰精致，有木地板、木楼梯。有较高的建筑艺术价值，属历史人物建筑（图5-16）。

续表

名称	分布地段	公寓图照	建筑风格特征
涂坤山公馆	车站路10号（法租界）		涂坤山，又名涂堃山，英商亚细亚火油公司汉口分公司买办。该建筑1913年建成，地上二层，地下一层，砖木结构；平面矩形，外廊式布局，居中设入口，门框凸出，两侧设精美的多立克柱式，上部为半圆形拱券；建筑立面简洁，基座粗石砌筑，房屋上部有一形似檐口的装饰横带，配上中部经过变化的山花装饰；坡屋顶上覆盖红瓦；内部装修豪华。
杨森公馆	惠济路15号		1928年建成，地上三层，地下一层，为砖混结构。亦称为“杨森花园”，占地56,200平方米；内设亭台楼阁，假山荷池，一度成为汉口的名园；1931年花园被淹，花木被毁。公馆平面为L形，底层设有车库，正厅设在转角处，门厅内设半圆形楼梯，楼梯间通两翼；公馆内共有房间20余间；第二层左右两翼正面各有3大间，两侧各设阳台；坡屋顶上覆红瓦，内部设施豪华。

作者自绘；照片除注明外，均为作者拍摄；文字说明部分来源于《湖北近代建筑》

e. 独立式住宅（别墅），是近代汉口住居类型之一。数量非常少，主要集中分布在怡和村（今解放公园路市委机关住区院内），在租界里也有少许分布，如坐落在幽静的黎黄陂路内侧，与法领事馆花园仅一墙之隔的周苍柏[1]花园别墅（表5-13），平面布局自由，生活起居功能非常合理、别致。另外，由专业人士等社会贤达所建造的独立住居，如俄哈街（今洞庭街）上规整而严谨的詹天佑[2]故居（表5-14a）（由其本人在民国初期设计与建造），以及黎黄陂路上的高氏医院（表5-14b）。

[1] 周苍柏（1888—1970），湖北武汉人，中国现代著名银行家、实业家、爱国民主人士。

[2] 詹天佑（1861—1919），汉族，字眷诚，号达朝；祖籍徽州婺源，生于广东省广州府南海县。

表 5-13　周苍柏花园住宅测绘

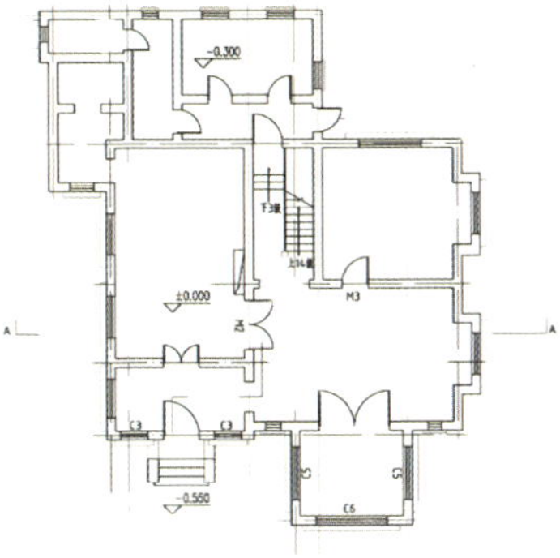

一层平面图

正立面图

外观照片

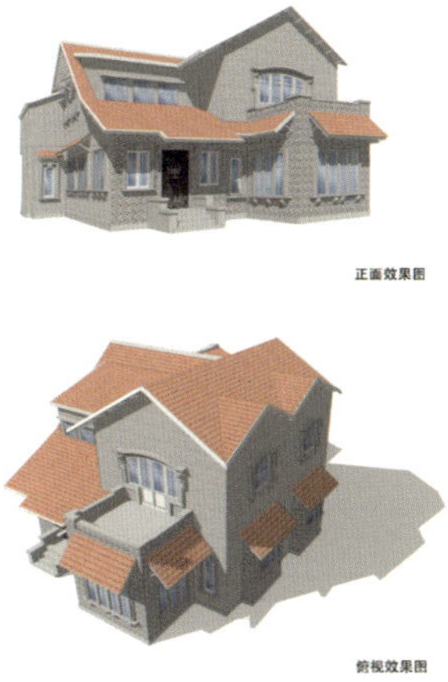

SU 模型图

黎黄陂路黄陂村 5—7 号

周苍柏公馆——1920 年建成，汉昌济营造厂施工，二层砖木结构。现为武汉市二级优秀历史建筑。周苍柏曾为汉口上海商业储蓄银行行长，建国后将自己多年经营的“海光农圃”捐赠给了人民政府并更名为东湖公园，故有“东湖之父”赞誉，其也是著名歌唱家周小燕之父。1949 年后历任政府部门要职。公馆原 3 栋建筑外观基本一致，公馆平面为不规则布局，形式活泼。主入口偏左侧，与院门正对而形成透景。外墙局部为清水灰砖和水泥拉毛墙，红瓦坡屋顶随平面布局变化而形态丰富，错落有致，极具特色。

资料来源：指导学生测绘（2014.7）；华中科技大学建筑学 2011 级马天罡、谢滇威、黄俊峰、杰米

表 5-14a　詹天佑故居测绘（洞庭街 51 号）

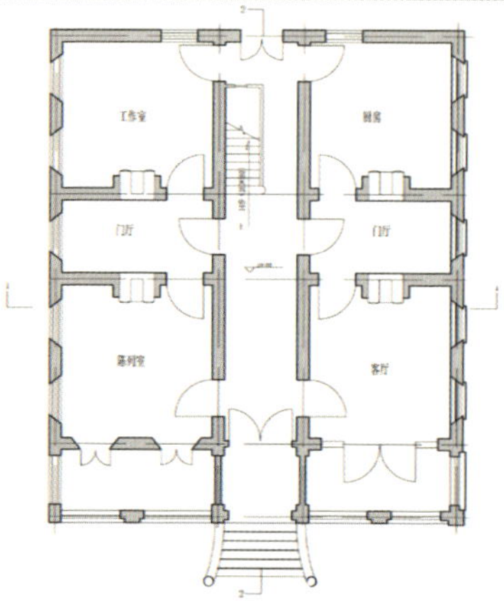

一层平面图

正立面图

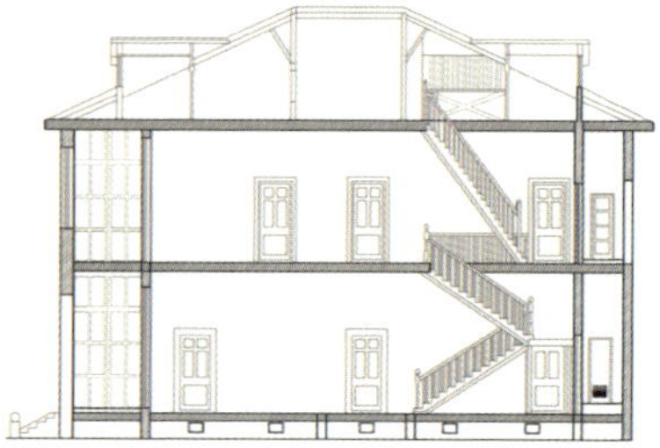

剖面图

外观照片

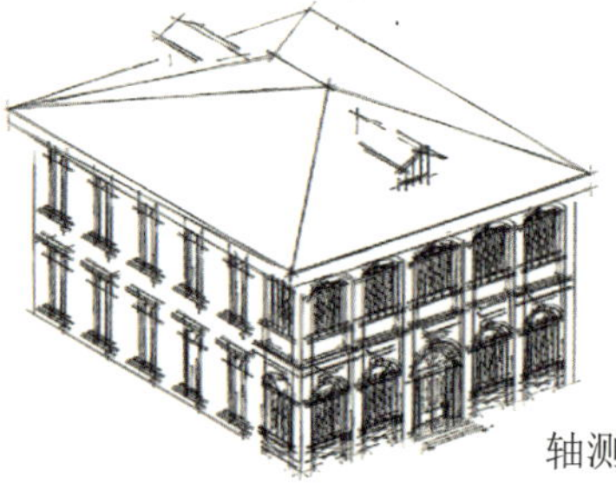

轴测图

1912 年至 1919 年詹天佑主持修建汉粤川铁路期间在此工作、生活直至去世。他为了中国铁路建设，几度举家迁移，该故居是至今唯一保存完好的旧址，2001 年国务院公布其为全国重点文物保护单位。该建筑系詹天佑亲自设计建造。

故居是一栋砖木结构的西式两层楼房。其向阳的东、南、西三面环以回廊，其中东立面回廊采用券柱式，南、西立面则为廊庑。主入口为八字形石台阶，大门、走廊均居于正中，呈内走廊布局。在上下两层走廊的两侧各有三间大小不等的房间，楼上右前房为詹天佑的卧室。顶部为红瓦四面坡屋面，设有阁楼和老虎窗。楼前是种植葡萄和花草的庭院。

资料来源：指导学生测绘（2014.7）测绘绘图：华中科技大学建筑学 2011 级马天罡、谢滇威、黄俊峰、杰米

表 5-14b　高氏医院住宅测绘（黎黄陂路 38 号）

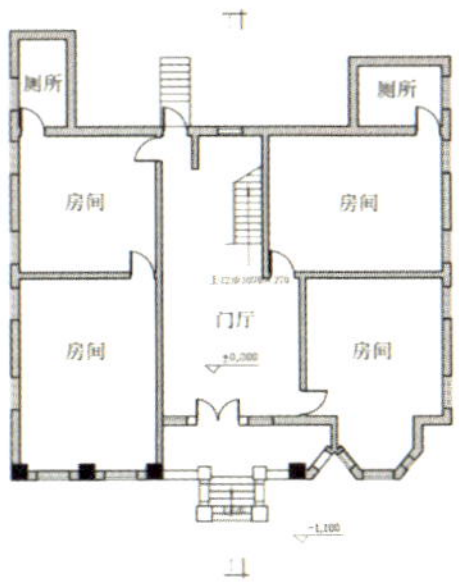

一层平面图

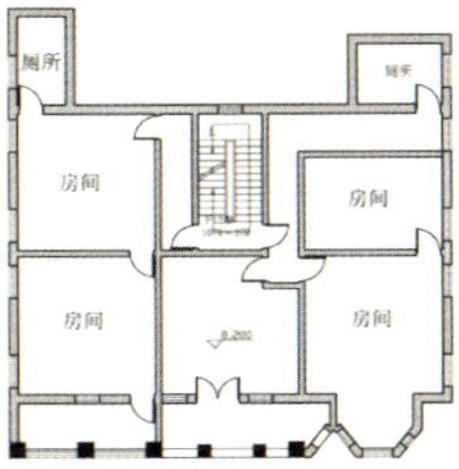

二层平面图

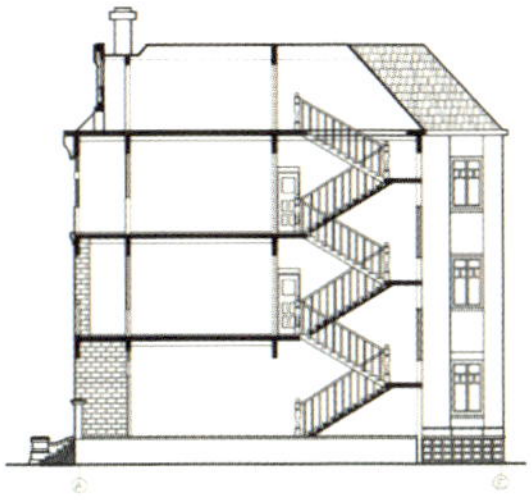

剖面图

正立面图

高氏医院（住宅）——建于 1927 年前后；三层砖混结构。现地址：武汉市江岸区黎黄陂路 38 号。目前底层为商业用房，二层以上为住宅。

高氏医院系由高氏三姐弟（高欣荣、高有焕、高有炳）于 1936 年所开创（美俄研究院式的高氏诊所）；1939 年 3 月正式改名为“高氏医院”，闻名三镇；1952 年后停业。医院平面略呈矩形，一层为门诊部、药房、化验室、注射室和小手术室；二三层的一侧作为高氏家族住宅，另一侧作住院部，最多可设 18 张病床。医院沿街立面为不对称布局，有凹凸变化，入口的右侧呈近似弧形的多边形凸起，使该建筑形体具有起伏感。一二层有贯通的壁柱，三层为白色双壁柱拱券窗；外墙采用近似蓝色面砖饰面；拱券形老虎窗出坡屋面。建筑整体具有较强的亲和力，契合了私人医院诊疗与居住双重功能的特点。现已被列为武汉市优秀历史建筑第四批保护目录。

资料来源：指导学生测绘（江大现艺学院 06 级环艺 1 班黄松桃、朱媛、郭丽平等；测绘于 2007.10）　文字介绍部分来源于《湖北近代建筑》

（2）里分住居建筑的平面形态特征分析

里分是近代汉口住宅类型中的主体，其平面套型直接关系着里分住居的等级以及住区环境。经过文献研究与田野考察，我们将里分平面形式归纳为三间式、两间半式、两间式和一间半式（表 5-15、表 5-16）；其中，两间式是最为普遍的一种形式，量大而面广，是普通里分住宅常用的一种组合方式。

表 5-15　近代汉口里分平面形式一览表

平面形式	平面示意图	特点
三间式（左为咸安坊 37#，右为同兴里 19#）	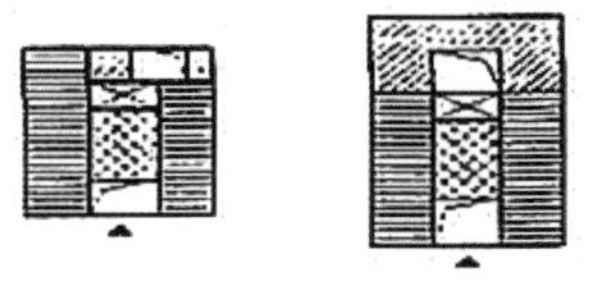	一般有前后两个天井：由前天井入户，中间为起居室（堂屋），后为楼梯，起居室两侧为卧室，后天井两侧为附属用房；占地较大，后天井面向支巷或后巷。
两间半式（左为洞庭街 22#，右为同兴里 18#）	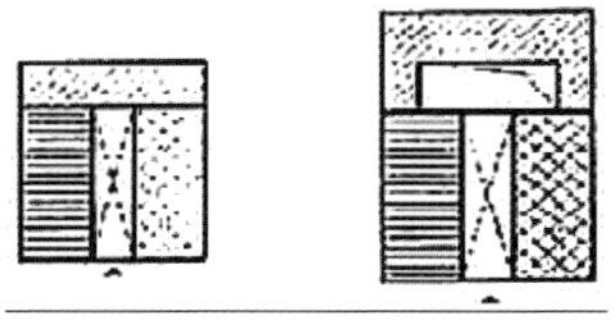	一般由中间半间入户，后为楼梯，楼梯两侧为卧室或起居室，后部为辅助用房，有时设后天井，有时无天井。
两间式（左为同丰里 14#，右为同兴里 7#）	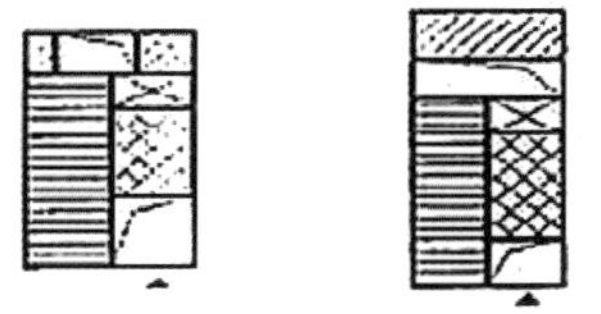	这是一种量大而广的平面形式，一般有前后两个天井：由前天井入户，其中一间为起居室（堂屋），后为楼梯，另一间为卧室；后天井两侧为辅助用房。
一间半式（左为泰兴里 3#，右为大陆坊 2#）	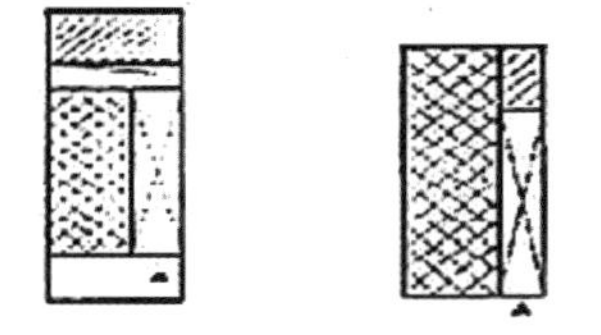	一般由半间入户，后为楼梯，另一间为起居室和卧室；前为院子，后有天井，天井一侧为辅助用房；用于基地紧张或小户型的住宅。
图注： 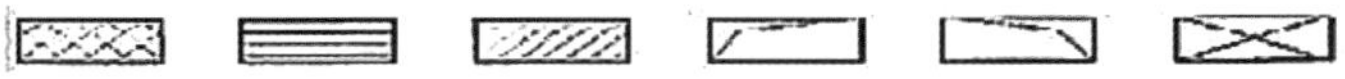 起居室　卧室　辅助用房　前天井　后天井　楼梯间		

资料来源：李百浩、徐宇甦、吴凌．武汉近代里分住宅发展、类型及其特征研究（续）[J]．华中建筑，2000.04.

表 5-16　里分平面形式及单元形态示意图

类型	平面形式及单元形态示意图	特点
三间式	天井式里分 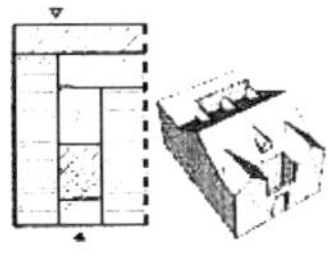 同兴里（1932 年） 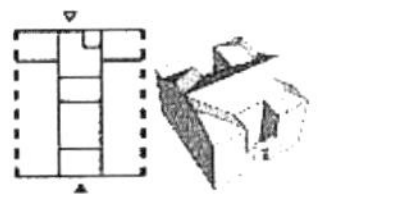 汉涧里（1917 年）	一般有前后两个天井：由前天井入户，中间为堂屋，后为楼梯，两侧为卧室，后天井两侧为附属用房；占地较大，后天井面向支巷或后巷。
两间半式	门斗式里分 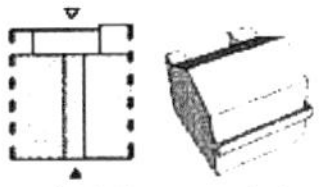 中孚里（1917 年） 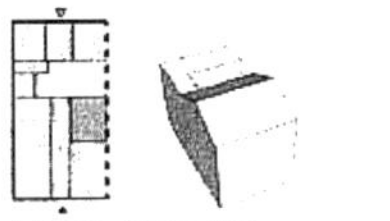 同兴里（1932 年）	一般由中间半间入户，后为楼梯，楼梯两侧为卧室或起居室，后部为辅助房间。入户无天井，入口向室内收进形成门斗，部分有后天井。
两间式	天井式里分 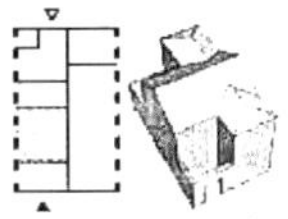 汉涧里（1917 年） 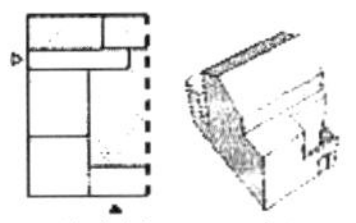 兰陵村（1933 年）	这是一种量大而广的平面形式，一般有前后两个天井：由前天井入户，其中一间为起居室，后为楼梯，另一间为卧室；后天井两侧为辅助用房。
一间半式	天井式里分 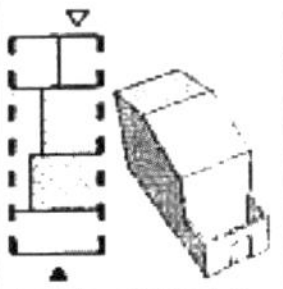 中孚里（1917 年） 西式里分 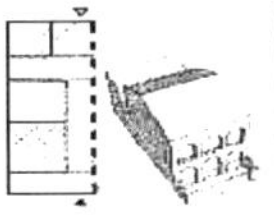 泰兴里（1908 年） 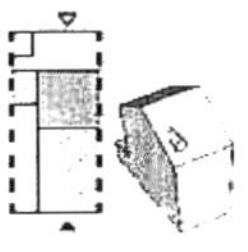 珞珈山街住宅（1919 年）	一般由半间入户，后为楼梯，另一间为起居室和卧室；前为院子，后有天井，天井一侧为辅助用房；用于基地紧张或小户型的住宅。
单间式	天井式里分 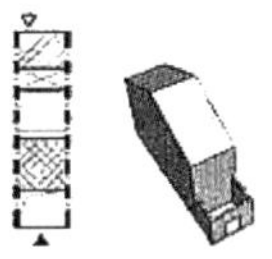 海寿里（1901 年） 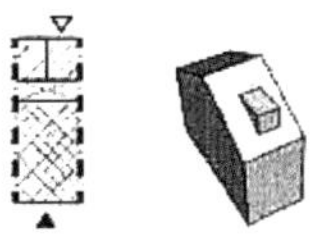 宏伟里（1925 年）	部分有入户天井，或直接由堂屋入户，后为楼梯，有的楼梯为新天设置，用于采光，天井与屋后的辅助用房相隔。
其他	天井式里分 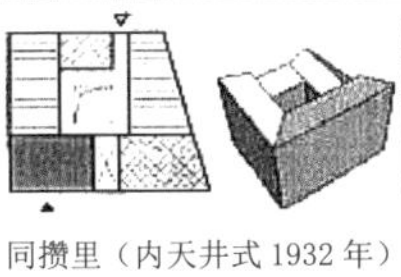 同攒里（内天井式 1932 年） 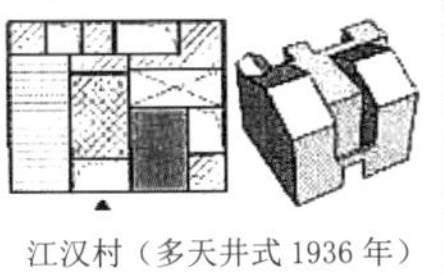 江汉村（多天井式 1936 年）	出现在里分住宅后期，由于房间数量的增加，天井的布局更加灵活，形成内天井式和多天井式。
图例		

资料来源：桂宗瑜．武汉近代民居价值初探 [D]．武汉理工大学硕士论文，2014.

（3）集合住居的差异比较分析

集合住宅分为联排式与独立式两种。前面所述的里分住居就是联排式集合住宅。本小节拟进一步分析独立式集合住宅的分布特点及其异同点。

独立式集合住宅从空间分布地段来看，以租界区为主，模范区为辅，在华界旧市区则几乎没有。通过田野调查后发现，独立式集合住宅的分布特点与其平面形式也存在着某种联系。租界区早期独立式集合住宅多为点式平面，实际上也就是将原有独立券廊式住宅加以体量改变，如前面所述的鄱阳街 9 号，其平面灵活自由。稍晚时候租界内的独立式集合住宅开始以周边式、沿街式的形式出现，如巴公房子、德林公寓等，其平面多依据场地情况而定，券廊（外廊）已不多见。这为 1930 年以后的里分住居公寓化（金城里、大陆坊）提供了借鉴与参考。

5.4 住居范型的街巷截面及临街界面类型特征

5.4.1 街区住居与 D/H 之间的关系

从表 5-4 中的数据可以看出汉口租界区与模范区在城市道路截面尺度上最为接近。通过对原租界住区调研发现，住居类型与街巷的截面存在一定的内在关联性（表 5-17），体现在住居外部的城市道路截面与其内部的里巷截面的关系上。

由于租界早期住宅类型多以独立式住宅（点状）而存在，建筑密度较低，故住宅与街道的关系即 D/H 值并不突出，但是中晚期随着租界住宅的里分涵化，街区肌理加密，D/H 值越来越趋同于模范区的街区的尺度了。

至于华界旧市区的情况，由于一百多年的历时变迁，原街巷场所大多面目全非，故实地考察没有纳入计划中，但有一点可以得到肯定的是其商住混合住宅与道路的关系，并非完全随时代变化而发生改变，尤其是背街的里巷仍是拥挤狭窄的状态，其 D/H 值大得多。

表 5-17　汉口租界典型街区道路与住居街巷 D/H 值分析

租界	名称	照片	D/H 值	比较
英	鼎馀里		3.6/10=3	位于英租界内，在胜利街与杨子街之间，属早期的西式里分类型，里分住居环境较好。
	大陆坊		4/12=3	为 1930 年代初建造的高级西式里分，分为临中山大道截面与内部主巷截面尺度；若没有考虑后续加层因素的话，其建筑间距可达到 1:1；环境较好。
	扬子街		8.5/12=0.7	扬子街不是英租界内的主要道路，路边是联排洋楼，属于租界内居住环境较好、居住宽松的区域，所以扬子街的 D/H 值较大。
俄	黎黄陂路（一段）		15/10=1.5	俄租界内居住建筑多为联排洋房和独立西式住宅。大多数的洋房为三层建筑、联排住宅多为二层建筑，道路较宽敞，所以俄租界内给人的空间感受较为宽阔。

续表

租界	名称	照片	D/H 值	比较
俄	珞珈山街（原珞珈碑路）		8.4/10=0.84	保存状态相对最为完好的租界风貌街区，就是原俄租界“八七会址”街区，即原珞珈碑路高级住宅区，其两侧住居界面保存完好。
法	泰兴里		3.6/8=0.45	在各租界区的里分住区里，法租界里分的 D/H 值相对较大。例如泰兴里。与其他集合式的里分不太一样，里分入口处设有小院，与主巷有后退，所以栋距比较宽敞。
德	延庆里		3/7=0.43	原德租界街区保留了棋盘式道路系统；街区里分住宅多为收回后所建；其里巷断面尺度与法租界较为相似；街道空间感觉较为宽阔。
日	胜利街两旁的居住建筑		20/10=2	目前原日租界街区地块上历史居住建筑所剩无几。仅有原城市道路网尚存，但由于建国后大量的历时建筑，导致 D/H 值改变，原有街区风貌意象不复存在。

作者自绘；白千惠协助完成拍照与 D/H 值的统计

5.4.2 社会形态与住居界面的关系

住宅是历时社会发展阶段产物的集合。在近代汉口街区住居考察过程中，发现住居界面的存在形式可以大致分为临街与背街、连续与断续这两对范畴。住居界面形式可反映出住居类型特征（其实，也就是建筑学中有关房屋平面与立面之间的辩证关系，即立面形式是平面内容的外在反映）。例如前面章节中所论述的独立式住宅与集合式住宅、传统与新式的底商上宅住居的界面都可以找到它们相对应的住居类别。

社会形态的发展与街区界面形式也存在某种关联。即界面形式可视作社会转型的直观反映。例如“华界城区以 1927 年为时间前后分为两个阶段，之前以汉正街、长堤街、花楼街等为代表的东方街市界面；之后以民生路、民权路、民族路、三民路、中山大道、江汉路等为代表的中西混合型街市界面”[1]。

下面以江汉路（歆生路）为例，通过其历史图像解析方法来说明社会发展与住居界面变迁的关系（表 5-18）。江汉路在 1927 年以前按段划分为东段——太平路（即英租界与华界分界街，从江汉关至鄱阳街口一段）与歆生路（鄱阳街至中山大道），歆生路西段——越过后城马路至循礼门之间的模范区范围区间段；1927 年以后东西两段合并统称为“江汉路”。从所收集到的有关江汉路的历史影像中可以让人感知到其东段明显以西式界面体现，而其西段的早期情形则相反，系由两端山墙夹持中间坡顶的中式临街两层住居外观，恰好反映出汉口从传统社会向近代社会转型下的华界住居某些特点。总之，“近代住居街区肌理的改变与界面变化是汉口城市化过程中明显的因变量关系，是其社会发展进程的折射与写照。讨论街区住居肌理的意义在于，街区空间组织结构不仅要考察‘连通’的功能性现实需要，更是考察复杂的社会关系在城市空间上的投射与反映；而街区界面则是这种投射的间接体现，尽管肌理与界面之间不一定存在这种必然的逻辑联系”[2]。

---

[1] 陈刚，谭刚毅．近代汉口社会转型下的住居形态研究——以街区肌理与界面为例[J]. 南方建筑，2015（6）：24—29.

[2] 同上

表 5-18　近代汉口江汉路（歆生路）临街界面形态变化历时分析

场所界面意象说明	历史图片（今江汉路东段）
江汉路是近代汉口社会转型下的产物，它的发展与变迁折射了近代以来汉口城市社会形态的历时过程。江汉路以后城马路（即以后的中山路、现中山大道）分为东、西两段。其东段是英租界与华界的分界线，早期称之为太平路（江汉关至鄱阳街口），后来刘歆生将鄱阳街至后城马路一段填土筑基让路，实际划入租界范围，英租界当局以歆生路命名。右侧历史照片反映的是清末时期河街（今沿江大道）太平街口（江汉路口）的场景。注意：图中右侧的建筑即今“好百年饭店”（原日清邮船公司）位置。	 图 1
这张历史图照与上图几乎是同一视角所拍的（视点较高而已）。从图中可以看出 1931 年的大水对江汉路所造成的影响。值得注意的是其左侧的建筑（今盐业公司位置）仍还保留上图清末的状态，但是道路给人感觉更为宽敞，说明日清油船公司兴建时已退了道路红线。这一结果规定了日后江汉路的道路红线，紧接日清油船公司大楼旁的“日信洋行”便是一例。	 图 2
从历史明信片上所载的信息，此历史照片为今江汉路东段的场景，但图中西式格调的底商上宅建筑已无存，因而无法考证现在的位置关系。但有一点可以肯定的是，无论汉口还是沿海开埠城市上海，甚至包括香港，其早期的建筑形态都是殖民式风格浓厚的市街形态，直至 1920 年代以后才逐渐改变。	 图 3
从这张历史影像中能解读出的信息是：民初汉口租界与华界交界处的市面繁荣。图中两侧的景物已无法判读。	 图 4

续表

场所界面意象说明	历史图片（今江汉路东段）
右栏历史照片中的三层券廊式建筑为日本三井洋行（同下栏右图）。《中国近代建筑总览——武汉篇》中并无该建筑信息，说明早已无存。作者可以准确地判断出其现在位置关系，即今鄱阳街口现在钻石大厦的位置。从图片中还能解读出的信息就是，左侧的临街意象为中国传统的民居界面形式，说明了 1920 年代以前汉口社会仍处于转型过程中。下栏左图是 1930 年代的江汉路，已是现在的模样了，呈现的是上海银行（上海邨）以及胜利街口。	 图 5
	 图 6
右栏图片展示的两侧临街界面均为山墙夹持中间坡顶的中式临街两层住居外观，有过街楼与其背后的里巷连通。查阅文献得知，此段为刘歆生在清末时所开发，也即模范区早期的建设。此历史图照所给出的信息恰好反映出汉口从传统商业社会向近代社会转型过程中，华界商住混合住居的某些特点，沿海城市亦然。	

续表

场所界面意象说明	历史图片（今江汉路东段）
右栏历史明信片所载是湖北省汉口歆生路（伊势屋商店发行）。但根据作者仔细判读（道路截面尺度过大），其标示信息有误。此应是 1920 年代末的中山路，图片中左边的临街底商上宅住居即现在的国药商店、亨达利、兴业里等临街建筑，若说是中山路歆生路口更为准确一些。	
右栏图照是今江汉路西段场景之一（向东看）。图片中隐约可见高耸的亭子间塔，即为国货中心（今中百大楼），故此江汉路西段照片应是 1935 年以后的景观。照片中左侧建筑是国民新报大楼，因而此段应为江汉四路至江汉二路区间段的场景。结合最上栏的图，可以明显看出经过短短二十数年，江汉路已完成了市街形态的近代转型。	

图片来源：图 1、图 3，哲夫，余兰生，翟耀东．晚清民初武汉映像 [M]．上海三联书店，2010
作者自绘；表格中除说明的外，其他照片均摄自于武汉市档案馆、武昌辛亥革命博物馆等机构

5.5 本章小结

本章总结归纳了近代汉口住居形态的几种基本类型：商住混合住居（前店后宅、底商上宅）、联排式集合住居（里分、公寓）、独立式集合住居（公寓）、独立式住居（公馆、别墅）等。分别从城市形态、街区肌理、住宅形态三个层级上做了相关性分析与论证。并在此基础上，简要概述了各类住居所蕴含的住居文化模式，从而进一步阐述了社会形态与住居类型之间内在的联系。

从本章的研究中可获知，近代以来汉口住居形态以商住混合与联排式集合住宅的里分为两大主要类型展开。其中，商住混合住居因区域的分布各有所异，底商上宅住居随社会发展经历了一个蜕变的过程。里分住居变化相对少一些，

但也由早期的三间式发展到多种套型组合的丰富型制。住居形态的变化与所处城市区域形态、街区肌理模式都有密切关联。而相对较少的公寓与别墅住居，则反映了汉口社会近代转型程度不够。另外，需要提及的是，本章中虽没有对城市边缘聚落的流民住居形态进行专门论述，却并不意味着其对近代汉口住居未产生影响。例如，作为干栏式住居的吊脚楼虽在 1930 年代以后逐渐消失，但其因地制宜的住居方式仍对汉口早期民居有所影响，例如木构方式是否受鄂西和鄂西南的影响？再有，近代以来汉口的住居形态虽受西方文化的强大作用（实际上本书的关注重点也在此），但是作为处于内陆江汉平原的汉口，本土民居风格的影响仍不容小觑，如从鄂东南流入的徽派民居就影响至深[1]，这些也从第二章节中的相关历史图片中得到印证。正如本书开篇时所表述的那样，汉口并不是简单地回应外来文化的冲击，而是保持本土强大生命力地域文化的同时，平行发展起来的包含住居在内的城市文化（如旧市区）。因而，近代汉口住居发展有其自身内在历史逻辑连续性。

[1] 在西式里分出现以前，作为早期汉口的主要住居形式而存在。

6 近代汉口住居形态变化的因素分析

前面各章节已将汉口近代以来历经的各个社会时期及其所产生的住居类型与形态变迁作了系统的梳理与论述。但是，导致这些住居类型以及形态变化的内在因素仍然有必要深入地厘清，即哪些是属于客观条件所致，哪些又是受外部因素的影响所致；它们是怎样作用于近代汉口市镇形态与街区住居类型的。在作者看来，汉口所处的自然地理环境属限定性因素，社会、人文、经济等属自变量因素，而住居形态则明显属于因变量因素。任何地域住居的形成皆受到来自恒定因素与变量因素的共同影响，从而形成具有地域识别性的住居。

6.1 自然因素之于市镇形态的影响

聚落以至城市总是建立在一定的自然环境之中，是与地表形态密切相关的系统总和。城市的形态必然受到来自地理环境的制约与影响。同时，人对环境改造的结果，无论聚落或城市的形态，除受地理条件等客观限制外，还受到人对环境的认知与利用程度的影响。“地理决定历史，环境决定人文。”（张良皋，2010）[1] 考察近代汉口的城市社会与住居发展，都需由汉口地理空间的历时形态变迁这个显著的“空间物理变量”说起。

6.1.1 宏观视野下的明清时期汉口的地理基本特征

汉口位于长江中游的江汉平原东南部，长江与汉水的交汇处，其地理坐标为北纬 30° 33"、东经 114° 19"。属亚热带湿润季风气候，常年雨量充沛，平均无霜期 250 天以上，年平均气温 16.3℃。武汉地形属残丘性冲积平原，平均海拔为 23.3 米。从地理的宏观空间角度看，汉口所位于的江汉平原以西为巫山

[1] 张良皋老先生为于志光学术专著《武汉城市空间营造研究》所作的序 [M]. 中国建筑工业出版社，2011: 7.

与大巴山山系；北及东北方向分别为桐柏山和大别山山系；南边为幕阜山山系，地形上略成一个向南敞开的不完整盆地。从地质构造上看，武汉属于古云梦泽一部分，因而区域内遍布着诸多河流与湖泊湿地。

“汉口之盛，所以由于小河也。”[1] 关于夏口（汉口）的历史地理缘起与变迁，目前见诸历史与现代的相关文献，其中多有详述。[2] 概略之，即明代成化年间（1465—1470），自然地理上因汉水改道而从汉阳析出。正因于此，经济地理上得益于便利的交通环境而造就了明中叶时期“四大名镇”[3] 之一、“楚中第一繁盛，九省通衢”之美誉，以商业中心而闻名的汉口镇兴起，到晚清时更有“天下四聚”之说。[4]

依据《北京故宫舆图 778 号汉阳府属图》所呈现的 17 世纪的汉口，其地理特征仍为长江、汉水、潇湘湖与杨林河所围绕的一片“荒岛”洲地（图 6-1）。因而近代汉口城市的形成是一座“以堤为命，系因填土抬高地表的人工城”。只有如今汉正街至黄陂街一带原为江河漫滩的自然堤，地势稍高（黄海高程 28.24 米），逐渐成为最早以商贸为主的滨水型聚落和集镇，为日后繁茂的河港型市廛形成基础。历史上的汉口地理自然形态因整个地势低洼，湖凼遍布，故所谓“水城”。自明成化年后，汉口以筑圩围垸的方式就已然出现了最早的住居形式，即众多星罗棋布般的、地名称之为“墩”的、以渔猎为主的环水型台地聚落。

汉水改道后的汉口地理空间的变化与扩张大致可从三个时期来考察。①从明崇祯八年（1635），汉阳府通判袁焻始修筑堤防（袁公堤，今长堤街），形成汉口港市市廛的最早雏形。②与中国传统古代城市不一样，汉口是一座临水且不设防的城市。清同治三年（1864），汉阳知府钟谦均为防捻军着手强化汉口防务而修建城防设施（兼防水患）即汉口城堡，并在城防外为掘土形成深沟即为护城河（谓之“玉带河”，两端分别联系汉水与长江，后被填没），初步

[1] 唐裔潢 . 汉口书论 . 乾隆《汉阳府志》卷四 . 艺文。

[2] 刘剀 . 晚清汉口城市发展与空间形态研究 [M]. 中国建筑工业出版社，2010:19-22.

[3] 另外三个名镇是：河南朱仙镇（版画、年画）、江西景德镇（瓷器）、广东佛山镇（手工业）

[4] 所谓“天下四聚”即：北京、汉口、苏州、佛山。

扩大了汉口镇的范围（图 6-2）。③光绪三十年（1904）八月，张之洞主持修筑后湖堤（张公堤），拆除了汉口城堡并兴修了后城马路（今中山大道），成为近代汉口最为繁盛的一条城市主道路。而张公堤则奠定了日后汉口市域发展空间以及城市形态边界（今武汉城市三环线汉口段一部分），其影响至今甚巨。

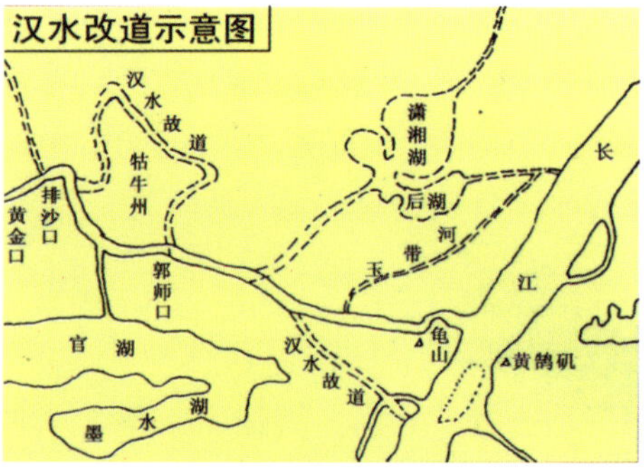

图 6-1　17 世纪汉口的自然地理环境
图片来源：武汉通史 · 图像卷

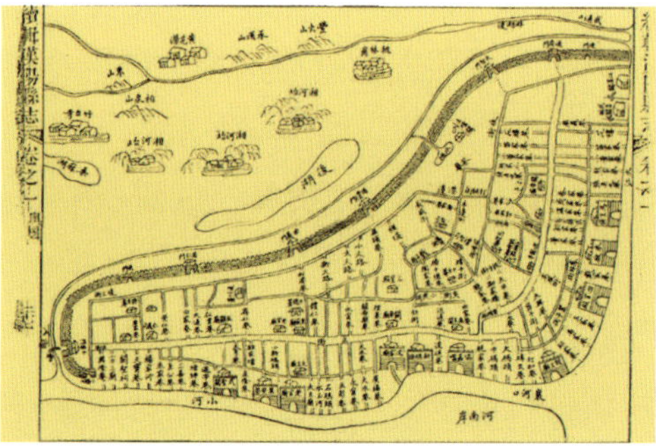

图 6-2　19 世纪中叶后的汉口镇空间形态
图片来源：《武汉历史地图集》

6.1.2 江、湖因素对近代汉口市镇形态形成的影响

水因素对于近代汉口城市形态发展尤为关键，导致犹如一把“扫帚形”形态的自然发生。其成因系受制于来自长江（扬子江）、襄河（汉水）、后湖区域三个方向“水因素”的作用影响，准确地说是受洪泛的威胁。因此，汉口城市形态的扫帚形是上述因素“挤压”的结果（图 6-3）。近代之前的汉口地理形态有关水的作用影响，美国学者罗 · 威廉有准确而生动的描述：

> 汉口位于长江西岸、汉水北岸，建在地势低平的地面上，容易遭受水患，被称为“泽国”……在春夏季节，汉口一点也不干燥。它坐落在一片肝状的沙地上，四周都是水。汉水在其南，长江在其东，而朝向陆地的那一面，环绕着玉带河——一条有厚堤的运河，也是汉水下游的一条小支流。玉带河稍过去一点，通过一条小水道，联系着一个被称为“后湖”的大蓄水湖。它是一个能溢出堤岸、从后面淹没汉口的可怕的大水库（图 6-3）。即使是在最干旱的季节，

> 汉口地区也分布着众多积水的陂塘（水塘）和一些流着污水的小水道。水道上需要架设桥梁以便通行。[1]

汉口便在这样的自然地理环境限定下形成了有别于其他近代城市的空间格局。

（1）江、河走向限定的城市道路形态

长江在武汉段的走向为东北—西南向。汉水基本呈东西向。汉口市镇肇始的街道是从临汉水的汉正街开始，呈东西向发展而来。但是到 1861 年以后，城市道路的走向以平行于长江的道路建设开始。故早期的市镇主要街道，在华界的汉正街、长堤街、大夹街基本均以东西向为发展轴，而租界的主要街道则是以东北—西南方向为发展轴。华界与租界的道路相连起来，便是一个呈弧形的线性道路，并且越临近江河，城市道路越弯曲得厉害（如中山大道），越远离江河，道路越显得绷直（如发展大道、三环线）。近代以来汉口城市主干道建设便是依循上述规律推进的。因此，我们在辨识整个汉口的城市肌理时，很难将汉口的城市路网简单地归于“棋盘网格状”“放射状”或“网格＋放射”等这样类似西方的城市空间。汉口城市主要干道[2]以明显的线性特征方式呈现出来。在几条横贯汉口的主干道间，再以或纵向或横向的“路”勾连进行，形成形态规则不一的“地块”，并且街道方

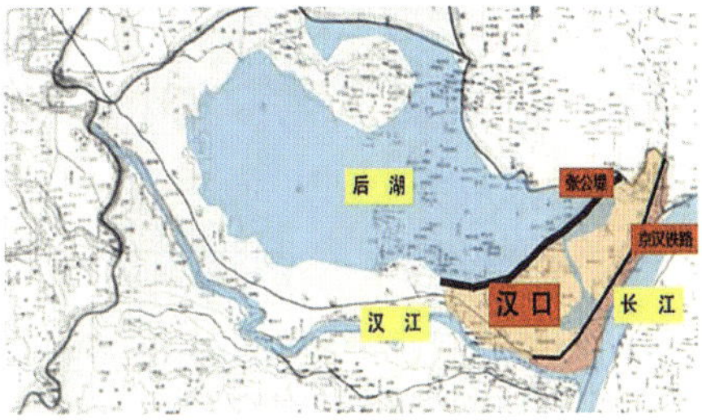

图 6-3　19 世纪汉口镇周边的水环境
图片来源：郑媛改绘

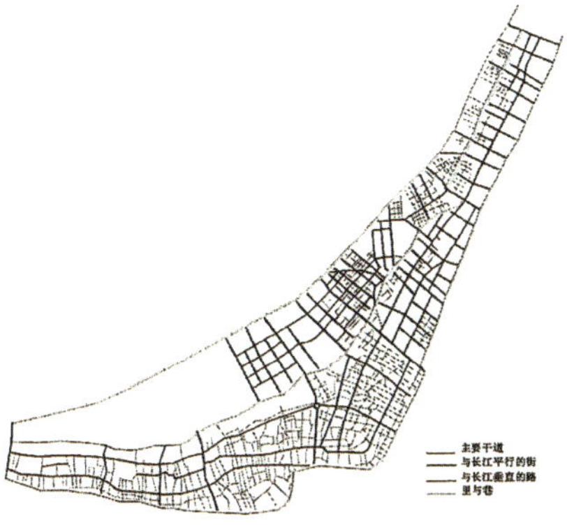

图 6-4　近代汉口市镇主要道路系统与结构
图形处理：党诗琪

[1]［美］罗威廉著，江溶、鲁西奇译．汉口：一个中国城市的商业和社会 1796—1889[M]．中国人民大学出版社，2005:22.

[2] 依据武汉城市道路命名的规律，跨区的城市道路以“××大道”命名。

位走向常发生改变，以致外地人很难识别。总的来说，汉口城市空间缺少明显的开放性公共空间，故仍以线性空间关系为基本形态（图 6-4）。

（2）汉口后湖因素对市镇形态的制约

除江、河对汉口城市边缘限定的因素外，对于近代汉口形态影响至深的便是“后湖”——这个地理空间概念是比较笼统的地理区域（随着时代发展，后湖空间范围不断缩小），即汉口城堡（今中山大道）以北皆为后湖区域。后湖一带在清朝时叫“潇湘湖”亦称“黄花地”，在枯水季节时，这片区域绽放着油菜花之类的植物，是春秋两季踏青好去处。由于这片地域广袤，自汉水改道后，地理上汉口从汉阳分离出，沿河地带的汉正街反倒是地势最高的（黄海高程 28.24 米），其余基本是低凹地势。因而 1864 年筑汉口城堡时受到后湖地形的限制，已然呈现东北至西南走向内弧形的边缘形态了。即使后湖堤建成后，近代汉口市域范围也没越过京汉线，这是否可以理解为由于后湖因素所致呢？

表 6-1　汉口历时最高水位记载情况

时间	最高水位（米）	排序	造成结果与影响
1931 年 8 月 19 日	28.28	6	汉镇大部分被淹近 100 天；城市发展阻滞长达两年
1954 年 8 月 18 日	29.73	1	市区局部被淹；经过荆江分洪与奋力抗洪取得胜利
1996 年 7 月	28.66	4	城区无恙
1998 年 8 月 20 日	29.43	2	城区无甚影响
1999 年 8 月	28.89	3	城区无甚影响
2016 年 7 月 7 日	28.37	5	城区无恙；邻近县乡分洪

资料来源：武汉大学城市设计学院建筑学研究生党诗琪依据武汉水文相关资料绘制

6.1.3 堤之于近代汉口市镇形态的意义

（1）江河水位周期性涨落与高差给聚落所带来的影响

人类聚落的形成离不开水，却又不断与水患作抗争。近代汉口城市的形成与发展，是与水患搏击的结果。汉口所处两江交汇、湖泊众多的自然地理环境之中，每遇特殊年份的夏秋时节便会遭遇较大洪水甚至特大洪泛的影响，给汉口带来很大威胁。从 1931 年算起至今，汉口（武汉）已有历史记载以来 6 次的最高水位记录，1931 年的最高水位排在第 6 位（表 6–1）。汉口所受洪泛威胁在于，江河最高水位标高已大于城市路面的黄海高程，即高出城市道路路面成为“悬河”。这种情形多发生在长江中游河段，其河道水位的周期性涨落给住居聚落带来极大的不稳定性，因而也是长久以来阻滞汉口城市发展的因素。

（2）堤的形态要素之于汉口城市意象的变迁

由于上述洪泛周期性的影响，导致汉口不同于其他近代型城市。武汉别名“江城”，但现在中心城区道路却较难见到江水，皆因其“以堤为命”的城市发展史。堤之于近现代汉口的城市形态及其发展不可或缺。正是由于堤的存在，从而导致汉口滨水的边缘形态发生改变，即从租界早期的驳岸型向堤岸型（梯形土堤）转变，从而在城市意象上带来某种改变，形成不同于其他沿海城市的外滩意象。汉口即使在平常年份，其江河水位在丰水季与枯水季的水位落差也很大，这样的实际不利于稳定滩涂形态的形成，而江堤的存在却又很大程度改变了汉口城市意象的变迁（表 6–2）。汉口外滩形态虽不直接关乎住居，但却影响汉口居民对所处城市印象的形成，某种意义上讲，还是与住居环境有关。

表 6–2　汉口五国租界江岸景观及其外滩形态

场景说明	历史图照
所谓汉口外滩，原为老城外的临江荒滩沼泽地，是伴随租界的开辟而兴建的。此图照为“汉口江滩及武昌远眺”，非常好地描绘了汉口租界江滩形态，即包含有江面与陆地、存有高差的驳岸护坡、临江护栏与林荫道、休闲座椅与煤气灯、券廊式建筑沿江界面等景观要素，这是汉口五国租界江滩的共有形态。（原载于 *The illustrated London News*, 1889. 10. 05《即伦敦画报》）	

续表

场景说明	历史图照
图片中左侧建筑为当时汉口英租界河街与阜昌街（今沿江大道南京路交会处）的“横滨正金银行”（Yokohama Specie Bank, Ltd.），系在其原址上第三次重建（1921年建成）。从图中可以感知到，此段街景与现在景观最为接近，是武汉优秀历史建筑中现存最完整、最能体现汉口租界建筑文化的载体…… 图片来源：市档案馆	
租界内最早的堤防设施大约在英租界开埠后伊始；1931年大水后，租界堤防加固并连接在一起，直至建国以后陆续改扩建。从右栏历史图片中可以看到原英租界已建有较低的梯形土堤；图中道路为今沿江大道天津路口段，所见建筑即是“亚细亚火油公司”（今临江饭店）。 图片来源：市档案馆	
明信片中英文提示为“冬季的汉口外滩”。可以看出冬季枯水季节汉口外滩的高程落差。此图照仍为英租界的江岸。在冬日铅灰色天空背景映衬下，江滩显得几分冷清而落寂。图中汉口居民与印度巡捕（俗称“红头阿三”）在合影。此图照还未看到防洪土堤。	
右图为英租界的外滩景观。从历史照片中可以看到江水已齐至城市道路标高，很有上海外滩的意味。图中建筑右为汇丰银行大楼，左为花旗银行大楼。联系上下图判断，时间应在1931年以前，江岸还没有兴修堤防。	

续表

场景说明	历史图照
右侧历史明信片显示为汉口俄租界江岸景观（今沿江大道合作路口至车站路口段），与其后毗邻的法、德、日租界的外滩景观并无二致。关于租界堤防的建设，如前所述，1931 年后开始兴建并逐渐加固；建国后 1954 年抗洪扩建并加固加高原有防洪土堤，直至 1986 年后才改建为混凝土防水墙和防洪堤，从而彻底阻隔了临江的滨水体验感。	
此图照为法租界的江岸景致，应为现在沿江大道车站路口至蔡锷路口一段。值得思考的是，现在的同地段的景观为何与彼时相差那么大？这样的外滩景观对于居住在此环境下的居民的心理作用又是怎样的？	
右图为汉口德租界江岸景观。可以看到租界江岸有绿荫道、座椅、临江护栏，以及沿河街的西式房屋，与现在所见景观天壤之别。这种近代汉口租界标志性景观在所收集到的历史照片中时常出现。此图照还反映了汉口外滩早期的驳岸形态，与如今的汉口江滩公园驳岸形态出入很大。	
右栏图照为早期日租界的江岸景观，可以明显地看出驳岸型的堤防设施，沿江道路并不宽敞；远处建筑即为日领事馆（早已无存）。此段外滩正是现在汉口江滩第二期地段（汉口江滩六合路至长江二桥桥下段）呈现所在。	

资料来源：表格中图片除注明外均来自《晚清民初武汉映像》和《国际视野下的大武汉影像》

表 6-3　汉口堤防设施历时发展简表 [1]

名称	别名	始建年代		建成年代	长度（Km）	经由地点	范围面积（Km^2）
袁公堤	长堤街	1635		不详	4.5	西起硚口，东止今江汉区东堤街直至长江边	2.3
租界堤防	—	英	不详	1865	0.8	各国租界沿江部分	—
		俄	不详	1896	0.7		
		法	1899	1901	1.2		
		德	1898	1901	0.4		
		日	不详	不详	0.4		
汉口堡	中山大道	1864		不详	6.6	上起硚口，下至沙包（今一元路口）	5.3
芦汉铁路	京汉大道（轻轨 1 号线）	1898 年底		1902	7.5	玉带门站→循礼门→大智门→刘家庙→谌家矶	10.8
后湖堤	张公堤、三环线	1904.8		1905	23	自京汉铁路第 1 号皇经堂之裕丰垸起接筑新堤，又从长丰垸旧堤闸口循东北而上，再自杜家湾经宝莲庵、观音寺、戚家墩、杜家墩斜、岱家山西头，又由该山东尾起，过龙骨沟、藤子岗前，循王家嘴抵京汉铁路 150 号	116.6

资料来源：党诗琪协助重新制表

（3）堤之于汉口市镇边界的扩张

由于受江河地理因素阻隔，汉口不同于其他中国城市圈层式扩张发展，而是呈线性（弧状）北向依次拓展的方式发展而来。这道存在于地图上不同时期、阶段的“线”，即汉口镇始有城市形态以来，堤之于城市边界的历时表征存在（图 6-5）。尽管随着历史发展与变迁，其中许多已化作地名的形式存在（如长堤街、

[1] 郑媛 . 水对于汉口城市形态的影响及其作用机制研究 [D]. 华中科技大学硕士学位论文，2014.

中山大道、京汉大道、三环线），但对城市历史来说仍然是不可磨灭的城市印记。堤之于汉口的意义已远不止于镇域空间扩展所带来的增益，而在于堤的位置变更所带来的不同区域的意象（堤内与堤外、铁路里与铁路外、近代与现代）和时空意识。因此，我们可以说，一百多年来汉口所发生的有如沧海桑田般的变化，都离不开“堤”这个发展主题。

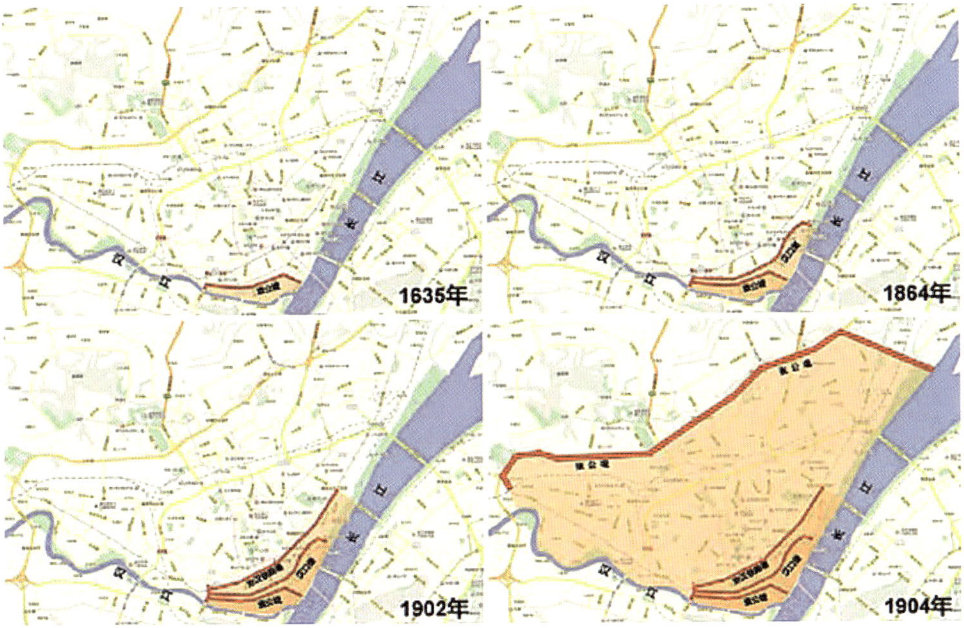

图 6-5　堤防之于近代汉口城市市域的扩张
资料来源：1904 年的图并不表示市区，仅是圈出了可发展空间　郑媛 . 水对于汉口城市形态的影响及其作用机制研究 [D]. 华中科技大学硕士学位论文，2014.

6.1.4 汉口的自然地理环境与人文关系

长江流域是中国人口密集经济繁荣的地区，沿江重要城市有重庆、武汉、南京、上海等。沿江城市中有长江支流交汇的并不只有武汉，如嘉陵江与长江交汇形成重庆朝天门；南京有流入长江的秦淮河及其形成的老城厢夫子庙；上海黄浦江虽作为长江的支流，但近代上海市区却是在远离长江吴淞口的黄浦江与苏州河交汇处形成。为何近代汉口被称为“东方芝加哥”？回答这个问题恐怕要从城市历史地理、自然地理与人文地理以及经济地理等范畴去解释。

人文地理学中所使用的“空间”概念，有绝对空间、相对空间、相关性空间三类。就汉口而言，其自然地理环境这个“绝对空间”决定了其人文历史的发展走向。历史上的地理汉口作为长江中的一沙洲，属古云梦泽地质特征，其间湿地遍布，地理自然形态几经变迁，最后在明成化年间因汉水改道（自然因素）而基本定型。最早沿汉水（襄河）一带因地势相对较高，在袁公堤建成后便形成内河河港型集镇（人工因素）并向河口处（长江与汉水交汇处）发展形成近代汉口雏形。1864 年汉口城堡的修筑，使得袁公堤废止（原址形成长堤街），镇域空间虽有所增扩，但仅限于此。直至 20 世纪初后湖大堤（仅是解决了来自后湖的水患而已）筑成后，1910 年之前的汉口镇域空间也仍囿于后湖城堡（即今中山大道）以内，即便租界区全部形成后，市区也没突破卢汉线（即京汉铁路）。因为汉口城堡以东为长江，南即汉水，以西、以北整个区域地理环境基本为地势低凹、广袤的后湖区域，并非水网密布型的水乡环境。因此历史上的汉口虽是一座“水城”，近代以来却因历次筑堤填土渐成市廛而渐失“水性”，并没形成类似“水乡肌理”的格局以及对应的“水乡文化”（谭刚毅，2007）。其原因如下：

第一，由于来自汉口镇西北方向的西湖、东湖以及北向的后湖等所引发的周期性洪泛水患，导致不能形成稳定的人文聚落环境。直至现在，后湖仍是武汉（汉口）居民心中所认同的一个城市地理空间概念，并且这种空间的变迁随着市区的不断变迁而不同。在后湖大堤（张公堤）修筑之前，后湖的空间限定大约是在汉口城堡（今中山大道）以北的广袤区域（其间遍布小河、湖汊、沼泽、池塘）。张公堤筑成后，清末民初则是京汉铁路以外的区域。建国后随着解放大道的延伸建成，后湖区域渐缩小，往北尚存（1970 年代当作者还是孩童时，记忆中的青少年宫后面，即现在台北路一带的鄂城墩区域还分布有许多湖塘，颇具湖光山色之意境），直至 1980 年代因城市道路建设将黄孝河由明渠改为暗涵后才拓展至建设大道以外。

第二，筑堤填土抬高自然地表，工程浩巨，非强大的现代资本与社会组织能力之所能及，因而市区拓展只能沿江河走向，呈弧线形渐次向北扩展。这些可从近代以来汉口城市主干道的形成所获得的市区空间得出初步的判断（表6-4）。

第三，在近代之前，该区域长期处于松散的自然经济状态之下，远不及太湖流域的江南富庶。

总之，这种分布格局因地理空间环境的相对封闭性、聚落环境的碎片化、江河水位周期性涨落与地表高程落差较大所导致。

所谓“相对空间”，从汉口所处的独特区域位置与内陆腹地的要冲来判断，其可视作全国经济版图的中心，以及承东启西、勾连南北的交通枢纽，无论是经济辐射能力，还是经济与人文信息的交换，汉口都处在这个相对空间的中心位置上。正是由于这个地理位置的相对中心，汉口成为内地著名的转口贸易港，成就了其近代城市转型与崛起。

而“相关性空间”，可理解为人类活动的社会属性，即特定自然环境下人们之间相互交往的社会空间。近代汉口虽系典型的移民城市，但其人口构成主要还是来自内陆腹地，社会人文的内地属性相对更为明显，在城市文化构建过程中，虽对外来文化兼有包容性而构成多元，但其西化程度不及沿海城市彻底，可谓“亦中亦西”。这也是导致汉口这座城市及其住居形态乃至生活场景构建过程中“汉派文化”人文特征的重要原因（陈刚，2016）。

近代汉口就是在这样的自然、人文、经济、地理等要素综合作用下形成。而在地理环境制约下形成的城市肌理，主要又以平行于江河为主道路、垂直于江河为次道路的不规则的空间肌理（存在于旧市区）或规则的空间肌理（存在于租界区、模范区）的城市路网系统为基本特征。正是在这种城市的宏观格局下产生了若干附着于此的街区肌理，衍生出不一样的街区文化特性，最终汇集而成近代汉口城市的文化底蕴。概言之，地理环境制约、便利的交通与经济辐射能力、城市化进程的起伏不定等因素均影响了人文涵化的过程，造就汉口在中国近代城市中不一样的格局。

总之，自然地理环境造就了始于明末的资本主义商业萌芽因素的汉口市镇形态，成就于“内河贸易型”港市集镇的兴起，正是上述汉口独特的地理与人文环境，导致汉口近代城市形态初现端倪。然而最终促使其成为内陆近代化大都会的却是现代转口贸易所需的得天独厚的内陆区域对外交通环境。

表 6-4 汉口城市主要道路（干道）历时形成与空间拓展

原有名称	现有名称	形成时间	备 注
（后）堤街	长堤街	1865 年以后	袁公堤基址上形成；1920 年代后始称“长堤街”
沿江马路	沿江大道	1900 年以后	随五国租界开辟之初建成，其道路名称不统一
后城马路	中山大道	1910 年以后	汉口（后湖）城堡基址上形成；属后湖区域
河街	沿河大道	1941 年以后	在集家嘴龙王庙处转与沿江大道相连接
中正路	解放大道	1954 年以后	在原“中正路”基址上分别东西向延伸
—	建设大道	1985 年以后	原为黄孝河一段；为湖塘凹地属后湖区域
—	发展大道	1990 年代后	湖塘凹地，为后湖区域
—	京汉大道	1995 年以后	原 1906 年建成的京汉铁路基址上形成
—	三环线干道	2000 年代	利用后湖大堤（张公堤）部分堤址形成

武汉大学城市学院 2016 级研究生党诗琪整理绘制

6.1.5 交通区位优势与近代汉口的形成

在中国，除沿海城市外，内陆中很少有像汉口这样得天独厚、如此便利的对外交通条件的城市，因而自古便有“九省通衢”之美誉。历史上的汉口对外交通是以水路与驿路为主。水路方面，借水道之便，无他埠可比，故有云：

> 循大江而东，可通皖、赣、吴越诸名区以直达上海；循大江而南，可越洞庭入沅湘以南通两广云贵；又西上荆宜而入三峡可通巴蜀，以上溯金沙江；至于遵汉水而西，经安陆、襄阳、郧阳诸府，纵贯全鄂以抵汉中，又沿汉水之支流白河、丹江二水以入宛洛，所谓九省之会矣。[1]

此段话贴切地描述了 19 世纪末以前汉口水路交通联系的便捷。陆路方面，汉口一直为中原陆路的交通枢纽，驿道十分便捷，清代已有通向郑州、新野、安庆、

[1] 夏口县志 · 商务，1920:2.

南昌、长沙、桂林、成都等地干线，并可直通保定、北京、沈阳以及浙、粤、云、贵诸省。到了近代，驿道发展为公路，如鄂东线（汉口—麻城）、汉宜线（汉口—宜昌）等，尤其是京汉、粤汉两条铁路建成，极大地增强了汉口全方位的水陆联运网络，其商路及其辐射力抵达华北、华南、西北和华东。

按时序划分近代汉口所涵盖的水陆两大交通系统发展，水路方面，1861 年以前（早期）是以汉水流域航运流线为主的内河贸易模式（含驿路），1861 年以后（中期）则逐渐转向以长江航运为主的转口（外洋）贸易模式；在陆路方面，当 1906 年（晚期）京汉铁路全线通车后，汉口区域的水陆交通优势地位更为突出，真正谓之“九省通衢”，成为中国内地不多见的货物集散中心，经济辐射能力极为优越。因此，就是在这样便利的物流条件下所构成的对外交通环境使得汉口后来居上，终于在 1889 年开启了社会的近代转型进程。

6.2 经济因素之于城市形态——街区、住居类型

汉口历史上就不是一个政治军事意义上的“城市”[1]。从形成之初，最早的居民就没有主观愿望对其形态进行有意识的塑造。早期汉口与其说是“城市”，倒不如说是滨水型商贸聚落来得更为合适。但是随着近代经济发展，汉口开始了从滨水商贸聚落→河港型商业重镇→“海港”型现代商业城市的转变，经济形态变迁无疑是这种转变的直接因素。正如前面章节所述，它的形成与地理交通便捷所致的经济要素紧密相关，即经济形态要素与汉口空间形态的形成以至近代转型都有很大的联系。

6.2.1 经济结构与规模之于城市形态

人居环境聚落形态及其规模来源于其生产生活方式、对外交易频率与强度。按照列斐伏尔提出的空间生产理论，经济发展水平决定了城市的规模以至空间形态。因此某种程度上可以说，经济形态与城市形态是存在一定内在联系的。

汉口镇的兴始是由“小河经济”[2]发展而来的，到晚清时已成为闻名遐迩、

[1] 按照学界对古代“城市”的定义，要素有二：有防御设施的城墙；有交易的场所的集市。

[2] “小河”即襄河，是汉水的别称，是近代汉口居民对其的称谓。所谓“小河经济”系指汉口近代开埠前主要辐射汉水流域的经济形态。

有“天下四聚”之称的繁荣集镇，形成了濒临汉水的自组织形态鱼骨形线型空间特征。而这种基于农耕经济形态的商品集散是与交易同汉口旧市区的空间格局相适应的。以汉口最为古老的兼有住居功能的商业街道——汉正街为例，其位于汉口今沿河大道以北，并大致与其平行；西起今硚口路，东至集家嘴和民族路交会处；跨硚口、江汉两区；全长约 3.2 千米，宽 5 米—7 米，原为条石路面，是早期汉口镇商业繁盛的中心地带，明清时称“正街”或“官街”。民国初年时则分段而称，由西向东有玉带门正街、杨家河正街、武圣庙正街、石码头正街、五彩正街、永宁巷正街、沈家庙正街等。1926 年改夏口县为汉口市后，才合并始称汉正街名，并沿用至今（《武汉地名志》，1990）。汉正街作为传统的商业街，晚清便以“八大行”[1]为主要特征的经济结构形态影响着汉口镇的空间形成。公共建筑如寺、庙、庵、堂、会馆以及商住混合的住居建筑就建构在基于此商业形态上的市镇片区空间内，如宗三庙（在今中山巷）、武胜庙（在今武胜路）、老官庙、大王庙、沈家庙及绍兴会馆、湖南会馆、山陕会馆、金庭会馆、淮盐公所等都分布在汉正街片区内。除此之外，明清官署亦多设置于此，如仁义巡检司署（在杨家河正街）、通判署（在今至公巷）、淮盐局（在今武胜路口）、行台署（在遇字巷）等。清雍正五年（1727），汉阳县在汉口设仁义、礼智两巡检司。金庭公店（今金庭巷）以西为仁义司，辖居仁、由义两坊；金庭以东属礼智司，辖循礼、大智两坊。有“竹枝词”云：“金庭之上属仁义，以下都归礼智司。”

这种建构在传统经济基础上的集镇（聚落）形态，来自三个方面要素的影响：以家族为纽带的血缘关系；以相同籍贯为纽带的地缘关系；以同业为纽带的业缘关系。这些均是建立在传统经济基础上的社会关系，由此分析汉正街人口来源（地缘关系）与分布，恰好反映了此种社会关系。早期汉口的居民多聚居在汉正街一带，其西段居民多由本省汉川、沔阳、荆州、宜昌、黄陂、孝感等地

[1] 清代初年开始，汉正街的商业与手工业便日渐发达，由于商业与手工业按行业高度集中，于是，便形成了所谓“八大行”。其中，商业的八大行称为“上八行头”，手工业的八大行称为“下八行头”。当时同行业的商人、手工业工人为了共同的经济利益，自动结合起来，形成一个个小团体，当时称为“帮口”，这些帮口都有各自的集会之所，商业与手工业的“八大行”便属于此类“帮口”。

迁来；东段则是川、湘、晋、陕和江浙等外省人居多。

如果说汉正街所体现的是基于小农经济基础的集镇空间形态的话，那么江汉路体现的就是基于近代资本主义城市经济的现代城市形态空间产物了。汉口城市社会的近代转型便是从“小河经济”走向“大江经济”[1]的嬗变过程。明显的标志就是经济规模与结构不同于建构在小农经济基础上的集散型集镇经济，而是建立在近代资本流通基础上的海港型的城市经济，其市镇形态上便是片区向街区的转变。

6.2.2 商业业态之于片区、街区形态

一个城市的商业业态在相当程度上能影响或反映城市形态的具体构成。结合本书研究的近代汉口而言，感知最为明显的就是建立在传统封建经济基础上的华界老城区与建立在近代资本主义经济基础上的新城区（租界）的差异比较。

1861 年汉口被辟为对外通商口岸，外国资本开始渗透武汉地区，尤其是 1908 年汉口租界全面形成后的十年，汉口的商业形态发生显著变化。清同治（1862—1875）与光绪（1875—1908）年间还存续的传统商业形态——“八大行”，至 1911 年后已开始有所改变，即原有的商业业态如银钱、典当、铜铅、油烛、绸缎布匹、纸张等行业相应衰退，大宗交易开始转移到其他行业。于是，汉口商业的八大行转变为盐行、茶行、药材行、广福杂货行、油行、粮食行、棉花行、牛皮行。[2]以传统商业业态与汉正街空间布局关系为例，旧汉口镇商业“上八行”为商号行栈，其聚合点设在沈家庙；“下八行”为手工业作坊，其聚合点在长堤堤尾（今长堤街与打铜街混杂片区）。从商业业态分布来看，汉正街自明清以来，西段粮、棉、油、什业较多；中段以百货、布匹、山货、海味、纸张等业居多；东段以药材、参燕、金银、典当业为主；均是以线性为特征的街巷空间发展而成的片区形态。

1900 年代以后汉口租界区的商业业态迥异于华界商区，已不全然是以商品集散、消费为导向的，建立在传统手工业经济基础上的业态模式，而是建立了

[1] “大江”即扬子江，是长江的别称。所谓“大江经济”，是指汉口近代开埠后，商业经济辐射影响整个长江流域甚至远洋的现代经济形态。

[2] 自此以后，地方文献资料中就再也没有“八大行”的记载了。

近代资本主义商业流通、现代加工工业生产为基本要素的经济形态。最具说服力的例证就是茶叶贸易。从茶叶收购、加工、包装到输出，体现出整个完整的现代经济形态的工商业业态。其他与此类似的还有桐油、牛皮业、猪鬃业、蛋品业等土货加工与输出。因此反映在次一级的城市形态上，就是以棋盘式线型空间为特征的街区（Block）产生，有较为明显的街区功能分区性质的、现代意义上的城市规划意味；体现在住居形态的变化上，便是独立式住宅向集合式公寓的演进。

这种商业形态变化情形在1912—1926年最为迅速而明显，即所谓“新式商业”[1]的快速发展，并成为近代资本及资本生产紧密关联的组成部分。如上所述，是与生产要素紧密联系的，将本地土货加工输出的商业模式。新式商业另外还有一种业态模式，就是将洋货直接输入所形成的全新商业业态。依据1920年《汉口商号名录附汉口指南》一书对汉口商号的一个详细统计，我们可以发现，有许多新式商业行业，如西医、西药、外国首饰、洋布、洋服、洋货、洋纸、煤油、照相等一批与传统商业有很大差别的新式商业行业存在。[2]这些新商业必然在城市、街区、建筑上有所体现，即城市外部空间界面与以前不同（图6-8，交通路与花楼街交会处的底商上宅街景）。

6.2.3 地段及地价差异之于住居类型

（1）地价与居民的空间分布

土地价格是城市人口集中与流动程度的一个最为直接的反映。地价高的区域往往是城市的中心地带。就武汉整体来说，三镇人口分布具有基本沿长江和汉水两岸呈带状的空间特征。长江和汉水两岸，人口居住密度最大，距江岸愈远，其密度愈小；同时又以旧城垣为中心，呈同心圆向周围分布，愈近中心则密度愈大，平均密度在同一地区相差也很大。清末民初时期，汉口镇的居民主要集

[1] 所谓新式商业，是与中国的传统商业相对而言，它的表现并不是数量上的增加、营业范围的扩大以及营业收入的增加，新式商业不是中国传统商业在近代简单地延续发展，而是与近代资本及资本生产紧密联系在一起的。新式商业是从产业资本中独立出来的一部分，从属于并服务于产业资本，参与产业资本的利润分配，它的性质远异于传统商业。张启社.民国时期的汉口商人与商人资本1912—1936[D]. 华中师范大学博士学位论文，2009:45.

[2] 武汉书业同业公会编:《汉口指南》，1920:17—18.

中在沿长江、汉水岸边的旧城区一带。民国中期（1926—1936）是人口兴盛的时期，汉口居民中的绝大部分集中在商业繁盛的沿江一线和汉水北岸地区，即多集中在长堤街至汉水边、三民路至江汉路（花楼片区），以及模范区与原租界区一带。因其面积狭小，商业集中，建筑物稠密，人口密度大，尤以汉口老城区长江和汉水相交的地段（龙王庙集家嘴一带）为甚。1936 年汉口市政府工作报告载：“接近市街多菜圃，耕地面积约占全市面积的 3/4。”也就是说，绝大部分的人口都集中在全市面积仅 1/4 的市街上。另外，《武汉房地产简史》（高尚志、陈德炎，1987）中所附的民国时期汉口地段地价统计表[1]（表 6-5、表 6-6），分别呈现的是汉口 1926 年与 1931 年，时隔五年的地价数据，并且都是汉口旧市区的地段价格（暂无特一、特二、特三区与模范区的数据），说明近代汉口土地交易的中心仍存在于从硚口至江汉路一线的华界传统商业区。从这两张图表数据分析看，有一个基本的共通点：即地价从汉正街片区向花楼街片区呈现走高的趋势，到江汉路几乎为最高地价的地段了。用李嘉诚的至理名言讲就是：除了地段还是地段。虽然房屋结构与质量等级有一定的价值增值作用，但如同前面章节的论述，该片区是以商住混合为主的住居类型，几乎不关建筑风格美学的讨论范畴。个人认为，其场所意义更大于形态意义。其原因也很简单，汉口是重商的城市，人们择居首要目的就是经商便利。此观点笔者亲身得到被访者的口述证实：即作者的外祖父[2]尚健在时，曾好奇地问过他 1947 年为何没在原租界区内置房产，而是选择在统一街？他的回答是：统一街紧邻江汉路，是当时经商最好的地段。尽管相同的房价也可以在租界内购置独立公寓（如珞珈碑路住区），但从营商环境的角度来看，无疑是统一街为好。当然，笔者从建筑学的角度来看，还是喜欢原租界区的住居环境。总之，地价高说明了场所认同度也高，从侧面反映了汉口居民的空间分布状况，即人口稠密、商业繁华、交通便利的地段也是地价高的区域。

---

[1] 此实际地价调查统计表，是调查实际成交地价后，经过分段整理而成的，它是制定标准地价的主要参考依据。

[2] 邝能清，字亮明（1908.1.26—2001.8.12），汉阳县（今蔡甸）人；与外祖母裴家英（1908.10.18—1979.2.26）养育一子四女。早年来到汉口谋生，做过裁缝；后又摆摊零售，全靠吃苦耐劳，终有建树开设健民药房，属中小工商业阶层。

表 6-5 汉口市 1926 年地价调查统计表

地 段	地 名	每方地价（两）
正街	由硚口下至三善堂	120
	由三善巷至存仁巷	100
	由存仁巷至绍兴会馆	140
	由绍兴会馆至大水巷	200
	由大水巷至流通巷	200
	由流通巷下至大码头	360
	由鲍家巷下至四官殿	450
	由黄陂街下至四官殿	450
	由四官殿至堤口街	500
	由堤口街下至张美之巷	580
	由张美之巷至花楼	700
河街	由硚口下至杨家河	140
	由杨家河至至公巷	70
	由至公巷至万安巷	60
	由万安巷至大王庙	65
	由大王庙至流通港	60
	由大码头至龙王庙	440
	由龙王庙至米厂	420
	由米厂至蔡家巷	360
	由蔡家巷至三一码头	480
中街	由大通巷至利济巷	60
	由利济巷至大火路	80
	由大火路至新街	160
	由新安市场至梳子街	260
	由新街至小夹街田家巷	240
	由打扣巷至凤麟街	380
	由四官殿后街至戴家巷	320
	由半边街至土垱张美之巷	340
	由四官殿后街下至回龙寺	320
	由青龙巷至纬子街	260
	由得胜街至全子街	220
	由得胜街至双龙巷	140
	由严家湾十人馆至双龙巷	180
堤街	由硚口至大通巷	50
	由大通寺至存仁巷	60
	由存仁巷至利济巷	70
	由利济巷至大火路	80
	由大火路至横堤街	110
	由横堤街至古三皇	180
	由古三皇至棉花街	240

续表

地　段	地　名	每方地价（两）
后花楼	由棉花街至广益桥	360
	由广益桥至张美之巷	420
	由张美之巷至后花楼	650

资料来源：高尚志，陈德炎.《武汉房地产简史》（内部刊印）　武汉大学城市学院研究生党诗琪整理校核

由此可见，在当时汉口整个的房地产交易中，地价和房价是由地点，周边环境人流密集程度、房屋装修质量等因素所决定。这样也就导致了当时在中心城区地价的一路飙高和一房难求的现象。百年前的规律现在仍然适用，房地产销售价格永远都由其所处的地段和房屋本身的质量所决定。

（2）房屋地段与房地产价格差异

在近代汉口，即使同一时期的同一地段，不同的房屋结构卖价也不同。房屋卖价与结构、大小以及地段环境都有密切关系，如附有花园、树木、亭台，卖价就更高一些；“清光绪二十七年（1901），蒋变清将居仁坊巷前宽二丈一尺五，后宽四丈又一丈一尺，前深八丈五尺，后深五丈五尺又三丈的房屋一栋出售给高著书堂勋记。价 985 平坨纹银 900 两。每平方约 39.65 两。宣统二年（1910）高星庵将自置坐落存仁巷中路坐北朝南土库房屋二栋、后花园、花厅等计宽四丈一尺，深右十七丈，左四丈五尺，连同所有屋内前后装修头门二栋、帘笼大门对楼窗木格扇楼地板、望板、堂屋、格扇房门、楼梯、晒台、花圃、树木、亭台、山石、围屏、钉棒，卖与思义堂，价 985 坨纹银 4,850 两，每平方约 75.11 两。”[1]

表 6-6　1931 年汉口第一区各地段地价调查统计数据表

地 段		地 点	每方地价（银元）
第一段	高价地段	兴业银行门首至中山路肇源里	600—800
	低价地段	至中山马路外一切荒地	30—60

[1] 高尚智、陈德炎：《武汉房地产简史》（内部刊印，武汉市房地产管理局地方志办公室编）。

续表

地段		地点	每方地价（银元）
第二段	高价地段	中山马路以北，新基路以南	150—200
	低价地段	新基路以北，铁路以南	40—50
第三段	高价地段	中山马路以北，新基路以南	60—80
	低价地段	铁路南，新基路北	40—60
第四段	高价地段	中山马路以北至荒坪坎上	60—80
	低价地段	荒坪坎北，铁路南	40—60
第五段	高价地段	江汉路	900—1500
	低价地段	堤街、沙家巷	200—300
第六段	高价地段	黄陂街	600—900
	低价地段	长沙左街	120—128
第七段	高价地段	三民路	560—700
	低价地段	钟台街	90—100
第八段	高价地段	汉正街中段	280—360
	低价地段	延寺桥水淌地	45—80
第九段	高价地段	武圣庙	185—300
	低价地段	襄河边由永宁巷河街至万安巷河街	40—80
第十段	高价地段	汉正街崇仁巷以上安定巷以下	90—120
	低价地段	汉中路唐家巷以上小硚口以下	50—60
第十一段	高价地段	三友街	45—80
	低价地段	硚口路以西、铁路以南	40—50

资料来源：高尚志，陈德炎.《武汉房地产简史》（内部刊印），1987.

表 6-7　汉口民国十四年（1935）不同地段房屋卖价差异

坐落地段	地段特征	卖主	栋数	购价
大智坊鲍家巷夹街下首	背街、居民区	陈大旌	房屋 2 栋	银 4,000 两
黄陂街鲍家巷口	临黄陂街大街	严汉钟	房屋 2 栋	银 6,500 两

资料来源：高尚志，陈德炎.《武汉房地产简史》（内部刊印），1987.

表 6-8　汉口同时段、不同地段房屋卖价差异

坐落地段	地段特征	买主	土地面积（市方）	房屋栋数	地产价值	立约时间	立卖契时间
珞珈碑路 8 号	居住区	杨兴章	15.8015	1	美金储蓄券 10,425 元	1943 年 5 月 10 日	1946 年 4 月 8 日
三教街 47 号	商业街道	过志敏	15.3399	1	美金储蓄券 13,450 元	1943 年 5 月 19 日	1946 年 6 月 10 日

备注：珞珈碑路即今珞珈山街；三教街即今鄱阳街

据 1935 年《汉口市政概况》中记载："近几年来，地价逐渐低落，原因不一，主要以产权纠纷增多，土地投资信心丧失为最多因素。同一地段的价格，由于具体地点的不同，地价也会有差异。"例如，位于华界旧市区两宗不同地段的房产，背街与临街的差异就很大（表 6-7）；而在原俄租界区内情形亦然。在同一街区珞珈山街（今"八七会址"地块）上纯居住功能的房价要低一些，而临鄱阳街的商业街道则要高一些（表 6-8）。从这个意义上看，近代汉口真是一座重商性质的城市，人们的趋利意识远高于享用意识。

6.3 社会因素之于街区住居形态的影响

所谓社会因素，是泛指社会上各种事物，包括社会制度（法律、政治）、社会群体、社会交往、社会舆论、道德规范和风俗习惯等。随着社会不同发展阶段的进程，其内容与形式不断更新，是作为表征的社会形态的内涵所在。社会因素的存在和作用是强有力的，深深影响着人们的生活态度形成和改变，对城市、街区乃至住居等形态的变化也有着重要影响。

6.3.1 社会制度对街区住居形态的相关影响

在本书研究过程中，作者隐隐地感受到作为社会形态构成要素之一的社会制度对街区与住居形态起到潜在作用，特别是在社会时期形态相距较大时就越发明显，比如，清末民初时段与国民党时期有区别，1949 年前与后的分野，改革开放前与后又有很大差异。大致归纳起来应是几个层面的因素共同作用，即意识形态主导下的行政法规、管理机制，以及社会生活的道德规范。例如，晚清民初阶段，行政法规对住区建设从无序到有序的变化，至 1930 年代就有了更为完善的《建筑暂行规则》对街区住居建设的规范。管理机制方面，城市建设管理机构从无到有的转变，工务局的出现明显是社会近代转型的结果，对住居发展有着重要的影响。另外，生活习俗与道德规范也是住居形态中非常重要的要素。例如，便溺方式的转变在近代汉口住居形态变化中所起到的作用，城市卫生管理作为法规的作用就不言而喻了。

6.3.2 社会群体对住居的选择与适应

任何一个城市社会都存在族群对住居主动选择与被动适应的问题。这种基于社会学的课题，应是城市规划与建筑学去深入了解的范畴。无论哪个社会发展时期，都存在着社会分层，这是一个无法回避的客观事实。

图 6–6　列车减速进入汉口城区时的铁路沿线景观与铁路边的民居“鼓（板）皮房子”
图片来源：同图 3–22 注释

根据社会学原理所建构的理想模型，一个好的社会结构应是“橄榄型”而不是“哑铃型”[1]。从本书研究的住居类型来看，商住混合住居与里分住居占据近代汉口住居类型中的主体，别墅、公馆、高级公寓等住居类型比例很小，说明近代汉口还是相对以中产阶层为主体构建的社会。当然还需要说明的是，这里仅是依据住宅类型而言，其实还涉及到那些处于城市边缘群体的住居，如吊脚楼、船居、墩台民居，以及沿京汉铁路线两侧大量板皮房所形成的棚户区（图 6–6）直至 1990 年代以后才随城市的加速发展而消散。这部分住居的群体仍是彼时社会中的大多数，只是囿于其住居的非主流形态，故在本书中有所弱化。显然对于这部分族群而言，住居选择是被动适应性的，但这并不妨碍由其长期栖居的场所所导致的共同心理、行为范式，以至更高层级的文化形成。

同样，就是在所谓中产阶级中也依然存在细化分层现实。大多数中小产阶层对其住居的选择仍是被动适应的。近代汉口里分住居中的高级、中档和普通的区分存在便是例证。被动适应也并不意味着其生活形态是消极的，比如构成汉口城市文化要素的普通里分文化中的“便溺与下河[2]文化”“共厨与合居文化”“纳凉与露宿文化”，以及汉口旧市区商住混合住居中的“交易与商住文化”等，共同衍生出一幅鲜活的近代汉口芸芸众生的生活画卷（图 6–7a/b）。

中国社会近代以来，中产阶级还未曾真正意义上形成并主导社会生活，若什么时候突破自古以来的社会二元结构，实现中华民族伟大复兴就更有希望了。

[1] 即社会成员之间的贫富差距不是很大，中间阶层占主要多数，从而形成稳定的社会结构。

[2] 下河，即“倒马桶”之意。近代汉口住宅配套率水平低，大多无厕所（含合用）。长期的日常生活行为所衍生出的武汉方言，现已消失。

图 6-7a　汉口统一街上某中产家庭。照片中右一的小女孩即为作者母亲；左一即作者所深为怀念的邝培翠姨妈（1936.9.18—2011.1.8）；此照片为作者外祖父一家（1948）

图 6-7b　汉口中等职员家庭照，此照片为祖父和祖母（1960）

6.3.3 汉派地域文化与街区住居的相互关系

近代汉口的住居存在着多样类型，并形成相应的住居文化。随着近代住居类型的增加、住居形态的改变，与之相应的住居文化逐渐形成。需要说明的是，住居类型与住居文化并不是简单的对应关系。其中住居者作为复杂的主体存在，必然受社会发展进程的影响，并受经济、阶层等要素的桎梏，住居文化的稳定结构往往滞后于住居类型的产生。

（1）汉口社会生态与文化对住居形态的影响

一个地域的社会文化范式（社会生态），是一定数量人群在特定空间的社会环境下，所形成的共同价值观念与心理的集中反映。1889 年以后汉口社会生态所发生的悄然变化就是这样的。特别是辛亥革命前就已逐渐启发民智，渐而形成了新的城市文化形态，其生成原因又离不开复杂的社会发展进程中的多重因素。

首先，社会经济的物质性是决定其文化思想变迁的基础。张之洞督鄂后所推行的“湖北新政”，也即洋务运动在武汉地区的实践使得辛亥革命前的武汉民族资本主义工厂多达 123 家，近代民营小型航运公司 4 家，官办、官商合办、官督商办、官转商办企业 20 多家。在此经济基础上的“湖北新政”作用与影响下的汉口城市近代化进程中，孕育了城市资产阶级及知识分子。而这些因素正是导致汉口脱离中古社会形态进入近现代的关键所在。

其次，重商的市俗文化。汉口市镇空间以商业社区为主体，具有街市密集、巷道密集、商铺密集、人口稠密的特质，因而在城市文化构成中，商业文化色彩是很突出的。这种文化所体现的就是功利主义的逐利性、现实性与市俗性，具有“敢为人先”的城市文化特点。

最后，中西多元文化与城乡混合文化。汉口是一座因移民而生的城市，自开埠后至1911年的五十年间，大量的外地人流入汉口（武汉），使武汉人口从20万迅速扩展到120多万，成为长江流域人口增值最大的沿江城市之一。汉口不仅是国内人口流动的热点之一，也是西方殖民者的经营之地。这样的五方杂处的城市人口结构，所带来的城市文化兼有中西融汇的特点，使汉口成为多元文化的近代城市（图6-8）。另外，城市移民构成的主体多来自周边县乡与邻近省份，因而也具有城乡混合文化的特征。

（2）汉口城市社会文化与住居类型的关联性

基于异质城市肌理格局下的街区文化类型分野，各自形成了以住区形态及其住居类型相关联的住居文化，其可归纳为自然城市下的“码头市井文化”与人工城市下的“西方殖民文化”，以及“拼贴城市”街区肌理下的“中西混合文化”。在街区分型基础上，讨论了近代汉口社会与住居文化有关联的五种基本模式。a.“前店后宅式”传统住宅与商绅文化。b.“底商上宅式”近代商业住宅与混合文化（1912—1938）。c.“独立式与联立式”集合住屋与租界宗主国文化（1861—1945）。d.“联排式里分住宅”与现代职员文化（1900—1938）。e.“流民聚落”与城市边缘文化。“通过对这些不同住居类型（环境）限定条件下衍生出的各异生活行为范式的进一步分析，得出

图6-8　交通路与花楼街交汇处，可见人字形的小石板路
图片来源：同图3-22注释

城市文化与城市住居的相互作用与影响的基本结论。”[1]

6.3.4 政治人物之于城市与街区的影响

中国传统文化上对城市建筑一直以“器物”看待，未加以足够的重视（除都城与官式建筑外）。政治人物也常以修身，齐家，治国，平天下为己任，是为“道”，很少有关注于城市建筑营造并升华为艺术层面加以认知的人，更缺少像法国欧斯曼[2]那样的政治人物，能对一个城市建筑有如此大的影响。

但是，近代以来汉口的城市发展又的确与政治人物有一定的关联，那就是张之洞。尽管他没有刻意去营造汉口的城市住居，客观上却为市域范围的现代建立打下了基础。同样，孙文在《建国方略》中提及的武汉也是基于一个更为宏观的层面去认知的。在其后国民党主政期间的政治人物，能说对城市建设发展有建树的仅有刘文岛、吴国桢、董修甲等少数人。虽很难找到他们在“市政改革”实践中具体的街区与住居建设的例证。我们却无法否认他们在 1930 年代对汉口旧市所完成的空间重组，以及为汉口城市近代化所作出的努力与贡献。

总之，政治人物对于一个城市及其住居来说或多或少存在一定正面或负面的影响与作用。

6.4 民居形式对近代汉口住居的影响

本书在对近代汉口住居的研究过程中，有意无意间会偏重于西方文化对近代汉口住居所产生的影响，原因有三个：①西方对于近代中国的影响的确至深。某种意义上讲，近代汉口城市的形成离不开对外开埠；②民居在近代汉口的流变过程中产生异化而“常变常新”，很难就其源头作深入探究；③民居在近代汉口形成过程中，其影响囿于临汉水的汉正街一带，经过百年沧桑，无论街区形态还是住居形态都发生根本性的变化，实物考证困难。尽管如此，并不意味着忽视了本土民居风格之于近代汉口住居影响的客观存在。作为对近代汉口住居的形成曾起到一定影响的民居，仍然有必要做一下简要概述。

[1] 陈刚，李晓峰 . 近代汉口街区与住居形态的文化考察 [J]. 南方建筑，2016（5）:110—115

[2] 塞纳区行政长官欧斯曼：18 世纪法国拿破仑时期，由其主持并实施巴黎改建设计，当时采用了一系列典型的巴洛克城市设计手法，奠定了巴黎的城市形态。

图 6-9 “文革”时期的硚口区关帝街民居

地方民居（亦称杂式建筑[1]）是中国传统建筑中的瑰宝，其因地制宜的建造方式，导致风格形式多样，至今仍有顽强的生命力。由于汉口所处的自然地理位置，南来北往，五方杂处，如同武汉的饮食一样兼收并蓄，多方汇集，形成一派，但也不具有突出的风格特征（图 6-9），便是汉口地方民居的特点（即无特色就是特色。坊间对于武汉的认知，也有这样一说）。其实本书第二章中就民居对汉口早期住居的影响略有涉及。汉口早期住居形式中既有来自北方的合院（两进或三进院落）民居因子，又更多的来源于鄂东南的徽派民居风格（马头墙[2]出屋面形式）的影响。在非主流住居形态的边缘聚落住居中，风格更难界定，似有受鄂西与鄂西南的杆栏式民居吊脚楼的影响，也有受来自汉水流域及江汉平原（云梦泽）的临水聚落的影响，如汉口墩台民居的形式就多种多样。总之，民居对近代汉口住居形态的影响，与其说在单体形态上，倒不如说呈现在自组织肌理的片区中，尤其在汉正街一带。

6.5 本章小结

本章论述了有关影响近代汉口住居形成与发展的多重因素，并以一个具体案例来说明街区住居形态变迁及其结果分析，以进一步论证本书的基本观点——场所回归与传统回收基础上构建新的生活历史。

结论如下：自然地理因素是近代汉口住居形成与发展的限定性外部因素，属于不变的恒常因素。它是一切有关形态发展变化的前提，即区别于其他城市形态、街区住居，以至地域文化的总因素。

经济因素与社会因素均属于变量关系。其中社会因素变迁乃建构在经济因素上，也即经济形态决定社会形态以至住居形态。而住居形态明显属于因变量关系，它的形成与变迁皆受制于以上三个方面的共同作用与影响。

[1] 即中国古建中区别于正式建筑（官式做法）的民居形式。

[2] 又称风火墙、防火墙、封火墙，是中国传统民居建筑流派中江南古典建筑的重要特色。特指高于两山墙屋面的墙垣，也就是山墙的墙顶部分，因形状酷似马头，故称“马头墙”。

7 结论与展望

7.1 综述

本书聚焦近代以来汉口城市社会形态变迁与住居发展相互间的关系，从社会形态历时发展的视角构建了研究思路，围绕晚清、北洋政府、国民政府等近代汉口社会所历经的不同历史时期，考察了历时社会形态下的各类街区与住居形态。其中，本书将1889—1938年间的汉口社会发展及其住居形态的关系作为研究的重点，通过众多文献史料与城市历史图像的整合分析，并结合实地考察与测绘资料，分别辨析了构成近代汉口城市的三个区域的基本形态与意象格局，并在此基础上，横向比较研究了华界旧市区、租界区、模范区的片区和街区肌理组织、住居类型以及住居文化等范畴，总结了街区住居形态的影响因素，即近代以来汉口城市住居空间形态的演变过程与影响因素，进一步阐释了社会发展与住居传承和创新的因果联系。

通过研究发现，近代汉口社会发展的阶段历时性（社会转型）与城市（住居）形态的突变存在明显的关联性，导致社会与城市形态双向作用下的显著时代特征的住居形态形成。晚清时期，在西方文明强势侵入下，湖北当政者主观上基于挽救与维护封建统治秩序的需要，开启了一系列“求强求富”的变革措施，从而在客观上开启了武汉（汉口）近代城市化的历程。但是，汉口的确是一个不同于其它近代开埠城市的非常特别的近代型城市。其近代城市化远非以费正清为首的哈佛学派“西方冲击—中国回应”的理论模式来简单解读，甚至也不能完全用“涵化”来解释。因为作为开埠前业已存在的汉口镇的空间形态（指开埠后除模范区外的汉口旧市区）实在太“强大”了，即使到民国中期的1930年代，除几条主要城市道路的修筑给临街景观的城市面貌带来一些改观外，就整体而言，旧市区街巷仍然顽强地延续着原有的空间肌理形态及连续界面，最终形成“双肌理并存”格局。另一方面，汉口租界虽然数量上仅次于天津，但无论面积规模还是存续时长上，汉口租界给旧市区城市化所带来的溢出效应都是有限的。反倒是，随着租界在 1927 年以后的日渐式微，外国租界被里分住居的置入“涵化”了，并且演绎至今[1]，以致除城市历史照片外，很难再感知到当年汉口租界的城市意象了。

近代以来，这种裹挟着主观城市意志与客观社会经济条件（既追求城市现代化的愿望来设计和改变城市的空间形态，又不得不受来自国内外时局对城市化进程和发展水平制约）的纠结过程，是导致近代汉口城市形态最终形成以至住居类型产生的根本原因。近代以来汉口社会的历时发展及其城市、街区、住居等不同层级尺度下的“空间生产”[2]过程，是它们的相互联系、相互影响、相互作用的结果，深刻地影响着汉口城市（住居）空间形态的演变。

7.1.1 近代汉口城市社会形态与住居关系研究方面

通过对各个社会时期的整体概括描述，将其中关键的人物 / 事件（短时段）做重点分析，得出 1889—1938 年期间汉口近代社会的三次转型：即晚清时期为起始阶段、北洋政府时期为形成阶段、国民政府时期为完成阶段。近代汉口社会转型“三段论”的基本结论，与汉口的近代历史发展有着逻辑一致的关联性。

晚清时期，以张之洞督鄂为标志开启了近代汉口的社会转型（1889—1911）。就这个时期而言，清政府是威权渐衰阶段；但就局部而言，晚清重臣张之洞是强势人物，引领了一个城市的未来走向，之于武汉来说是非常重要的历史人物；对于本书研究的汉口来说，晚清时期的张公堤、后城马路、京汉铁路是构成汉口城市空间范围的“限定性物理因素”（城市边缘要素），对汉口的城市形态起到很大的影响作用。另一方面，汉口五国租界形成的示范作用对

[1] 从 1985 年汉口保成路的改造开始为标志，武汉开启了旧城更新浪潮（1990—2010），许多历史街区的肌理被清除而湮灭。尽管原租界街区的道路肌理尚存，但是由于“插入式”高层建筑导致原街道 D/H 值的改变，使得原有临街界面的街道美学意象消失，很难再现其街区景观的历史形态，原租界区风貌现状便是例证。

[2] 法国哲学家列斐伏尔提出的空间生产理论，将“社会—历史—空间”的三元辩证关系用以解释城市发展。

汉口城市近代化也产生了较为深远的影响。

北洋政府时期，为汉口近代社会转型的关键形成时期（1912—1926）。就中国社会整体而言，是一个政局纷争、局势动荡的阶段。由于北洋中央政府威权衰落，故政治氛围相对宽松，也是社会思潮、思想最为活跃的时期。对于本书研究的汉口来说，此阶段外国资本（洋行）与民营资本（华商）都有不同程度的快速增长，使得夏口县（汉口）市镇范围突破“四坊两乡”的格局。本书所探讨的近代住居特别是里分住宅大多都是完成于这个时段，因此汉口华界与租界都在这个时期有很大的发展，形成了近代汉口城市住居形态多样并存的态势。

国民政府时期，为汉口近代社会转型完成时期（1927—1938），也是中央威权尝试回归的阶段。民族主义高涨，尤其是政府权威与现代治理尝试结合的“市政改革”（包括“新生活运动”）给1920—1930年代的汉口社会形态带来浓重的一抹色彩。最为突出的一点是，汉口开始有了现代意义上的城市规划的尝试，对于住居街区开始有了一系列的规范性指导。在住宅建设实践中，这个阶段也还仍有一定量的建设。

7.1.2 近代汉口城市经济形态与住居关联研究方面

“五百年前一沙洲，五百年后楼外楼”形象地概括了汉口的今世前身。汉口从最初形成之时始，就不是作为一个政治、军事而存在的城市，而是资本主义萌芽的商业经济因素催生了其形成与发展。通过对1889—1938年间汉口市镇经济的考察，发现不同阶段的社会转型时期的经济活跃度几乎直接关系着城市形态的发展；从这个意义上讲，也就诠释了基于近代汉口经济形态上的住居选择。例如，汉口对外贸易的增长在北洋政府时期达到峰值，因而这个阶段的城市发展较快，城市形态的变化也较大。因此可以得出基本结论：经济形态决定城市形态及其住居。

① 晚清时期汉口经济，一言以蔽之即“小河经济”走向“大河经济”的近代化始发阶段。汉口近代开埠后，资本主义市镇经济开始迅速发展，使得城市的行政等级有了提升变化。从经济形态的角度看，近代汉口的经济模式非沿海开埠城市可比；其对外进出口贸易数据显示，汉口一直扮演的是内陆腹地重要

的转口间接贸易的角色（间接贸易仅在开埠初期时，排在第二位，其后间接贸易一直占据着较大份额，但是直接贸易额一直较低）；这种建立在以内地货物集散基础上的河港经济，始终带有传统小农经济成分的因子。另外，张之洞督鄂期间，主要发展的是钢铁、军工等偏重工业的“官商”经济，而非适合于汉口的商业经济模式。这也说明了为什么汉口在晚清时虽有所发展，但就汉口华界范围而言，市镇形态却并无本质性突变的原因了。

② 民国时期的汉口经济，分为前后两个阶段。前期北洋政府阶段，其发展的驱动力主要来自于外资资本（洋行）、民营资本（华商）。其因在于 1914—1928 年国际政治经济形势是十分有利于中国民族资本主义发展的，因而汉口仍沿袭先前的经济发展（转口贸易）模式，故汉口市镇经济在北洋政府时期处于最为辉煌的阶段,无论内外贸易还是工业都有很大的发展,使得城市面貌很快“从中古时期进入到现代”。在后期的国民政府阶段，特别是 1931 年汉口大水过后，其对外贸易量开始迅速下滑，但即使这样，在 1934—1936 年期间武汉工业都还有较大的增长。然而很快好景不长，随着 1937 年“七七事变”全面抗日战争爆发，1938 年日军占领武汉，使得本已脆弱的城市经济发展被迫中断，相应导致城市化进程的停滞，直至 1945 年之后。

7.1.3 近代汉口城市与街区空间形态研究方面

①自然地理环境。晚清时期汉口城市形态和空间布局的成因还是来自于地理环境限定性因素。传统商业的因素成就了汉口镇的形成，而长江、汉水、后湖等自然地理因素决定了汉口的近代城市空间的布局。近代汉口城市是在历次筑堤基础上修筑起来的，不规则的城廓形态与规模均受制于后湖所产生的重大影响。可以说，汉口特定的自然地理环境决定了其基本形态。

②社会人居环境。经济与文化的结构差异，是形成近代汉口自然肌理与人工肌理两种住居空间范式——片区住居与街区住居的根本原因。共性之处在于：无论华界旧市区还是租界新市区（含华界模范区），其城市主要道路及布局均与江河走向有很大的关系，即主路平行于江河，次路垂直于江河的基本特征。

近代汉口城市肌理除了自然肌理与人工肌理，这两种肌理结构将城市分为华界区与租界区外，华界拼贴城市的“双肌理”街道结构也同样令人印象深刻：几条主要道路所形成的临街界面改变了城市形态的外在“表皮”意象，尽管在表皮背后仍无时不刻地在进行肌理重组，但历史肌理仍顽强地生存，尤其是浓厚的片区生活气息，将汉口华区的现代与传统锁定在“二元结构”的城市意象中，尽管这种形态不见得能对应上源自于西方的建筑美学观念。

③片区、街区形态与住居基本类型。作为城市次一级的人居环境，片区与街区有着明显的历时差异。构建两者的方式也完全不一样。片区是线性空间组织，由主街 + 次巷所组成，而这些街巷又是由“临时性”商住混合住屋所构成。它们都不是“事先”规划的结果，如同中国的大多集镇一样，是沿一条主街随机自然生成的。可以用这样一组线性运动发展轨迹描述片区的形成：房屋（联体）→房屋毗邻复制→形成街巷→片区。街区正好相反，它从开始就有着“事先”的预想安排，即先有道路再有房屋。街区形成的线性运动轨迹：街路（地块形状的二维形式存在）→房屋（单体为主，围合地块 + 内部“填充”过程）→街、路（地块形状的三维空间存在）→街区（地块形状的四维形式存在）。

片区与街区及其所对应的住居类型的关系是：片区→前店后宅式混合住居（以衍生形态为主）；街区→独立式、集合式住居。明显地可以看出住宅与它们集合区域的某种内在联系。当然，影响片区与街区空间形态的还有各自的文化因素，这是另一个值得深入研究的课题。

④城市形态与住居类型的关联性

在对近代汉口片区、街区（住居）空间形态考察研究的过程中发现，城市形态与住居类型存在密切的关联性，而这种关联性的作用又来自于商业的、文化的形态对住居类型作出选择性的安排。汉口是一座因水而商，因商而居，又因居而兴，由中古集镇发展而成的近代城市。在这一演变过程中，商业市场对于城市形态演变的驱动力作用不容忽视。

在考察近代汉口城市空间构成的研究中发现，晚清时期尤其是汉口租界全面形成后，在张之洞洋务运动政策的推动与鼓励下，市镇商品经济的发展迅速，汉口开始逐渐从临汉水汉正街片区向滨长江花楼片区发展（旧市区）；并在毗邻租界区的影响下，开始逐渐“消解”。然而汉口城市经济的二元结构，商住混合空间格局并不利于现代城市商业活动的展开。追求“现代化”的意识与商业利益的原动力促使传统片区走向“街区”，向着有利于商业运营的方向拓展（民国中期的“马路主义”），使得汉口旧市区的空间形态特征介于自然与人工之间，即双肌理并存模式；体现在住居风格上，就是不土不洋，亦中亦西，含混不清的城市意象，其鲜明性并不突出。

7.1.4 近代汉口住居形态适应性研究方面

研究住居形态的一个出发点就是现代城市住居越来越明显的同质化现象；讨论住居与社会两者间相互关联，相互影响，有助于时代住居的创新。

汉口社会转型自清末开启以来，进程加速明显。本书梳理了有关住居类型的变迁过程，归纳了几种住居范式。这方面的结论有：第一，旧市区前店后宅商住混合住居的“消解”并走向底商上宅式的近代商住混合住居范式，是汉口近代社会转型过程中的必然结果；第二，租界区住居形态由早期券廊式住居到集合式住居“本土涵化”过程较为明显，是汉口近代社会转型过程中的偶发结果（租界存续时间较短、内地文化属性过强等因素所致）；第三，汉口住居形态地域化特征明显，与近代汉口人口来源构成及其族群文化相关。

7.2 结论与展望

近代汉口是内地城市中“西化”程度较高的城市，但与沿海近代城市相比存在很大差别。常说的“大武汉”与“大上海”（其实是将汉口与上海作比较）虽有诸多相似之处，但实质却不一样。近代上海社会转型较汉口彻底得多。这就牵扯出对“社会转型”问题的理解。

自 1840 年开启中国近代史以来，在过去 150 多年的时间里无数先进的中国人“求强求富，追求民族独立与解放”，到现在提出实现“中华民族伟大复兴的‘中国梦’”，很关键的一个问题就是如何理解“社会转型”。长久以来，我们所理解的社会转型就是所谓“西化”“现代化”或两者等同这样简单的认识，无疑其诉求指向都要求“与传统决裂”，此为一种典型的“二元结构思维模式”。任何一个社会总是要向前进展的，总要与时俱进，这点毋庸置疑。但是，在向前的过程中，可否适当停留回眸一下走过的历程，形成“既有传统，又有现代”

的历史观呢？基于上述认知，得出本书研究的两点结论创新。

（1）场所意义大于形态意义。由于近代汉口社会转型不彻底（其实就是“西化”程度相对于沿海地区较低），形成诸多“自然生成”的人居环境（场所）。从城市建筑学的视角来看，这种自然形成的人居环境，其场所意义远大于其形态意义。例如，近代汉口旧市区汉正街至花楼街片区的意义，至今仍不容忽视。若成片推倒重建成为新的、现代的城市最为直接，但无疑也成为丢失了历史信息的“断层空间”。一个城市没有了自己的历史如同没有“灵魂”一样。从这个意义说，作为规划者、建筑师、政府官员以至市民都要形成共识，即不要简单地否定业已存在的社区环境（Community Environment），应弄清楚它们的由来、存在基础、历史价值以及分析更为复杂的人群心理，努力去改良性发展（亦即动态保护）。也就是说，我们要尊重那些能体现地域民俗生活真实场景的场所。汉口吉庆街的更新改造的成败得失可说是个很好的案例。

（2）社会形态动态发展与住居形态创新。在课题研究与写作过程中，逐渐形成了这样一个观点：近代以来汉口社会不断发展与住居创新是有联系的，即不同时期相对应的总有属于那个时代特征的住居（或说生存状态）表达方式。例如，清末民初时期的汉口城市建设（汉口堡的拆除建路）；再如，1920 年代末对旧市区街巷的大规模改造（如今的民生路，既往的张美之巷连地名都没有保存），这些都不正是在否定先前的基础上开展的吗？如今都成为我们当下时代的历史。

需要澄清的是，笔者在此并无否定物质（住居条件）作为前提存在的意思，所谓精神范畴意义上的主动性选择或被动性适应，似乎都不关乎物质。里分住居生活对我而言已经是遥远的一种记忆，它的存在意义更多是一种精神上的东西，倘若真要回到过去无厨无厕、几家共处的生活方式，恐怕人们也无法再适应，但它并不妨碍我对那段久远生活体验的回顾，正因为它已成为历史而不能再现，这才是它作为“存在”的价值理由。

简洁地概括即任何时候社会的发展总是以物质作为基础而存在。物质决定精神，存在决定意识。精神与意识可反映物质存在的状态。故我们既不能简单粗暴地对待历史（搞大拆大建），也不能囿于历史而止步不前，我们需要启动智慧开创新的历史。正如《华中建筑》曾刊出的一篇论文中表述的那样：

> 如何看待传统与现代。传统是过去的现在，现在是将来的传统。对待传统既不是因循守旧，也不是“不破不立”的二元对立关系，而是需要以尊重与敬畏的态度去保护、借鉴传统；在无数中外优秀历史建筑的先例中，获取建筑修养及正反两方面的经验与得失，为创造新建筑建立基础”[1]；对于当下城市中的“历史存量”需要具体问题具体分析，采取符合客观实际的保护措施。

因此，社会形态动态发展与住居形态关联的变迁与创新，即“场所认同”，既是历史的辩证，也是现实的回归，更是将来的期待。

[1] 陈刚，李晓峰．从莫里斯到伊里亚——两种美学意识下的建筑观比较及其影响[J]．华中建筑，2013（5）:5—9.

参考文献

著作类：

[1] 李传义，张复合，村松伸，寺原让治 . 中国近代建筑总览（武汉篇）[M]. 北京：中国建筑工业出版社， 1992.

[2] 吕俊华，彼得·罗，张杰 . 中国现代城市住宅 1840—2000[M]. 北京：清华大学出版社，2003.

[3] 杨秉德，蔡萌 . 中国近代建筑史话 [M]. 北京：机械工业出版社，2004.

[4] [美] 罗威廉著，江溶、鲁西奇译 . 汉口：一个中国城市的商业和社会（1796—1889）[M]. 北京：中国人民大学出版社，2005.

[5] [美] 罗威廉著， 江溶、鲁西奇、罗杜芳译 . 汉口：一个中国城市的冲突和社会（1796—1895）[M]. 北京：中国人民大学出版社，2008.

[6] 赖德霖 . 中国近代建筑史研究 [M]. 北京：清华大学出版社，2007.

[7] 于志光 . 武汉城市空间营造研究 [M]. 北京：中国建筑工业出版社，2011.

[8] 刘剀 . 晚清汉口城市发展与空间形态研究 [M]. 北京：中国建筑工业出版社，2010.

[9] [日] 水野幸吉著，武德庆译. 武汉文库·中国中部事情：汉口 [M]. 武汉：武汉出版社，2014.

[10] 李海清 . 中国建筑现代转型 [M]. 南京：东南大学出版社，2004.

[11] 李百浩 . 湖北近代建筑 [M]. 北京：中国建筑工业出版社，2005.09.

[12] 周德均 . 汉口的租界：一项历史社会学的考察 [M]. 天津：天津教育出版社，2009.01.

[13] 方 方 . 汉口的沧桑往事 [M]. 武汉：湖北人民出版社，2004.05.

[14] 涂文学 . 文化汉口 [M]. 武汉：武汉出版社，2006.

[15] 皮明庥 . 武汉通史（1–10）[M]． 武汉：武汉出版社，2006.
[16] [美] 凯文・林奇著，林庆怡、陈朝晖、邓华译 . 城市形态 [M]． 北京：华夏出版社，2001.
[17] [美] 凯文・林奇著，方益萍、何晓军译 . 城市意象 [M]． 北京：华夏出版社，2001.
[18] [日] 芦原义信著，尹培桐译 . 街道的美学 [M]． 天津：百花文艺出版社，2006.
[19] [意] 阿尔多・罗西著，黄士钧译 . 城市建筑学 [M]. 北京: 中国建筑工业出版社，1980.
[20] 沈克宁 . 建筑类型学与城市形态学 [M]． 北京：中国建筑工业出版社，2010.
[21] [美]G.W. 施坚雅著，叶光庭等译 . 中华帝国晚期的城市 [M]． 北京：中华书局，2000.
[22] [俄]O.И. 普鲁金著，韩林飞译 . 建筑与历史环境 [M]． 北京：社会科学文献出版社，1997.
[23] 宛素春 . 城市空间形态解析 [M]． 北京：科学出版社，2004.
[24] 黄亚平 . 城市规划与城市社会发展 [M]． 北京：中国建筑工业出版社，2009.
[25] 李晓峰 . 多维视野中的中国乡土建筑研究——当代乡土建筑跨学科研究理论与方法 [M]． 北京：中国建筑工业出版社，2004.
[26] [德] 王安娜著，李良健、李布贤译 . 中国——我的第二故乡 [M]． 北京：三联书店，1980.
[27] [英] 詹姆斯・贝特兰著，林淡秋译 . 华北前线 [M]． 北京：新华出版社，1986.
[28] [日] 内田佐和吉著，武德庆译 . 武汉巷史 [M]． 武汉：武汉出版社，2014.
[29] 范锴 . 汉口丛谈校译 [M]． 武汉：湖北人民出版社，1999.
[30] Christopher Alexander. City is not a tree[M]． Beijing：Architects,1985.
[31] 董玉梅 . 汉口里分 [M]. 武汉：武汉出版社，2017.
[32] 胡榴明 . 三镇风情：武汉百年建筑经典 [M]． 北京：中国建筑工业出版社，2011

学位论文类（博士）：

[1] 汪原 . 迈向过程与差异性——多维视野下的城市空间研究 [D]. 南京：东南大学博士论文，2002.

[2] 李军 . 近代武汉城市空间形态的演变（1861—1949）[D]. 武汉：武汉大学博士论文，2005.

[3] 周磊 . 西方现代集合住宅的产生与发展 [D]. 上海：同济大学博士论文，2007.

[4] 王刚 . 街道的句法——武汉汉正街街道历史性考察 [D]. 武汉：华中科技大学博士论文，2008.

[5] 刘堃 . 城市空间的层进阅读方法研究 [D]. 哈尔滨：哈尔滨工业大学博士论文，2010.

[6] 涂文学 . “市政改革”与中国城市早期现代化——以 20 世纪二三十年代汉口为中心 [D]. 武汉：华中师范大学博士论文，2006.

[7] 丁援 . 无形文化线路理论研究——以历史文化名城武汉考评为例 [D]. 武汉：华中科技大学博士论文，2007.

[8] 周凯 . 晚清汉口城市发展研究 [D]. 北京：北京林业大学博士学位论文，2007.

[9] 张珊珊 . 近代汉口港与其腹地经济关系变迁（1862—1936）——以主要出口商品为中心 [D]. 上海：复旦大学博士论文，2007.

[10] 胡俊修 .“东方芝加哥”背后的庸常——民国中后期（1927—1949）武汉下层民众日常生活研究 [D]. 武汉：华中师范大学博士论文，2007.

[11] 汤黎 . 人口、空间与汉口的城市发展（1460—1930）[D]. 武汉：华中师范大学博士论文，2008.

[12] 吕一群 . 晚清汉口贸易的发展及其效应 [D]. 武汉：华中师范大学博士论文，2009.

[13] 张启社 . 民国时期的汉口商人与商人资本（1912-1936）[D]. 武汉：华中师范大学博士论文，2009.

[14] 郁枫 . 空间重构与社会转型——对中部地区五镇变迁的调查与探析 [D]. 北

京：清华大学博士论文，2006.

[15] 董菲 . 武汉现代城市规划历史研究 [D]. 武汉：武汉理工大学博士论文，2010.

[16] 武进 . 中国城市形态：类型、特征及其演变规律的研究 [D]. 南京：南京大学博士论文，1988.

[17] 李明术 . 现代武汉水运对城市空间演变影响规律研究（1861—2009）年 [D]. 武汉：华中科技大学博士论文，2011.

[18] 朱蓉 . 城市记忆与城市形态——从心理学、社会学视角探讨城市历史文化的延续 [D]. 南京：东南大学博士学位论文，2005.

[19] 王纪武 . 地域文化视野的城市空间形态研究——以重庆、武汉、南京地区为例 [D]. 重庆：重庆大学博士学位论文，2005.

[20] 何依 . 四维城市理论及应用研究 [D]. 武汉：武汉理工大学博士学位论文，2012.

学位论文（硕士）：

[1] 王金岩 . 城市街廓模式研究——以沈阳市为例 [D]. 大连：大连理工大学硕士论文，2006.

[2] 田燕 . 汉口原租界区里分住宅“再生式”更新策略研究——以汉口同兴里片区里分住宅为例 [D]. 武汉：华中科技大学硕士论文，2007.

[3] 汤洁睿 . 基于图底关系理论的汉口历史城区城市肌理研究 [D]. 武汉：武汉理工大学硕士论文，2012.

[4] 桂宗瑜 . 武汉近代民居价值初探及保护策略研究 [D]. 武汉：武汉理工大学硕士论文，2014.

期刊论文：

[1] 陈刚，李晓峰 . 近代汉口街区与住居形态的文化考察（1896—1938）[J]. 南方建筑，2016（5）:110—115.

[2] 胡惠琴 . 住居学的研究视角——日本住居学先驱性研究成果和方法解析 [J].

建筑学报，2008（4）:5—9.

[3] 童明．城市肌理如何激发城市活力 [J]. 城市规划学刊，2014（3）:85-96.

[4] 蔡凌，邓毅．历史图景还原的方法与角度——中国近代建筑历史研究之探讨 [J]. 社会科学家，2010（3）:32—34.

[5] 谭刚毅．“江”之于江城——近代武汉城市形态演变的一条线索 [J]. 城市规划学刊，2009.（4）:93-99.

[6] 谭刚毅，刘剀．租界之“界”——汉口租界的边界与边界效应 [J]. 华中建筑，2009（7）:202-212.

[7] 周红，李百浩，周旭．汉口里分空间布局及其建筑特色研究 [J]. 武汉理工大学学报，2010（3）:90—93.

[8] 陈李波．论地域住宅中的情结空间——以汉口里分为例 [J]. 新建筑，2008.（6）:128—131.

[9] 谭刚毅．《武汉竹枝词》中的近代汉口居住形态 [J]. 第十五届中国民居学术研讨会，2007.

[10] 冯天瑜．武汉的价值：中国近现代化城市转型样本 [J]. 大武汉，2015（215）:022—023.

[11] 陈刚，谭刚毅．近代汉口社会转型下的住居形态研究——以街区肌理与界面为例 [J]. 南方建筑，2015（6）:24—29.

[12] 苏云峰．中国现代化的区域研究——湖北省（1860-1916）[J]. 台湾研究院近代史研究所专刊（41）,1976.

[13]陈刚,董晶,李斌.汉口历史街区的基本范型及更新策略[J]. 江汉大学学报(社会科学版)，2006（3）: 40—43.

[14] 潘长学，桂宗瑜．清末民国时期武汉民居形式研究 [J]. 中外建筑 .2013（3）:46—50.

[15]郑红彬,王炎松.景明洋行及其近代作品初探[J]. 华中建筑,2009.(1):222—228.

[16] 陶良虎．20 世纪 30 年代汉口对外贸易衰退原因辨析 [J]. 江汉论坛，1999（6）:88—91.

[17] 涂文学 . 社会转型与中国城市文化的近代化（论纲）[J]. 城市史研究，第 15-16 辑，1998.

[18] 李百浩，徐宇甦，吴凌 . 武汉近代里分住宅研究 [J]. 华中建筑，2000（3）:116—117.

[19] 李百浩，徐宇甦，吴凌 . 武汉近代里分住宅发展、类型及其特征研究 [J]. 华中建筑，2000（4）:103—105.

[20] 张兴亮 . 汉口租界里分将走向何处——失落的城市公共空间调研 [J]. 华中建筑，2006（9）:49—50.

[21] 黄绢 . 武汉里分住宅堂屋空间流变与分析 [J]. 华中建筑，2007.（1）:169—171+175.

[22] 李百浩，孙震 . 汉口里分研究之一：汉润里 [J]. 华中建筑，2008（1）:161—164.

[23] 李百浩，张燕镭 . 汉口“里分”研究之二：泰兴里与同兴里 [J]. 华中建筑，2008（2）:176—179.

[24] 李百浩，严昕 . 汉口里分研究之三：上海村 [J]. 华中建筑，2008.（3）:188—191.

[25] 李百浩，张文宁 . 汉口里分研究之五：江汉村 [J]. 华中建筑，2008（7）:176—178.

[26] 李百浩，李彩，吴巍 . 汉口里分研究之六：洞庭村 [J]. 华中建筑，2008（8）:95—98.

[27] 余波，李百浩 . 汉口里分研究之七：咸安坊 [J]. 华中建筑，2009（1）:217—221.

[28] 孙震，徐可 . 近代本土建筑师庄俊在汉设计作品研究——汉口里分之金城里与大陆坊 [J]. 华中建筑，2011（2）:61—64.

[29] 王刚 . 汉口里分建筑成因研究 [J]. 华中建筑，2012（12）:142—147.

后 记

汉口是一座非常特别的近代城市。正如本书开篇绪论中所述谓之“非典型住居形态意义上的城市”，其住居不像上海、青岛、天津、哈尔滨等近代城市那样深受外来文化影响，有着丰富多样的住居类型和鲜明的风格特征，更像是不土不洋的“半吊子”[1]；尽管如此，其仍有较为鲜明的地域特征。基于此，作者通过曾有的住居生活体验与有限的专业认知，开始具有挑战性的课题研究。

本书以近代以来汉口社会历时发展为背景支撑，展开对住居（广义概念）形态的变迁研究并获得一定成果，但也存在不足：其一，研究过程中发现近代以来的汉口居住建筑信息已非常残缺（比如建筑师、建造时间、投资人等信息，大多语焉不详），再有就是许多住居建筑（包括优秀历史建筑）已拆除无存，带来实证研究上的困难，因而很难将一个个单体建筑鲜活地纳入彼时宏观的社会背景中作完整而全面的考察与分析；其二，在社会形态对住居影响的解析性研究过程中，较多仍以文献历史图像作为考据，难免有主观臆断；其三，与住居形态密切相关的社会生活史部分明显不足，很难完全复原彼时的日常生活场景，社会史与建筑史结合的论述方式上也存在一定程度衔接与转换顺滑的问题，即住居史与社会史能否做到“无缝对接”的表述，尚存诸多不足甚至错误，还请各位方家和读者指正！

本书是在博士论文的基础上修改完善而成的。作为从小在汉口成长的我，对这座近代城市及其建筑怀有深厚感情；更确切地说，是一份过往的儿时生活

[1] 武汉话，在地方方言中的语义解释为“夹生”，即不完整、不全面、不甚清晰之意。

场景和父爱记忆历久弥新[1]，让我总寻思着找到某个机会将自己长久以来对汉口近代城市建筑所形成的思考记录下来。幸运的是，在考取华中科技大学博士以后，入学之初便与导师确立了近代汉口城市与建筑的研究方向，并选择了量大面广的近代住宅作为研究课题。博士论文的艰辛写作过程也是我人生一段难忘经历。倘若说硕士论文研究对象还仅囿于汉口历史街区（原俄租界）局部层面的话，博士论文则拓宽到整个近代汉口区域范围，使我对其有了更深入的认知。

在博士论文研究和撰写过程中得到了导师李晓峰教授的悉心指导。导师言传身教，在学术上认真严谨、刻苦治学、经世致用。在生活中质朴儒雅、谈吐隽逸、提携后进，在百忙之中为本书作序，深为感动。尤其是他慎言敏行的治学经验与做人道理都深深地影响着我。尽管研究生毕业多年了，在这里还是要提及我的硕士导师——武汉理工大学的舒秋华教授，我仍没有忘记她当年的关爱与教诲！

博士论文在开题答辩和送审前的预答辩过程中曾多次得到华中科技大学建筑与城市规划学院何依教授、谭刚毅教授、雷祖康教授、赵逵教授、刘剀教授等诸位老师的指导与帮助；尤其是谭老师的基金课题和学术研究探讨上所给予的启发。在论文答辩过程中得到湖南大学建筑学院柳肃教授、武汉大学王炎松教授、武汉理工大学王晓教授等校外评阅专家的中肯评价和宝贵意见，在此一并表示由衷的感谢！这里还要特别衷心感谢著名武汉城市史专家、原江汉大学副校长涂文学教授的指点和热忱鼓励！

在写作研究过程中还得到不少朋友的支持与帮助，他们提供了很多宝贵的资料。在初研阶段，为找寻和研究相关的《晚清武汉的经济发展与社会变迁》一文，江汉大学副校长李卫东教授慷慨地提供自己的论文并予以热诚鼓励，让我十分感动！武汉市民用建筑设计研究院李斌（可惜英年早逝）提供了部分测绘资料，为论文增色不少。我的研究生同学李开猛为我引荐市风貌办的邓伟明先生，让我了解不少信息。中信建筑设计研究总院有限公司副总师丁援博士，在历史文化遗产线路方面所做研究对专著中有关汉口俄租界兴衰始末也有很大

[1] 隆冬时节父亲带我去东山里浴池，在等候洗澡的过程中期盼着那句叫唤："来一个"，还有那混杂着木屐着地的嗒嗒声和弥漫着雾气中泡澡搓背的情形至今还存留在记忆中。深深怀念我的父亲陈文华（1940.6.23—2000.5.20），他生前给予的父爱和对我所寄予的无限期待难以忘怀！

启发。研究过程中还得到在华中科技大学建筑与城市规划学院任教的赵逵、万谦两位老同学不少的精神鼓励和帮助。我的学生张念、朱逢顺、刘明、白千惠、陶亮、易敏、黄石诚、范在予、曹景福、徐芬等，以及华中科技大学建筑与城市规划学院和武汉科技大学城市学院的部分同学，是他们完成测绘绘图、图形处理、整理史料，故这本论著也有他们的辛勤付出。此外，武汉大学城市设计学院2016级建筑学研究生党诗琪协助完成了书稿部分图表重新绘制及章节校订工作。这里也要谢谢上述同学们。

感谢同窗徐俊辉、周彝馨、方盈、陈楠、谢超、罗兴姬、陈茹、龙江、江岚、王通、胡辞以及硕士同学吕晓裕、陈海波等，与他们的交流讨论让我受益匪浅，尤其是郑景文、赵梅红两位学姐，与其相处的过程中建立了深厚的感情，这种情感弥足珍贵。

“吃水不忘挖井人”。本专著能得以付梓，首先要由衷感谢原江汉大学武汉研究院院长、原江汉大学校长杨卫东教授对《武汉研究院文库》高屋建瓴的谋划和指导。衷心感谢武汉研究院常务副院长邓正兵教授对专著出版的大力支持，以及汤蕾老师为本书繁琐事务性工作的辛勤付出。本书的出版还离不开武汉出版社李俊编审反复数次耐心认真细致的修改，她的敬业精神令我感动，在此表达真诚感谢！

最后要特别感谢母亲、妻子及家人的关爱和倾力支持。母亲与兄弟时常关心着我的身体健康；妻子多年来一直在为这个家辛勤付出，与我风雨同舟！在书稿校对审读中，帮我审稿与修改的那份认真严谨令我十分动容；家人的这份亲情，实为珍贵！父亲虽已逝去多年，却难以忘怀！成书之际恰是小儿康宝即将升入八年级阶段的时候，时至今日我才将博士论文转化为专著成果，深感惭愧。

2022年6月16日

写于泰合百花公园翠苑

汉口近代住居赏析一（钢笔速写）

原望德堂 (Union Church) 集合住宅速写

该公寓位于原汉口法租界内德讬美领事街（RUE DE DAUTREMER 今胜利街）和巴黎街（RUE DE PARIS 今黄兴路）交会处。关于其建成时间，目前尚无准确资料佐证，现在网上说法是 1930 年后所建的信息并不准确，因为在 1913 年的俄租界地图上（图 3-35a）可找到该公寓，据此推断估计在 1906—1911 年间建成。右上照片为 2014 年 1 月 30 日（农历除夕）下午所拍摄；从中可以看出该建筑已打围拟进行维护修缮。而此速写则是早在 2007 年 10 月带学生进行历史建筑测绘时现场所绘。更多信息参见 P218，表 5-10。

汉口近代住居赏析二（水彩速写）

黎黄陂路上西式住宅速写

目前作为武汉具有异域情调之一的休闲步行街，路两侧较完好地保存了各类西式风格建筑。此速写是从原俄租界内 LOCKERBIE ROAD 珞珈碑路（今珞珈山街）望黎黄陂路上建于 1912 年的住宅的端景景观。该住宅群于 1919 年后建成，由德国人石格司设计，汉协盛营造厂施工。

汉口近代住居赏析三（彩铅速写）

蔡锷路上某民居速写

不知怎的，每当我路过该建筑时总会被她那丰富的立面所吸引。该民居坐落在原汉口法租界内的 Rue Du Marechal Foch 福熙大将军街上（今蔡锷路）中央大戏院（今解放电影院）旁，邻近首善里是十分具有异域特色的住宅，不知为何没有被纳入武汉优秀历史建筑保护目录里？寻遍查阅资料，也无该建筑相关信息。右图为该建筑 1938 年的历史图照；与这张彩铅速写对比后发现，此住宅底部原五个圆形拱窗和屋面都有不当的改变，这也是大多数历史建筑所面临的共性问题。而武汉市天时建筑工程有限公司在历史建筑保护与修复方面有着丰富的经验和成功修复实例，如巴公房子等，希望此建筑亦能有机会“修旧如旧”原真性呈现其光彩。